[美]肯·贝恩（Ken Bain）著
孙晓云 郑芳芳 译
吴玉章 审校

What the Best
College Students Do

卓越 如何成为的大学生

北京大学出版社
PEKING UNIVERSITY PRESS

著作权合同登记号　图字：01-2014-3056
图书在版编目(CIP)数据

如何成为卓越的大学生/(美)贝恩(Bain,K.)著；孙晓云，郑芳芳译.—北京：北京大学出版社，2015.8
　ISBN 978-7-301-25858-3

　Ⅰ.①如⋯　Ⅱ.①贝⋯ ②孙⋯ ③郑⋯　Ⅲ.①大学生—素质教育 Ⅳ.①G640

中国版本图书馆 CIP 数据核字（2015）第 098361 号

WHAT THE BEST COLLEGE STUDENTS DO
by Ken Bain
Copyright © 2012 by the President and Fellows of Harvard College
Published by arrangement with Harvard University Press
through Bardon-Chinese Media Agency
Simplified Chinese translation copyright © (2015)
by Peking University Press
ALL RIGHTS RESERVED

书　　　名	如何成为卓越的大学生
著作责任者	[美]肯·贝恩　著　孙晓云　郑芳芳　译　吴玉章　审校
责 任 编 辑	泮颖雯
标 准 书 号	ISBN 978-7-301-25858-3
出 版 发 行	北京大学出版社
地　　　址	北京市海淀区成府路 205 号　100871
网　　　址	http://www.pup.cn　新浪微博：@北京大学出版社
电 子 信 箱	编辑部 jyzx@pup.cn　总编室 zpup@pup.cn
电　　　话	邮购部 62752015　发行部 62750672　编辑部 62753056
印 刷 者	大厂回族自治县彩虹印刷有限公司
经 销 者	新华书店
	720 毫米 × 1040 毫米　16 开本　19.25 印张　280 千字
	2015 年 9 月第 1 版　2023 年 9 月第 5 次印刷
定　　　价	48.00 元

未经许可，不得以任何方式复制或抄袭本书之部分或全部内容。
版权所有，侵权必究
举报电话：010-62752024　电子信箱：fd@pup.pku.edu.cn
图书如有印装质量问题，请与出版部联系，电话：010-62756370

目　录

北京大学校长序言：大学最根本的使命是帮助学生成长 / 1

第三军医大学校长序言：教育，就是要引导学生成为他们
想成为的人 / 5

中文版序言：驾驭自己的人生 / 11

一　他们为什么会成功 / 1

　　（一）贝克教授的"能力整合课" / 3

　　（二）怎样才算"卓越" / 7

　　（三）了解自己：寻找内心的激情和创造力 / 13

　　（四）好的问题胜过简单的答案 / 22

　　（五）一门课开启全新的世界 / 26

　　（六）"天才"是怎样炼成的 / 29

二 "专才"是如何炼成的 /35

  （一）大学生活：从四个哲学问题开始 /37

  （二）三种学习方法：浅层次、深层次和策略型 /39

  （三）浅层次和策略型学习方法的弊端 /42

  （四）深层次学习法：走向创新之路 /45

  （五）人人都可以掌握深层次学习法 /47

  （六）不要让分数和积点成为学习动机 /48

  （七）发掘更深层的学习驱动力 /55

  （八）我的教育我做主 /57

  （九）谦卑而不自卑，自信而不自大 /62

  （十）重新燃起童年的好奇心 /64

三 学会自我管理 /71

  （一）与自己进行对话 /73

  （二）摆脱固有的思维模式 /74

  （三）了解大脑工作原理和思维模式 /80

  （四）打破"不假思索型"思维习惯 /86

  （五）不要让"我方偏见"影响自己的判断 /87

  （六）不要让"生动偏见"影响自己的判断 /88

  （七）不要让"表达偏见"影响自己的判断 /90

  （八）启动快乐学习的开关 /92

  （九）不必在意社会对你的成见 /95

目 录

  （十）应对社会成见的方法 /99

  （十一）让兴趣引领自己的人生 /101

四　如何从失败中获益 /109

  （一）寻找失败的正面意义 /111

  （二）能力强了，智力自然就提高了 /113

  （三）在挫折中磨砺自己的能力 /123

  （四）给成败进行合理归因 /127

  （五）咬定青山不放松 /132

  （六）通过训练拓展自己的智力 /137

  （七）"聪明"来自不懈努力 /140

五　如何面对棘手问题 /145

  （一）永无止境地追问 /147

  （二）把追求公平正义作为毕生价值观 /157

  （三）解决棘手问题必须具备的思维方式 /164

  （四）追随自己的好奇心 /170

六　如何进行自我激励 /177

  （一）过于"自尊"会带来负面作用 /179

  （二）学会"自我同情"，免于焦虑和抑郁 /188

  （三）抛开分数，追求人生更高目标 /191

  （四）在困境中学会自我救赎 /198

  （五）把思想变成实际行动 /204

（六）学会自我疗伤 / 207

七　为什么要接受自由教育 / 215

　　（一）什么是自由教育 / 217

　　（二）自由教育与创造力 / 220

　　（三）在自由教育中培养历史眼光和正义感 / 223

　　（四）自由教育为自由选择提供了广阔天地 / 229

　　（五）自由教育：塑造整全的世界公民 / 233

八　学会选择，人生从此不同 / 239

　　（一）卓越大学生如何做出选择 / 241

　　（二）打破拖延症的魔咒：锁定目标，心无旁骛 / 243

　　（三）如何选择优质课程和优秀教师 / 248

　　（四）面对乏味的课堂该怎么办 / 252

　　（五）必须牢记的十一条深度阅读经验 / 253

　　（六）提高学习效率的九条建议 / 262

　　（七）学会写作：清晰地表达和交流 / 271

　　（八）学术规范：游戏怎么玩 / 273

　　（九）让热情驱动你的人生 / 278

结语 / 280

致谢 / 282

北京大学校长序言
大学最根本的使命是帮助学生成长

林建华

改革开放三十多年来,中国高等教育发生了很大的变化。从大学的校园、仪器和设施条件到高等教育规模,从教师的学术研究水准到大学管理的理念和水平,今天的中国大学与几十年前相比,已脱胎换骨、今非昔比了。有时候,我们身在其中,终日忙于教学科研事务,对身边发生的变化反而有些视而不见。对这些变化,国外的同行更敏感一些,谈起来,他们对中国高等教育的发展和进步充满了惊奇和敬意,认为是世界高等教育史上的奇迹。不过,中国社会似乎对这些进步和发展并不买账。特别是最近几年,社会对中国高等教育的质疑和批评之声此起彼伏。政府认为大学没有为中国社会和经济发展提供必需的学术和人才支撑,科技成果的转化率不高,培养的学生不能适应社会和产业发展的要求,公众则认为大学教育呆板僵化,扼杀了青年人的创造活力。

对于教育中存在的这些问题,中国大学并非充耳不闻、无所作为。其实,中国大学对这些问题是有着切肤之痛的,也一直努力通过教育的改革,提高高等教育质量。事实上,几十年来,中国大学的教育改革从未停止。以北大为例，20世纪80年代末初提出加强基础、淡化专业，进行专业调整，举办文理科实验班；本世纪初提出加强通识教育，设立通选课，建立元培学院，推广小班教学，推进更加多样化的专业教育体系建设。其他学校也是如此，南京大学的"三三制"教育体系建设，复旦大学、浙江大学、西安交通大学的本科学院，重庆大学的与企业合作的培养模式（COOP）等，各个学校都在以自己的方式推进本科教育的改革。应当说，我们所进行的这些改革，在不同程度上改善了中国大学的本科教育状况，但实事求是地讲，效果并不明显，中国大学的人才培养质量并没有很大的改观。

这本书的作者肯·贝恩教授，曾担任哥伦比亚特区大学教务长和分管学术的副校长，并获得了很多美国的教学成就奖，被誉为美国最好的老师之一。他曾经出版过另一本书《如何成为卓越的大学教师》，影响很大，成为畅销书。这本《如何成为卓越的大学生》也曾获得2012年哈佛大学"教育与社会"好书奖。这本书的一个很重要的特点，是从受教育者也就是学生的角度，看待大学教育。贝恩教授不仅自己深入采访了几十位卓有成就的大学毕业生，参考和研究了影响人们创造力的心理学因素，还把最新的学习理论和策略与受访者的具体经历结合在一起，通过一个个鲜活的人生故事，让我们体验卓越大学生的成长历程。

对于大学生而言，这本书会让你建立信心。你不必聪明绝顶，也不必记忆力过人，只要你能够认识自己，发现自己的内心激情，找到合适的学习方法，你就能成为富于创新精神的人，就能成为一个卓越的大学生。另外，书中对很多问题的阐述，例如，如何进行深层次的学习，如何进行理性探究，如何从失败中获益，如何驱动自己的热情和培养创新精神，以及如何选课、如何阅读、如何写作、如何与人交往等问题,对于学生把握自己,更好地利用大学的各种教育资源和机会,是非常有意义的。

对于大学教师而言,这本书提出了一个发人深省的问题:什么样的教育是学生们真正需要的?目前,我们的教育比较关注知识,关注专业知识的系统性和完整性,而忽视能力培养,忽视对思想和智慧的启迪;我们经常更多地要求学生记住那些标准的结果和答案,而忽略了用学习过程挑战学生的思考方式,改变他们看待世界的方式。从这本书中,教师可以了解到,一个卓越的老师,一门卓越的课程,是如何改变学生的人生的。

对于大学管理者而言,一方面,这本书告诉了我们一个最基本、最简单——但又最容易被忘记的原则——大学的最根本的使命是培育学生,使他们能够健康成长,成为卓越的大学生;另一方面,也告诉我们学校的一切事情,包括对教师和学生的评价和激励,学校的建设和发展,都应当按照有利于学生成长的原则来进行。特别当我们还在为学校的排名或洋洋自得、或心力交瘁的时候,千万不要忘记,学生的成长才是一所大学声誉的最重要、最长远的根源。

我希望这本书能够启迪中国的大学生、教师和管理者,能够对我们转变教育观念、提高高等教育质量的有所助益。我也坚信这本书可以为进一步开展我们自己的大学教育研究提供借鉴。

2015 年 8 月

第三军医大学校长序言
教育，就是要引导学生成为他们想成为的人

罗长坤

近年来，我国高等教育领域一直在倡导教育教学理念、教学方法和考试方法的改革，教师怎么教、学生怎么学始终是全面提高高等教育质量的两大关键要素。为了促进教育转型，2007年，第三军医大学曾购入北京大学出版社的部分重点图书，全校教师人手一册，悉心阅读，汲取国外最新教育理念和做法。这批图书中就有美国著名教育家肯·贝恩（Ken Bain）教授的《如何成为卓越的大学教师》一书。我很高兴，2014年2月第三军医大学免疫学研究所吴玉章教授在耶鲁大学完成国家留学基金委博士后导师培训项目后，特意从美国带回贝恩教授的新作《如何成为卓越的大学生》，并带领我校孙晓云副教授着力促成此书在中国的翻译和出版。希望成千上万受困于传统教育模式的中国大学生能通过此书了解到国际最新教育教学理念。

什么是卓越的大学生？卓越大学生们都怎么做？如何成长为卓越的大学生？丰富多彩的大学经历如何改变大学生的思维方式并影响他们的一生？这些问题是全球大学生、家长以及教育工作

者共同关心的。贝恩教授在深入采访了包括《哈利·波特》作者J. K. 罗琳、掌上电脑发明者杰夫·霍金斯、麦克阿瑟天才奖获得者威廉·艾伦在内的几十位卓越的大学毕业生的基础上，把抽象的学习理论和策略与几十位受访者生动具体的学习成长经历结合在一起，通过他们鲜活的人生故事和访谈回答，带领我们亲历卓越大学生的成长经历，见他们所见，闻他们所闻，更重要的是思他们所思。

通过与卓越大学生同行的这一段段旅程，作者最终向我们诠释了美国最新的理念和做法。作者希望大学生能抛弃急功近利的短效成功模式和以高分、荣誉等外在目标为驱动力的策略型学习法，转为关注自我，发现内心的激情，培养好奇心和责任感，广泛关注世界，采取深层次学习法，从而让大学经历更加丰富而有意义。书中既有丰富的真人案例，也有大量严谨的科学研究和学习理论，更为难得的是，贝恩教授把两者巧妙地融合在一起，寓教于乐，增添了许多阅读的趣味。

高等教育改革中，教育界的同行们从来就没有停止过对教育体制机制、教育教学理念的讨论争辩，以及对人才培养模式、教学方式的探索研究，也一直被追问：为什么我们交不出"钱学森之问"的合格答卷？为什么我们培养不出像史蒂夫·乔布斯（Steve Jobs）、埃隆·马斯克（Elon Musk）那样的旷世奇才？为什么我们不断学习，不断追赶，却总也赶不上他国的创新能力与速度？问题很多，答案也很多。但我觉得，对于教育的思考，还是应该回归到教育的本质上来，正如肯·贝恩在书中传递的观点：我们需要关注学生的内心，让他们知道一个杰出的人才所需要的精神特质。我们之前的教育，恰恰不够重视对学生个性和人格的培养，对于好奇心和想象力的培养，往往如蜻蜓点水，浅尝辄止。2010年，教育进展国际评估组织对全球21个国家的研究报告显示，中国孩子的计算能力世界第一，创造力排名倒数第五，想象力更是倒数第一，其中仅4.7%的学生认为自己有好奇心和想象力，而希望培养想象力和创造力的仅占14.9%。也难怪美国前总统尼克松评价说："中国教育教孩子服从，不准叛逆，培养的是守业人才，结果失掉了达尔文和爱因斯坦。"

一流国家需要一流人才，一流人才来自一流教育。长期以来，中国教育注重单纯的知识灌输，教师教知识，学生背知识，考试考知识，最后忘知识，忽视了想象力和创造力培养。我们认为，教师教学的目标在于"传授知识，启迪智慧，培养能力"，我们将此称为"教学三维论"。传授知识，中国的教师们做得很好；培养能力，做得也还行，但创新能力的培养较差；而启迪智慧，则做得很不够。智慧来自人的内心对自然奥秘的好奇和对未知世界的想象。我们探索教育改革，目的是使学生具备创新精神和创新能力，充满好奇心、想象力，富于冒险精神，就要打破教育以教学为主、教学以教书为主、教书以课堂为主、课堂以讲授为主、讲授以教材为主的五大局限，努力推进学校教育由"接受性教育"向"创新性教育"转变，教师教学由"接受性教学"向"创新性教学"转变，学生学习由"接受性学习"向"创新性学习"转变，教学管理由"接受性管理"向"创新性管理"转变，人才培养模式由"以知识为中心"向"以能力为中心"转变。重视学生创新意识、创新思维、创新潜能的唤醒，注重学生创新人格的塑造和创新个性的培养，着力满足学生内在发展需要，培养学生的想象力、创造力和创新创业能力。以此教育学生准备胜任现在还不存在的工作，使用根本还不存在的科技，去解决我们未曾想到过的问题，培养思想者。只有这样，才能以人才赢得竞争，用教育抢占未来。

《如何成为卓越的大学生》是一本关于教育的好书，更是一本探讨精神塑造的巨著。作为教育大师的肯·贝恩，没有用说教的方式去告诉教师和学生"大学应该学什么、怎么学"这些老生常谈的问题。他以许多更直接、更形象的故事告诉读者，教育，就是要引导学生成为他们想成为的那种人，而不是成为我们希望他们成为的那种人。正如肯·贝恩在书中强调的，这是关于富有创造力的人以及他们如何成就自我的故事。

中国的读者，无论是致力于教育改革探索的管理者，抑或从事教学一线工作的教师，还是迫切想知道如何通过学习提高自我的大学生，要想从肯·贝恩的书中真正获得收益，就需要明确两点：

第一，关键不是在大学里学到什么，而是如何通过大学的学习，认识自我，发现自我，找到自己的兴趣爱好，发现自己的天赋所在，培养自己的独立人格和尊严。

第二，中国的教育与西方教育虽然经历的阶段各不相同，发展模式也不可能照搬，但有一点是相通的，那就是要通过教育，启迪学生的智慧基因，激发学生的创新基因，鼓励学生保持对新事物的敏感性和好奇心，养成独立思考的能力和习性。

我认为从这两个方面出发，才能真正把握这本书的主线。书中列举的大量访谈内容和个人成长记录都展示出，优秀的大学教育，是如何通过一种理念、一门课程，对学生产生深远而长久的影响，从而改变他们的思想，让学生能够更加深刻地认识这个世界，认识所处的时代，并清楚自己的梦想所在。从学习热情到发展动力，从思维方式到学习理念，从个性修养到责任意识，都能从本书中找到答案。

但是，正如贝恩教授在结语中指出的，今天的大学生们面临着巨大的压力,来自社会、经济、政治和文化的种种压力迫使他们采取浅层次学习方法或策略型学习方法。我认为,这种情况在中国更为突出。受传统教育观念和激烈竞争的影响,许多的中国大学生至今仍然遵循着为考试、高分、荣誉学习的传统思维模式。他们为父母学习,为荣誉而学习,为各种各样的考试而学习,却忘记了学习的纯粹快乐、作为创造性个体发展的个人兴趣以及对人类社会的责任和关注,才是个人成长成才的源动力。所以,我衷心希望本书能如同一扇窗户,为中国大学生打开一个新的世界,树立新的学习目标和方向,激发内心深处的热情和兴趣,点亮和开启新的人生之旅。事实上,即便是从教二十余年的资深教师们在阅读完这本书后也认为,书中关于"热情""意图"以及"失败"等的理念为他们开启了一个新的世界,找到了人生新的意义,并因此在工作中变得更加主动积极。因此,我认为,这不仅是一本将改变大学生命运的人生指南,而且是一本会改变所有那些在工作、人生中挣扎的人的生活态度的好书。难怪《如何成为卓越的大学生》一书如同贝恩教授的前作《如何成为卓越的大学教师》一样备受好评,2012年8月由哈佛大学出版社出版后,即获得哈佛大学2012年度教育与社会好书奖,在全球引起广泛影响,现正由西班牙、韩国、新加坡等多国翻译出版。

衷心感谢吴玉章教授的慧眼,专程从美国带回本书,并带领孙晓云和郑芳芳两位老师为翻译本书做了大量的工作。感谢北京大学出版社的工作人员为本书的出版付出的所有努力。

2015年8月

中文版序言
驾驭自己的人生

上大学时，我曾经选修过一门课，正是这门课改变了我的人生，使我明白教育不仅仅是死记硬背那些考完试很快就遗忘的知识点。学校应该帮助学生开发大脑潜能，激发学生的创造力，使学生学会解决问题，应该帮助学生把所学的内容应用到每天面对的世界当中。在西方文化当中，人们往往认为只有在艺术、音乐、戏剧中才存在创造力。因为这门课，我开始意识到，一个人也可以成为有创造力的内科医生、商业领袖、农民、工程师……此外，艺术领域中的创造过程也可以帮助我在其他领域变得更具独创精神、更有生产力。

这门独特的课程还使我认识到自己是独一无二的。古往今来，任何人都不曾有与我相同的人生体验和身体条件，源于这种独特性，我的视角和想法也是别人所无法具有的。而如果说我自己是独特的，那么其他所有人也都应是独特的。这意味着我可以向其他人学习，可以通过学习辨识好的观点并将其与自己的观点进行整合，来培养自己的能力。

于是，我开始理解这一点并且培养自己的能力，学会向内（look inward）看。我必须首先要认识自我以及自身的独特性，自身怎样工作效率最高。其次，我还应学会向外看（look outward），在遇到好的观点时学会辨识，并将其与自己的观点进行整合。我还要学习如何将所有的事物相关联起来，将艺术与科学关联起来，看艺术上的创造力如何激发我在其他领域解决问题的灵感。这门课程教会我对自己的思维进行思考，运用艺术家的思维方式来解决在科学和社会中遇到的问题。它给了我一个全新的简洁有力的词汇去思考创造过程。

在本书第一章里，我将带领你踏上通往这门精彩课程的旅程。通过一位年轻姑娘的眼睛和思想，我们将了解这门课及其指导思想。这位姑娘年轻时曾上过这门课，后来她成长为一位富有创造力的城市设计者和作家。我们还会看到其他一些年轻人如何从这门课中获益并成长为富有创造力的内科医生、商业领导者……这门课程就是创作这本书最初的灵感源泉。

我认识许多大学期间成绩很好的朋友，他们最后并没有成长为有创造力的人。他们学业出色，但却不会解决人生中遇到的问题。有少数人学会去运用他人的观点和发明，但他们自己却从未创造出任何新东西，一遇到从未出现过的问题就一筹莫展。围绕考试所学到的东西，对他们之后的思想、行为和感觉几乎没多少影响。我在大约25年前读到过类似的故事，有些医学生虽然通过了知识测验，但却不会运用所学的知识去诊断和治疗疾病。

我开始对有高度创造力的、会解决问题以及改善世界的人产生兴趣，我想知道他们是如何完成自己的教育的。他们在校期间做了哪些事情，才使他们成为医学、机械、农业、艺术、写作、教育、科学、商业、经济、城市设计以及其他许多领域的创造性人物？

我开始采访那些具有高度创造力的发明者和善于解决问题的人，发现他们在学习上采用的方法和我在那门改变我人生的特别

中文版序言：驾驭自己的人生

的课上学到的东西如出一辙。在他们身上，我还发现了深层次学习（deep learning）的理念。随着对其中一些人的人生的深入探究，我发现他们具有不同的上学意图。他们上学的目的并非为了取得学位，甚者不是为了考高分。他们意在理解所学，思考其应用和含义。他们想成为具有创造力的人，并且应用所学去解决问题。跟其他人一样，有时候他们在工作中也会遭遇失败，但是他们学会了愉快地接受失败、克服失败并且从失败当中学习。

由于之前学习过如何整合各种不同观点，作为一名历史学家，我逐渐关注一些关于人类学习和动机的研究。为什么一些人如此成功而另外一些人却与之相反？在研究那些具有高度创造力的人的经历时，一个全新的世界展现在我的面前。最有意义的一个观点也许来自美国心理学家卡萝尔，她发现通过采用正确的学习方法，人们能够提高智力。在我对创新人士的人生研究中，她的这个结论得到了支持。这些人学会了怎样从个人的失败中受益并增长心智。

本书源于我对学习和创造力的研究，以及对一些具有高度创造力和生产力的人们的采访，已经被译为多种语言，而我最希望看到的还是它被翻译成全世界使用人数最多的语言。我有三个中国孙子，其中一个就出生在中国，是我女儿收养了他。另外两个是我儿子的孩子，他们的外公和外婆都出生在中国。我们很爱这三个孙子，总是和他们一起过中国节日。通过我的儿媳妇以及她的家庭，我和妻子逐渐了解并爱上中国的文化和语言。正是通过语言，人们学会思考和创造，我们使用的语言对我们的思维方式具有巨大影响。我还在努力学习普通话，对这种美妙的语言的学习丰富了我的思维方式，让我开始使用一种不同于母语的思维方式。我从中国所学的一切，让我的大脑得到了发展。世间万物彼此关联，如果我们能够学着去理解并欣赏这些联系，我们的大脑就能得到成长。

本书在美国教育界已经产生了巨大影响，中国现在拥有运用本书所述方法和理念并把它推向新水平的机遇。中国不仅是一个具有悠久历史和灿烂文化的国家，同时也是一个与时俱进的，能够创造出更新、更美好未来的国家。我希望将来能够从阅读此书并因此改变了原有的教育和学习方法的中国读者身上学习，他们能给我带来新的视野，让我从中获益。

我希望本书能帮助你激发思维的活力，从自己的错误当中成长，拥有具有高度创造力和生产力的人生。必须注意的是，如果你用传统的方法去理解它，效果就会完全不同，无法实现上述目标。你必须理解自己的过去、自己是谁并尝试改变，以全新的视野去行动。你必须打开视野，以截然不同的方式去思考学习和学校。如果这样，你就能驾驭自己的人生。让我们出发吧！

一

他们为什么会成功

> 卓越的大学生有伟大的发明、全新的思维方式,他们善于决断,具有探索、发明和质疑的自信。无论是那些建立新诊断技术的内科医生、对学生人生产生巨大影响的教师、让人开怀大笑的喜剧演员、深深感染读者的作家、重新界定音乐的作曲家,还是敢于标新立异的砖瓦匠或是服装设计师——他们都是能轻松适应新情况、解决前所未有的问题的代表性人物。这些极具创造力的人来到大学、通过大学经历脱胎换骨,成长为生气勃勃、富有创新精神的人,并改变了他们周围的世界。他们的大学经历,是如何改变他们的思维方式的呢?

一　他们为什么会成功

（一）贝克教授的"能力整合课"

贝克教授对他的学生们说，这门课的目的是挖掘你们自身的创造力。你们需要做的就是在自己的帮助下去发现自我、了解自己做事的方式，拷问自己究竟是谁、拥有什么，然后学着发挥这些内在力量——这不是为了成功，也不是为了出名，而是满足自己不断成长的需要。

雪莉·卡夫卡（Sherry Kafka）来自阿肯色州欧扎克地区（Arkansas Ozarks）的一个小城镇。欧扎克地处偏远的农村地区，雪莉周围的环境毫无艺术气息，无法影响她，使她成为全国最知名的设计师和规划师之一。后来她回忆说，老家其实连个电影院都没有，只有位"先生"每周会带着帐篷到镇上来。"如果那个星期没喝醉"，他就会把帐篷搭在广场上给大家放电影。

雪莉家境并不富裕，为了维持生计经常四处搬家。十二年里，她辗转就读了十六所学校，就在高三那年，还从温泉镇一所稍微大点的学校转到了一个特别小的小村庄中的学校，那儿只有六个即将毕业的学生。后来她回忆说："我所读过的学校，有些已经不存在了。这些学校太小，几乎连老师都凑不齐。"不停转学并没有让她放弃学习，她说："这反倒帮我形成了自己的方式去利用学校资源。我很小的时候就意识到每所学校都有自己的文化，而我的任务就是去融入学校并理解这种文化如何运转。"

雪莉家只有父亲上过浸信会神学院（Baptist seminary），其他人高中毕业后都没上过大学。除了念念圣经，家里人很少读其他的书，其实除了圣经外家里也没有其他的书了。伴随她成长的就是大人们讲的故事。雪莉四五岁时，曾祖父会给她讲各种故事，有些是他从上一辈那里听来的，还有些是他自己一边想一边编的。每次曾祖父慢悠悠地讲完一个让小女孩着迷不已的故事后，就会指着她说："现在到你给我讲了。"于是雪莉就开始讲。老人会不停追问故事中那些漫无边际的人和动物，这就逼她编更多的故事情节出来。雪莉读八年级时，曾祖父已经去世了好几年，这时她认定自己就是一个"讲故事的人"，立志要当一个作家。要成为作家，她意识到自己还得学习更多东西，也意味着最终得去上大学。

由于家境贫穷，雪莉深知上大学并非易事，她开始四处筹措学费。高三时，她参加了一个全国写作大赛，并获了奖，大赛承诺为她提供大学第一年的所有费用。当雪莉问父母有了这笔奖学金可以上哪所大学时，他们告诉她可以去念得克萨斯州的一所大学，因为他们认识那里的宿管主任，起码生病了有人可以照顾她。

那年秋天，雪莉满怀着在这个遥远的城市独自冒险的兴奋和憧憬来到校园，摆在她面前的是一张必修课的课程单。离家前她就曾对自己许诺，每学期至少要选一门"只为自己"的课，一门自己喜欢的课。看到选课单时，她欣喜地发现一个愉快的巧合，有门课看上去很有趣还符合艺术课程的要求。

这门"能力整合"（Integration of Abilities）课程是戏剧系

一 他们为什么会成功

开的。课程的名称唤起了雪莉童年的记忆。当她还是小女孩时，父亲就告诉她，那些最成功、最有趣、最有收获的人是"最善于整合的人"，他告诉雪莉要学会在所学课程之间建立联系，发现它们相互联系的方式。雪莉说："学习时，我会去思考生物学课中有些什么规律，这些规律是否适用于英语或者音乐课程。"

她决定选这门课。这将改变她的一生。

上课的地方是一个奇怪的剧院，四面都是舞台，椅子还可以360度旋转。开课第一天，正当雪莉坐在一把高背椅子上时，一位黑色卷发的男子走了进来。他坐在舞台一边，开始给学生们讲创造力与人。他对学生们说："我们这门课的目的是挖掘你们自身的创造力。你们需要做的就是在自己的帮助下去发现自我、了解自己做事的方式。"

后来雪莉回忆说，她从来没有碰到过像他那样穿西装打领带，却坐在舞台边讲课的怪人。这个怪人还说："我会给大家一些问题，有些问题听上去匪夷所思，但它们都非常有用。"雪莉坐在转椅里稍微扭了一下身体，听到他接着说："当你们来上课时，带来的是你们自己以及你们参与课堂的愿望，在这门课上的一切收获最终都取决于此。"[①]

在首次见面及随后的日子里，雪莉的这位老师，保罗·贝克（Paul Baker）教授邀请她和其他同学运用一种全新的学习方法。他对大家说："在一些人看来，成长几乎就是为了增强

[①] 保罗·贝克的引言出自下列资料：1962年时的一整套课堂笔记、雪莉·卡夫卡及其他上了这门课的人的回忆，20世纪70年代出版的记录了贝克当时在班上说的话的书（Paul Baker, *Integration of Abilities: Exercises for Creative Growth*, New Orleans: Anchorage Press, 1977）。

记忆力；对另外一些人而言，成长停留在学习一些装置的运作方式，包括如何组装发动机，如何连接管道、调制配方、解决问题。这种成长的目的从来不是探索新的方法，而是力图做到熟能生巧。"对于第三种人来说，成长意味着培养自己的"信徒"和"体系"，由此来评估"别人和你之间的差距"，他们"参加集会、发号施令、猛烈抨击、在密室里抽着雪茄、吞云吐雾。他们加入重要圈子，成为伪艺术家、音乐家、演员、预言家、传道者和政客。他们攀附富贵，置身声名之中"。

贝克总结道，只有对于极少数人而言，"成长意味着挖掘大脑的无限活力"。成长就是发现自我、认识自我以及发挥自己的潜能，这才是你所拥有的一切。他强调说，在人类历史上，从来没有一个人拥有和你一模一样的身体、人生经历以及一样的大脑，你就是独一无二的个体。你可以从完全不同的角度来看待问题，但是要想充分释放大脑的活力必须首先认识自己以及自己的做事方式。

正当雪莉坐在转椅上听得聚精会神时，贝克教授开始引导他们去追求最高层次的成长[①]。"每个人都是独特的，"他接着说，"你们可以为世界作出很多贡献。每个人都有自己的世界观、人生观以及各自的气质和背景。"他强调说："你们来自特定的环境、特定的家庭，有的家庭有宗教背景，有的没有，你们在特定时间、特定地点，出生在特定的建筑里。这个世界上，没有人和你一样具有完全相同的经历。"贝克说："你们可以按照不同于其他人的方式来进行创造。"

本书介绍了那些富有创造力的人以及他们如何成就自我的

---

① 贝克把成长分为三个层次，后文将详细阐述。——译者注

故事。这些极具创造力的人来到大学,在大学的经历使他们脱胎换骨,成长为生气勃勃、富有创新精神的人,并改变了他们周围的世界。他们的大学经历,尤其是与教授的互动如何改变了他们的思维方式呢?现在及将来的大学生们都迫切地想要知道答案,教师和家长们也会通过本书揭开促进创新能力培养和深层次学习的谜底。

(二)怎样才算"卓越"

本书并不是关于大学里成绩最好的学生,我们还想知道这些学生毕业后的表现。我们选择了那些显然在大学里进行过深层次学习,之后成长为具有高度创造力,不断成长和创造的人作为追踪对象。

之所以用雪莉的故事作为本书的开始,一方面是因为她跟着保罗·贝克教授的学习经历反映了很多重要理念和方法,后面我们还将不断遇到;另一方面,因为这门课改变了成百上千人的生活,把他们塑造成为科学家、音乐家、医生、木匠、历史学家、画家、美发师、慈善家、编辑、政治领袖、教师、哲学家、作家、设计师、工程师以及其他许多富有创造力的人。这些"卓越大学生"选修了一门非凡的课程,尽管这门课和他们自己的主攻领域相距甚远,但正是在这门课上学到的经验改变了他们的人生。

这些大学生的首要目标是激发大脑的活力,而不是追求优异的学习成绩或仅仅混个大学文凭。在贝克教授的课上,他们

如何成为卓越的大学生

学会了一种关于创造力的全新语言，这种语言的核心是学生们如何处理空间、时间、运动、声音和形状。雪莉和同学们逐渐更加了解自己。基于对自己的了解，他们逐渐开始欣赏自己的独特品质和经历，并将其带到所有事情中；当他们越了解自己、越自信，也就越懂得欣赏他人的特质和成就。无论是在科学、人文还是艺术领域，他们都能以人为师。更重要的是，他们找到了有效的促使自己开始行动的方式。

必须指出的是本书并不是关于大学里成绩最好的学生的。许多关于"卓越大学生"的书和文章都只关注分数，但我和玛莎·贝恩（Marsha Bain）有更大的追求，我们还想知道他们毕业后的表现。因此，我们只选择了那些显然在大学里进行过深层次学习，毕业后具有高度创造力、不断成长和创造的人作为追踪对象。我们寻找那些有趣的人，他们关注世界，不易被人愚弄，他们充满好奇心和同情心，具有批判思维和创造力，并且过得开心快乐；我们寻找那些享受挑战的人，无论是学习一门新的语言还是解决新的问题时，他们都能乐在其中；我们寻找那些能很快意识到旧方法不再行得通的人，他们能享受新的事物和挑战，在发现新办法的过程中自得其乐，懂得和自己自在相处。

我们想知道他们是如何做到的。他们如何发现激情？如何最大限度地利用大学教育？我们该如何向他们学习？尽管在有的案例中，一些高度自信、能创造性解决问题的人的成长跟大学关系不大，但在另外诸多案例中，正是大学的精彩经历使许多人得以蓬勃成长。有些人始终很成功，也有一些人勉强读完高中，直到大学甚至更晚才爆发出潜力。

我们寻找那些独树一帜的人，他们有伟大的发明、全新的思维方式，他们善于决断，具有探索、发明和质疑的自信。无论是那些建立新诊断技术的内科医生、对学生产生巨大影响的教师、让人开怀大笑的喜剧演员、深深感染读者的作家、重新界定音乐的作曲家，还是敢于标新立异的砖瓦匠或是服装设计师——他们都是能轻松适应新情况、解决前所未有的问题的代表性人物。

他们有没有发财呢？有些案例中的人物的确如此，但这和我们的选择标准毫无关系。如果有些研究对象赚了很多钱，我们感兴趣的也只是他们对待金钱的态度以及如何变得如此富有创造力；在另外一些案例中，尽管财富积累缓慢，但我们更想知道的是他们如何度过人生以及创造了什么。

他们的大学成绩是否也很优秀呢？大部分案例的确如此，但他们从大学教育中获益并非通过获取高分的方式。其实高分本身并不能说明太多。回顾历史，分数并非一开始就是正规学校教育的一部分。大约200年前，社会开始追问教育工作者学生们究竟从学校学到了多少，这时某个地方的某位人士——大概是在18世纪晚期的牛津或剑桥大学吧——提出了一套评价体系，给最好的学生A，次之B，以此类推。其实这不过是一套简便的记录方法，用来反映学生学习的深浅程度。在几乎整个19世纪，英美学校只采用两个等级：获得课程学分或者没有获得。直到19世纪晚期，从A到F、1到10或者其他标准的一系列不同等级才开始在大学中使用。到20世纪，评价体系中还增加了正号和负号。

但是，所有这些字母和符号又能告诉我们什么呢？其实通常情形下，它们所能提供的信息极为有限。海登天文馆（Hayden Planetarium）馆长，天体物理学家尼尔·德格拉斯·泰森

如何成为卓越的大学生

（Neil de Grasse Tyson）曾说过："作为一个成年人，没有人会问你以前考了多少分。分数无关紧要。"这话是有道理的。当然，要进入一个人的大脑里去发现他究竟理解了什么，这实在太难了，更别说预测他们还会有何作为，于是分数成为预测未来成败的一种糟糕的常用指标。马丁·路德·金（Martin Luther King Jr.）就是一个例子①，他的公共演讲课只得了C。

几年前，美国某大学的两名物理学家通过实验证明考试取得的等级及分数毫无意义。②他们想了解大学"物理学导论"课能否改变学生们对运动的认识，为此设计了"引力概念测量表"。该表不是物理课的常用考试方式，基于各种原因，在这里对该表不做详细讨论，但常规情况下它的确不适合用来评价学生的物理成绩。

上课前，他们向修了"物理学导论"课的600名学生发放了量表，大部分学生的完成情况都很差，因为他们根本不知道什么是运动。姑且不管大量细节，可以说仅凭他们对运动的现有理解，永远无法把卫星送入轨道。但这一测试是在学生上"物理学导论"课之前，修完该课程后学生们又做了"引力概念测量表"，有些学生得了A，有些得了B和C，少数D，还有几个不及格。

课程结束几个月后，学生们重新参加了同样的测试。除了少数学生表现出对运动有了更好的理解之外，大多数学生还是

---

① 还有一个传奇故事关于弗雷德·史密斯（Fred Smith），他大学时写了一篇论文，成为他在田纳西州孟菲斯（Memphis）成立的联邦快递公司的起源。故事称史密斯该论文仅得了C，但他现在声称自己不记得等级了。Fred Smith on the Birth of FedEX, *BusinessWeek*, Online Extra, Sept. 20, 2004. http://www.businessweek.com/magazine/content/04-38/b3900032-mz072.htm.

② See I. A. Halloun and D. Hestenes, "The Initial Knowledge State of College Physics Students," *American Journal of Physics* 53, no. II (1985): 1043–1055.

停留在原有认识上。更重要的是考试分数根本没有预测出哪些学生真正理解了牛顿力学的概念，得 A 和得 C 的学生都有可能改变或都没有改变认识。因此，得 A 的学生和不及格的学生的课程收获相差无几，所谓的尖子生只不过在记忆公式、往方程式里填数字以及考试时计算正确答案这些方面更加擅长，但是考试成绩并不能反映出他们对于运动的真正理解有多么出色。当然这并非说低分就会有更好的结果，只是意味着关于学生的学习情况，分数能告诉我们的极为有限。

最近，当我和一位知名化学工程师共进午餐时，他提到一门他曾听过两次的课，分别在读本科生和读研究生时。他说："至今我还是不懂这种化学材料，但两次考试我都得了 A。我学会了一种技巧性的学习方法，所以能出色地通过考试，但我并没有真的学到东西。"不过他在其他课上进行了深层次学习，并在自己的领域里大获成功。想想还是他上那门化学材料课的经历更具有代表性，由于他在所有课程中都深谙策略型的分数游戏，所以顺利完成了学业。当然，他原本可以学无所获，仍取得高分。

也许你并不关心化学工程、物理学或如何把卫星送入轨道，这不是问题的关键。无论你拥有什么样的雄心壮志，高分不一定能告诉我们你究竟懂了什么或者你的认识能帮助你做些什么。在本书后面部分，我们还会探讨为什么有些学生考试得了 A 仍然不懂什么是运动，现在需要记住的是高分并不代表着你真的有所理解。不过在学校，我们经常被要求去记忆大量对将来生活毫无意义的东西。

让我们来想象一个截然不同的世界，在这里学生们积极探寻一切所学的深层次意义。在这个世界里，学习会改变学生以

如何成为卓越的大学生

及他们看待世界的方式，把他们塑造成为更善于解决问题的人、更具创造力和热情的人、更具责任感和自信心的人。学生们有能力思考自己所学知识的含义及应用。这个世界的公民不惧怕犯错误，他们带着各种疑问和想法，轻松愉快而又满怀谦恭地在探索新的领域。学习对他们而言始终如同探险。有时他们可能会忘记些事实，但一旦需要，他们仍然知道如何寻找。

这样的世界对一些人来说的确存在，不过所有人在学校和生活中面临的压力日益增加，这迫使他们不得不仅为考试或为别人学习。作为一种资格的反映，在高中或大学拿全 A 固然很棒——但这并不能反映你是谁，一生将有何作为，也不能说明你可能具有多大的创造力或者你究竟理解了多少。当然，即使你没有得高分，我们仍然对你所知甚少。①

我们发现大学有以下五种学生：

第一种是考试得高分的学生，但他们的创造力和那些得 C 或 D 的学生差不多；

第二种是考试得高分的深层次学习者，他们适应性强、善于解决问题、具有高度创造力和热情；

第三种是考试成绩中等但在将来也取得了显著成绩的学生，尽管他们成绩平平，但他们会进行深层次学习；

第四种是考试分数低、自暴自弃，生活上主要依赖他人的学生；

第五种学生尽管考试分数低，但是告诉自己将来一定会发光（哪怕没有多少依据）。

---

① 这是作者的幽默，表示分数的作用。虽然高分不能反映你是谁，但是没有高分，我们仍然对你知道不多。——译者注

一　他们为什么会成功

毋庸置疑，高分自有回报，在我们的社会中，优异的学习成绩对任何人都大有好处。我将在本书后面部分花些时间来探讨如何考 A，但如果一定要在考 A 和进行深层次学习中间作出选择，我宁愿选择后者。

从根本上说，我们希望促进深层次、热情、快乐的并且具有创造性的学习。分数固然重要，但是仅仅关注考试得 A 的人很可能无法成为深层次学习者；与之相反，所有关注深层次学习的人都能在考试中取得高分。我们会向你揭示这种现象何以实现。

提出我们的建议主要基于以下两点。第一，我们对卓越大学生进行了大量理论研究。长达三四十年的研究为我们提供了大量信息，我们选择研究了其中部分文献。有些文献把平均成绩作为衡量好学生的标准，但我们已经看到分数能反映出来的信息很少。而另外一组研究者已经对深层次学习的学生进行了重点调查。本书反映的就是后者的研究及观点。

第二，我们调查了数十位非常成功并且富有创造力的人，他们不仅善于解决问题，并且富有同情心。他们当中有的是物理学家、律师、商业领袖、政治领袖、计算机科学家、艺术家和音乐家，有的是平凡的母亲、父亲、邻居，有的是诺贝尔奖获得者、麦克阿瑟天才奖获得者、艾美奖获得者，还有一些是在读大学生。在本书中我们将分享他们的一些故事，或趣味横生或略微伤感，但都鼓舞人心。

（三）了解自己：寻找内心的激情和创造力

你所创造的一切都源于你的内心，所以你必须了解自己。这就是为什么你们要记录自己的人生故事，学会自我对话，发掘自我，抛弃陈旧死板的东西，强化利用自己身上那些独特、美好、有用的特质。

"这门课，"保罗·贝克继续说道，"它的前提是你们对大脑的原理感兴趣。"雪莉几乎没有留意坐在她旁边的那个人——后来他成了职业橄榄球运动员——两个人都听得全神贯注。贝克解释说，不仅艺术中存在创造力，任何领域都存在创造力。"创造力可能体现在一次布道、一个科学配方或者一本书当中，也可能是你所修建的某些东西、一套设计优良的街道系统、一顿美餐或者运营良好的加气站。"工程师、科学家、医生、音乐家、房地产经纪人、律师、历史学家和美发师等都可以成为各自领域的创新人士。所谓大脑的作品，贝克总结说，可以是一切有新意、有创新性的东西。

教授那天的讲话让大部分同学都目瞪口呆，雪莉却觉得妙趣横生。"我现在认识的很多人其实他们上高中时就已经死了，"贝克声称，"因为他们持有的观点一直不变，认为自身的条件不变，回答问题的答案不变，自己的情感、视野及想象力也没有变化。实际上他们的一切都毫无变化。"

教授把雪莉和同学们带到一个不同的未来，在那里他们逐渐了解自我，然后基于这种认识学着去创造和成长。"我希望班上每个人都立志去把握自己的人生，抵达自己的灵魂深处，拷问自己究竟是谁、拥有什么，然后学着发挥这些内在力量。"他停了一下，看着最后一排的学生说，"这不是为了成功，也不是为了出名。这些都不重要，重要的是满足自己不断成长的需要。"

一　他们为什么会成功

他反复强调说要激发创造力必须首先了解自己，包括自己的优点和缺点，必须学会整合自己的能力，训练它们相互支撑。要做到这点，你必须开始和内在的自我进行对话。贝克要求学生们随身准备一个笔记本，记录自己对各种训练的反应。"从现在开始把自己经历的人生故事写出来，把对我们做的所有事情的反应都记录下来。"他告诉他们，"你可以用铅笔，也可以用蜡笔，只要适合你的笔都行。"最重要的是审视自己及自己的行为方式。他说："要熟悉所有事物在你大脑及想象中呈现的方式，找出一天中什么时候你的工作效率最高，什么能激发你的动力。""激发你的动力是愤怒还是平静？你是不是想证明别人错了？你的内在需求是什么？"他问道。

贝克对大家说，你所创造的一切都源于你的内心，所以你必须了解自己。这就是为什么你们要记录自己的人生故事，学会自我对话，发掘自我，抛弃陈旧死板的东西，强化利用自己身上那些独特、美好、有用的特质。

此后，每次上课前大家都会先做一会儿运动来"促进血液循环"。贝克告诉学生们："如果你们疲惫乏力，我们可没法上课。"他说："我想让你们血液流动加速、思维敏捷。"

多年之后，即雪莉忙着参与城市规划、出版小说、拍摄电视纪录片以及开展全球项目之后，她回忆起这段非凡的学习经历中的点点滴滴。贝克教授曾在课上谈到行动，他让学生们找出阻碍自己行动的原因。他说，把你们的行动阻力写下来，了解自己的习惯，回想自己过去做过的一些有创造力的事情，问问自己过去在做一件富有创造力的事情之前自己还做了什么？当时是什么环境？你又是什么样的心情？你是跷着脚呢，还是四处走动？有没有眺望窗外？你需要一个没有干扰的封闭空间吗？还是一个开放的地方？想象自己正在工作的情形，然后就开始行动吧。他还坦白说："我得先吃个冰激凌才行。"

他告诉大家："福克纳（Faulkner）就经常爬树。他还常常脱了鞋，坐在杂货店卖杂志的柜台旁的地板上，听着来来往往的人声，一坐就是几个小时。据说，《我弥留之际》（As I Lay Dying）整部作品就是他坐在密西西比大学的一个独轮车后，一边往炉子里添柴一边写出来的。"

他告诉学生说，我们的目的并不是要效仿福克纳的做法，而是要了解自我，包括认识自己是谁，我们的大脑如何工作，以及阻碍我们大脑工作的原因是什么。他还告诉学生，这门课的核心是关于你们自己。在课上，我们会探索你对行动作出反应的方式，帮助你熟悉自己以便你明白自己能做什么。"很多时候，你可能凌晨三点钟就醒了，这时候就应该起床工作。如果思维活跃、精力充沛，就起来做点事吧。如果能做点事，少睡几个小时又有什么损失呢？"

贝克开玩笑说，可能你还得逼迫自己开始行动。想象一下，当你年老体衰或行将就木之时会是什么情景。那时候你是如行尸走肉，还是仍然头脑活跃、拥有自己的新想法呢？

首先，你必须了解自己。然后，你要找一个能让自己兴奋起来的卓越创意：观察别人及你自己对此的反应，探寻背后的故事，寻找其内在本质，并探索实现它的种种可能性。最后发现自己的内在激情并让它驱动自己行动。"如果无法让自己兴奋起来，你将一无所获。"贝克告诫大家。

雪莉坐在转椅上轻轻动了动，飞快地扫视了一下自己置身的这个奇异的地方。接下来的几年在这四个舞台上，她将看到满目的光影声色，思维爆炸的场景集锦，大量的色彩和神韵、

一　他们为什么会成功

线条和节奏、形状和声音让观众眼花缭乱。这些表演会把电影和真人演出结合起来，打破所有戏剧规则，挑战她的感官。哈姆雷特将由三个演员扮演，他们会在后部倾斜起来的舞台跑来跑去，好让转椅上听戏剧课的观众们能俯视这些场景。中途不会停止表演，也没有落下的帷幕打断表演。时间和空间之中不存在任何界限，只有表演一刻不停地充斥在整个屋子里。

但是现在她的注意力都集中在贝克所说的话上。他坐在舞台边侃侃而谈，说话的方式让她迷惑不解又新鲜不已。贝克告诫学生们好的创意和结果来之不易，只会青睐少数人。如果你想要学有所获，就得一直努力；你得去探索、调查、质疑、联系，无视失败、继续向前，最终摒弃一开始那些未经思考、轻易得来的答案和办法。你必须不断追求更高更好的目标。不用担心，他说，最初的尝试可能相当"肤浅"，只要努力就会有更好的想法。"我小时候是小区棒球队的接球手，"他告诉他们，"高中毕业前，要准确击中二垒我得练习几百次，一遍遍重复，直到击球动作最后彻底融入我的肌肉当中。"想想要创作一个"真正成熟"、具有价值的作品需要多少次的努力吧。

第一天下课后，保罗·贝克邀请雪莉·卡夫卡和其他几个学生一起去喝咖啡。当他们走进隔壁一家样式过时的杂货店时，有几个学生正坐在 U 型午餐台边的红色圆凳上抿着苏打水。贝克拿出一张表格，上面是雪莉填写的个人资料。"我发现你想当一名作家。"他说。

"不，老师，"她反驳道，"我就是作家。"贝克笑了，毫无嘲弄之意，而是对这种自信的肯定和欣赏。"其实我并不是想当个自作聪明的学生或其他什么，"她后来说，"我只是想准确地表达自己。不是我选择要去做一名作家；我已经是作家了。"

如何成为卓越的大学生

但是，雪莉和其他选修这门课的学生们如何成长为富有创造力的人呢？他们的经历对你成长为有创造力的人有何启发？对于雪莉和其他选修了这门神奇课程的数百名学生来说，最强大的理念来自贝克教授教的一个新词，"确认自身的独特性"（the validation of their own uniqueness），以及他们为了探讨这些想法开展的练习。本书中，我会跟大家分享这些练习和概念的一些细节，帮助大家领会培养创造力的道路多么不同寻常，并给大家介绍一种关于创造力的简单而有效的思考方式。本书将阐述的一些主要观点与学生们在贝克教授的课程上所学内容一致。

贝克强调所有创造都包括五个要素：空间、时间（节奏）、动作（方向或线条）、声音（或无声）及形状（或色彩）。"无论做什么事情，我都会思考这五个要素，"雪莉说，"它们已经成为创作过程的一种通用语言。"我们会在所有其他研究对象的创造中发现这些相同的元素，无论他们从事艺术、商业、工程、科学还是法律领域。

为了帮助学生理解这些元素及其和自己的关系，贝克在能力整合课中让学生们参与了一系列练习，一学期共 15 个星期，每次练习中学生们都要写出自己的内心的反应。第一项练习要求学生们简单地从舞台一边走到另一边，一共两次，一次表现悲剧内容，另一次表现喜剧内容，通过这种体验让学生思考自己如何看待并运用空间。贝克指导说："完成的方式没有对或错。练习旨在增进对自身的了解。"

在第二项练习中，贝克给学生们一个单词，让他们看到单词后写出所有能想到的东西。他要求学生们任意识流中的想法像小溪般地自由流淌，然后抛开所谓的写作规范或规则，把这些想法记录下来。此外，他还给学生们展示了一幅简单的线描，让他们开始画画。他强调说："你们要每天坚持这两项练习，并且在纸上标上日期，将来可以翻出来这些纸研究自己的思考方式。"

在第三项练习中，贝克让学生们去分析一个他们认识已久的人。学生们要去了解这个人的背景和出身、分析他的生活方式和生活节奏，最后还要研究他的价值观和人生观。他来自城市还是乡村？大城镇还是小城镇？行为动力是什么？如何消遣？如何工作？言行举止如何？穿什么颜色的衣服？贝克让大家记录下所有对此人的了解，把它变成一种可以用手拍打的节奏。"你们有理解节奏的能力，"他提醒大家说，"从你们还躺在摇篮里时起，就一直在这样做了。你们能通过一个人的节奏，知道那个要把你们从摇篮里抱起来的人是谁。"

但贝克警告大家不要立马跳到节奏这一步，任何人都会以一定的方式拍掌，这很容易，而我们要利用这种研究来探究自己的思考方式。你是如何对他人作出反应的？你发现的这些元素是如何整合在一个人的生活当中的？最重要的是你如何进行原创？要想完成这项任务，就必须停止对结果的关注，把自己完全沉浸在过程中，通过完成这项练习构建新的人生。

在第四项练习中，学生们要选择自然界中一个没有生命的物体，写出相关描述性形容词——比如颜色、质地、线条、体积或者节奏，从不同角度、以不同心境去仔细观察，写出自己所能想出来的尽可能多的词语，然后根据这些词语来设定一种节奏，再通过这种节奏创作出一个人物、一个有动作的人，最后写出人物对白，创作出一个场景，一个能反映人物本质的空间。"这大概要提炼 15 到 20 次，"贝克告诉学生，"你们很快就会得到结果。每次这样做的时候都要写出来，下一次又这样重新开始。"他再次提醒他们不要在乎结果，而要投入到过程当中。"在塑造一种新生活的时候，探索发现的过程才是成长的关键。"不要急于得到答案或结果，他总结说。

在第五项练习也是最后一项练习中，学生们要寻找具有不同线型的物体——一截树枝、一块嶙峋奇石、一朵鲜花或一切有着复杂线条的物体，并把他们喜欢的那些线条画到纸上，然后跳出线条去感受线条所展现出来的节奏，想象赋予它们什么样的颜色和声音。这时他们会发现，有些线条让他们赏心悦目，而另外一些则会被他们弃置一旁。根据自己身体的肌肉对这些线条的反应，他们会放大某些线条，而把另外一些不那么有吸引力的线条丢到一边。贝克让学生们听从自己肌肉的召唤，让自己对线条和节奏的生理反应去控制自己的行为，把一切理性判断都抛到九霄云外。最后的这项练习持续了好几个星期。在这期间，学生们根据他们保留并拓展的那些线条创作出了各种各样的艺术作品。有的学生进行音乐创作，有的画画，还有的制作雕塑。其实创造什么样的作品本身并不重要，"你们要通过这项练习倾听自己肌肉的召唤"，贝克告诉他们。

这些练习给予雪莉和同学们的回报并不是练习的结果，而是每项练习给他们提供了大量机会，去探索自己如何思考，如何对待空间、时间、色彩、声音和线条这五个元素。没有人关心练习本身如何，他们在乎的是有没有通过这些练习和自己对话。通过这些疯狂的活动，他们逐渐意识到自己能赋予每个元素的独特之处，开始把创造过程视为教育的核心，认识到不仅艺术中存在创造，化学公式、审视历史的新视角、提供医疗服务的新方式、外科新手段、癌症新疗法、精心设计的公园以及

一　他们为什么会成功

一顿创意大餐当中都存在创造，甚至如何花钱也有创造性。

所有练习都促进学生懂得，"创造性的基因"来自自身以及对他人伟大作品的欣赏。"我意识到是否具有创造力，"多年后一个学生说，"很大程度上取决于当你遇到好的想法和美的作品时，能否判断识别并找到为自己所用的办法。"但这也意味着——这至关重要——抛弃受传统观点影响的最初那些显而易见的答案，推动自己主动寻找新的答案。

在保罗·贝克教授的练习中，学生们培养了敬畏感和兴奋感这两种我们不断在调查对象身上发现的品质。他们对大千世界、学习成长、达到新的卓越境界的可能性以及发现新的理解方式和行为方式都深深着迷。他们的热情从学习或工作中的一个具体领域延伸到各个学科领域，通常涉及艺术和科学、拉丁语和医学、历史和喜剧或新闻和正义。这些具有高度创造力的卓越学生们像孩子一样的入迷，他们探索未知，拒绝平庸，探寻自己大脑的思维方式。他们发掘内在动机，自己掌控学习。在本书后面部分，我们将探讨心理学家称之为内在动机的力量，这种动机来自内心深处，一旦你被外在动机——分数、报酬和奖励——占领并控制，它就会枯萎，甚至凋亡。

卓越大学生还懂得一切来之不易。成长需要付出艰辛的努力。世界复杂万千，所有人都是自己思维习惯和行为习惯的产物，要学习就必须摆脱自己大脑中那些根深蒂固的习惯。而要实现这一点，就需要我们推动自己，不断建构与重构、质疑、奋斗，并不断追求。

事实上，这正是我们所发现的非常成功的学生和一般学生之间的主要区别：一般学生认为他们能很快判断自己是否擅长某事，如果没有立即达到目的，就会摊开双手说"我不行"。他们身边那些更成功的同学态度截然相反——实际上这不是能力问题而是态度问题。成功的学生完成任务时花费的时间更长，并且不愿轻易放弃。当别人叫着"我不擅长"历史、音乐、数学、写作等时，成功的学生可能会说："我还没学会。"尽管传统教育总是奖励那些快速找到答案的人——比如课堂上第一个举手的人，但那些持久存在并改变世界的大脑的创新性工作需要缓慢、持续地推进，需要时间和精力。不经过反复尝试努力，你就无法知道自己能有何作为。

那些成就显赫的研究对象们懂得让自己行动必须相信自己能行——甚至想象出自己行动时的情景——同时还必须了解自己。"怎样才能做到最好？"他们会反问自己。如何进行自我激励？所有的这些研究对象都明白，内在动机的作用要胜过分数、荣誉等外在奖励。他们告诉我们，"分数无关紧要"，一切都源自学习、创造和成长的内在需要。尼尔·德格拉斯·泰森曾说："根据我的人生经验，抱负和创新永远都会胜过分数。"

雪莉和同学们开始懂得只有自己才能对自己的教育负责。他们明白了学习不是为了老师，是为了自己，学习是为了满足自身成长的需要。多年以后她说："当我学了这门课后，我终于明白自己上学不是为了老师。老师不能替我们生活，只有我自己才能对自己将来成为什么样的人负责。"

（四）好的问题胜过简单的答案

莉兹在自己的生活经历及探索生活的能力当中发

一　他们为什么会成功

现了自己的创造力。她认识到线条、空间、运动、时间和形状之间的奇特组合，这种组合已经融入了她的生命当中，并且帮助她去表达"文化、社会和历史重要性等命题"。

我们先来看看另外一些人的创造性人生，这些人从来没有上过贝克教授的课程，但最终也有类似体验。莉兹·勒曼（Liz Lerman）将政治与科学、灵魂探索与自我实现、实验与狂想融合在一起，成为美国剧院最具有创造力的著名编舞之一。她创立的"舞蹈交流艺术公司"在全世界巡演了数千场舞蹈表演。这些表演打破了艺术与科学、观众与演员、学习与娱乐的界限。莉兹以前从来没有听说过保罗·贝克，但她却独立开发了类似的练习，激发了商业领袖、政治家和教育家以及其他人的创造力和想象力。诺贝尔经济学奖获得者保罗·萨缪尔森（Paul Samuelson）曾说过，"好的问题要胜过简单的答案"，这一点在莉兹的训练内容中展现无余。

莉兹在特定时间、特定地点、特定房子里的某个特定家庭长大。她从小在密尔沃基（Milwaukee）长大，在那里受到父亲要追求正义的熏陶，还学会了跳舞；并逐渐对政治史及特权和平等之间永无休止的政治斗争产生了兴趣。孩提时代，她活在自己用洋娃娃搭起的梦幻世界里，长大后又以历史小说中的人物为伴。"我读过所有这些书，"她说，"包括人物传记和历史小说。每天晚上睡觉前，我就会用书中的人物原型来自己编一些十分精彩的故事。"

密歇根湖畔，冬日皑皑白雪如同蛋糕上的糖霜，八月炎热的午后，孩子们会在城里的水龙头边嬉戏玩水，就在这里，莉

如何成为卓越的大学生

兹努力地寻找着生命的意义和目的，塑造价值观，并试图找到能赋予她人生意义的空间和思维方式。她的人生道路通常笔直，就像密尔沃基交织的十字路，有时也会像马斯克哥大道（Muskego Avenue），以一种奇怪的角度突然转弯，还有的时候就像密尔沃基湖畔蜿蜒的湖岸线曲曲折折。她的节奏来源于四季、父亲热衷的选区政治活动、家乡的各种声音、舞蹈课堂以及古老的宗教仪式。

莉兹在一项舞蹈奖学金的资助下，来到佛蒙特州（Vermont）的本宁顿学院（Bennington College），这里的线条随山势蜿蜒起伏，与孕育了她青春的那片平坦土地和如镜的湖面迥然不同。密尔沃基和密歇根湖就像是莉兹真实及幻想生活中随政治和宗教音乐翩翩起舞的各种角色的大舞台，在这个舞台上莉兹始终在不断挣扎，如何才能既跳舞，又"遵循父亲对我的所有愿望去反抗不公、伸张正义"；在这个舞台上，莉兹与"终极之问"（whole question of God）斗争了"若干年"。可是当她来到本宁顿时，四周的线条和模式全变了，空间和轮廓、声音和节奏都变了。

"我的大学生涯跌宕起伏，"莉兹回忆说，"两年后我转学到布兰迪斯（Brandeis），结婚，然后离婚，之后还休学了一年。"后来莉兹来到马里兰大学（the University of Maryland），一年后毕业，后来又获得乔治·华盛顿大学（George Washington University）硕士学位。她一路走来，留下了一些难忘的学习经历。在本宁顿大学，一位历史学教授给了她一个问题和一些历史资料，让她总结自己的观点并写一篇相关论文。她回忆道："这门课就是这样。教授每周和我见两次面，看我有没有问题。就是在这里，我学会了编舞，还学会了自我表达。"后

一　他们为什么会成功

来在马里兰，她选修了一门即兴创造课，这门课把她释放出来，敢于犯错并从错误中学习。最重要的是她爱上了探索。"我可以花几个小时扎在图书馆的书堆里，就是把书从书架上取出来又放回去，放松自己。"

大学后的多年里，莉兹在自己的生活经历及探索生活的能力当中发现了自己的创造力。她认识到线条、空间、运动、时间和形状之间的奇特组合，这种组合已经融入了她的生命当中，并且帮助她去表达"文化、社会和历史重要性等命题"。她出演的关于"国防预算和其他军事题材"的舞蹈备受好评，她的舞蹈团队以大型演出的方式，在曼哈顿的一个室外舞台上庆祝自由女神像落成一百周年。她没有压抑并否定年少时的梦想世界，而是最终放飞梦想，直冲云霄。

她如何做到这点的呢？在接下来的几章里，我们将探索这些高度成功的人如何实现他们的愿景。

总体上看，我们选择的这些受访者们都能认识到自身的特质，明确自己的价值，发现学习和生活的目的及意义。我们会看到他们如何通过目的和意义来构建强大的动机，从而创造出神奇的结果。他们从内心深处找到了激励自己的方式，这种内在动机成为他们的驱动力。我们会逐渐了解这种目的的作用及它们在多大程度上决定人生。他们养成了灵活的思维方式，逐渐开始欣赏自己的特质、优点及缺点，还有成长的能力。我们会探讨这种成长的理念如何帮助人们即使在失败及失足后，仍然能继续尝试。我们会发现他们如何面对失败并建设性地对待并利用失败。

这些具有高度生产力和创造力的人们会在思考过程中思考自己的想法，这个过程称为元认知，它有助于人们和自己进行有价值的对话，研究自己的背景，在思考过程中质疑并纠正自己的想法，激发大脑的活力。他们还欣赏生活的复杂无序、生活中的重大问题及得出结论的难度。我们将探索这种批判性思维方法，它帮助卓越大学生直面难题，进行有意义的思考，培养专业转化能力，通过这种方式，他们体验到了贝克教授所称的最高层次的成长。

即使在面对最令人痛苦的和可能会发生的烦恼时，他们也有能力进行自我安慰，实现内心的平静。他们还具有特别强的共情能力。这种自我调节的能力——而不是自尊心——使他们能够正视自身缺点并寻求成长空间。他们都过着均衡的生活，从各领域而不是某个狭隘的学科学习成长。我们将探讨自由教育的作用以及研究对象们如何利用这种学习经历丰富心灵，成长为具有高度创造力、同情心、好奇心及批判精神的个体，能更灵活地面对生活中的一切挑战。

最后，我们研究的这些人都能直面问题而不是逃避问题，这使他们的学习出类拔萃。我们会在最后一章探讨人们如何在进行深层次学习的同时考高分，不过除此之外，我们还将审视他们如何阅读、学习和写作，从而丰富自己的心灵，对世界作出重要贡献，并发现人生的意义。

（五）一门课开启全新的世界

大学期间他们对自身的认识以及通过这门"开启了全新世界"的课程所培养的创造力的最好体现并不在于他们向社会捐助的金额多少，而在于他们变成了什么样的人，在于他们形成的价值观和态度，在于他们面对财富和好运的谦卑以及把艺术的力量和美带给他人的创新方式。

欧内斯特·巴特勒（Ernest Butler）在得克萨斯州中东部的小镇里长大，父母在当地学校任教。和许多在小城镇长大的得克萨斯州男孩一样，欧内斯特就住在农田边，帮父母耕种小镇边的几亩田，还养了一两头牛，接受平原地带特有的节奏、线条和结构的影响。他学会了早起喂牲畜、做杂活（还把早起的习惯带到了大学），还学会了吹黑管，因为他喜欢本尼·古德曼（Benny Goodman）的音乐。

萨拉·古德里奇（Sarah Goodrich）在得克萨斯州圣安东尼奥（San Antonio）一个具有浓郁西班牙传统和文化的城市长大。几乎城里半数以上的人都会说西班牙语。在这种环境影响下，萨拉对西班牙的文化和语言十分着迷，她想和母亲一样长大后当一名教师。萨拉是家里的独生女，每到夏天就会和父母一起到墨西哥北部马德雷山脉（Sierra Madre Mountains）上的萨尔蒂约（Saltillo）度假。

欧内斯特和萨拉高中毕业后都上了大学，最后在保罗·贝克的能力整合课上不期而遇。"这门课为我们打开了一个全新世界，"后来他们说，"让我们探索了戏剧、音乐、建筑，以及创造力。"读大学时，萨拉学的是教育学和西班牙语；欧内斯特专攻化学，还在规定之外上了不少历史课，他打算毕业后去读医学院。他俩一致认为上能力整合课是改变人生的经历，对艺术和创造力的探索几乎影响了他们之后做的每件事情。和到贝克教授课堂上课的许多其他学生一样，欧内斯特和萨拉开始明白艺术作品如何挑战思维、激发大脑。最重要的是，他们开始发现自我以及自身的创造力。

毕业后欧内斯特真的读了医学院，并且和萨拉结了婚。他成了一名耳鼻喉科专家，还在得克萨斯州的奥斯汀（Austin）开了一家诊所，后来把这家诊所打造成了全美最大的耳鼻喉专科诊所。执业几年后，他又收购了一家濒临破产的生产听力测试隔音室的公司，把它打造成了该专业领域全球最大的隔音室生产公司之一。公司业务后来拓展到音乐演奏练习室和无线电广播室。萨拉在高中教西班牙语，有时候夏天就待在西班牙。她和欧内斯特一起，在当地艺术圈十分活跃。他们俩都很喜欢探索那些能够挑战他们思维的艺术品。两人还一起帮助得克萨斯州中部的音乐圈、舞蹈圈、戏剧界、电影院、歌剧院和博物馆进行改变，为此倾注了大量时间和财力。他们投资数百万美元修建了美术博物馆、音乐演奏厅，设立了奖学金和杰出科学教学奖等。仅在其中一次大型慈善活动中，他们就向得克萨斯大学奥斯汀分校（the University of Texas at Austin）的音乐学院捐助了五千五百万美元。他们把大部分财富用于支持发展艺术事业中的美学、整合和挑战性工作。

不过，大学期间他们对自身的认识以及通过这门"开启了全新世界"的课程所培养的创造力的最好体现并不在于他们向社会捐助的金额多少，而在于他们变成了什么样的人，在于他们形成的价值观和态度，在于他们面对财富和好运的谦卑以及把艺术的力量和美带给他人的创新方式。当萨拉和欧内斯特还坐在剧院演播室的转椅上时，他们就已经学会把艺术完全融入生命当中，学会去感受不同的艺术形式和自己的生活以及社会之间的和谐。当我问萨拉家中是否有大量艺术收藏品时，她平静地回答道:"哦,没有。永远也不会。我们一直住在一个普通的地区住宅(tract house)① 里,即使有大量的收藏品,也容不下足够的观众来欣赏。我们希望和所有人分享艺术,所以把艺术品都放在博物馆里,这样它们就成为社会的一部分。"

(六)"天才"是怎样炼成的

运动员和农民出身的威尔审视自己的人生,从过去经历中汲取经验。他在城市中心仅有的一片方圆两英亩的土地上,凭借自己的价值理念,开始了一场"城市农场"革命。威尔的创新天才只是遵循了能力整合课程教给学生的相同模式。

一天,当威尔·艾伦(Will Allen)正在自己家的园子里割生菜时,电话铃响了。这个高个子的城市农民,当年的职业篮球运动员接起电话,电话线那端一个男人问道:"你听说过麦克阿瑟天才奖(the MacArthur Genius Award)② 吗?"威尔坦诚地说没有。"我们已经关注你三年了,"那人继续说,"你是今

---

① 地区住宅是指一片土地上修建的设计相似的房子。——译者注
② 麦克阿瑟天才奖(MacArthur Fellows Program or MacArthur Fellowship,俗称"天才奖")被视为美国跨领域最高奖项之一,创立于 1981 年,为纪念银行生命灾难公司的创始人约翰·D. 麦克阿瑟而命名,由麦克阿瑟基金会(John D. and Catherine T. MacArthur Foundation)设立,基金会总部设在芝加哥,奖金颁发给在各个领域内具有非凡创造性的杰出人士,获奖者一般被看做本专业内领军人物。奖金额 50 万美元,且没有附加条件,获奖者可自由支配。麦克阿瑟天才奖旨在表彰在社会发展中发挥重要作用的创造性人才,每年评选各领域 20 名至 25 名杰出人士,并在 5 年中给每人提供总额 50 万美元的奖金,让他们能更自由地继续探索。至 2010 年已有 827 名获奖者,年龄从 18 岁至 82 岁不等。——译者注

年的获奖人之一。接下来的五年里,你会陆续收到五十万美元,你可以用这些钱做任何想做的事。"若干年后威尔回忆说,他当时差点把电话挂了。他不知道麦克阿瑟基金会每年会评选出一些长期从事具有高度创造力工作的人,然后出乎意料地给他们打电话,并为他们提供五十万美元的奖励经费。

威尔和莉兹一样,也来自特定环境的一个特定家庭。他扎根那片沃土,发明了世界上最具创造力、同样也最具前景的城市实验。威尔的父母以前是南卡罗来纳州(South Carolina)的农民,后来搬到了华盛顿特区附近的马里兰州南部,一家人以一个小农场为生。"尽管我们钱不多,"他回忆说,"买不起东西,但家里总有大量新鲜、有营养的食物,都是自己种的。"十三岁时,他开始学打篮球,把桃树枝编的篮筐绑在老橡树上,练习投篮。这个身高六英尺六英寸(约1.98米)的瘦高少年在篮球运动上进步神速,很快成为全美最优秀的青年篮球运动员,高中三年都入选高中"全美最佳阵容"(All-American)①。一百多所学校给他发来录取通知,邀请他加入本校的篮球队,后来他选择了迈阿密大学(the University of Miami),成为南佛罗里达大学校际篮球队中的第一位非洲裔美国人。

威尔上学前曾有个邻居教过他阅读。多年后,他依然记得曾经和她一起去看莎士比亚的戏剧《奥赛罗》,并且仍然被故事深深打动。六年级时,威尔就读马里兰州蒙哥马利镇(Montgomery County)的一所种族学校。"我们用的是白人学校小孩用过的书,"他回忆道,"有的书缺了好多页,大多数都污渍斑

---

① "全美最佳阵容"是美国业余篮球运动员的最佳荣誉,由美国各篮球队最佳球员组成。——译者注

斑，读起来总是不顺畅。"后来到迈阿密时，他还遭到几个白人歧视，不过大多数时候一切都还顺利。威尔主修体育教育和社会学，出于兴趣也选修了许多历史课程。"大学毕业后到比利时打职业篮球赛时，"他强调，"欧洲历史知识正好派上用场。"

离开父母的农场去读大学时，威尔曾经发誓永远不再务农。小时候，他每天都要干完许多农活，包括砍柴、除草，才能去运动。他当时想，读大学能把他从这种生活中解脱出来。直到后来他学会了利用自己过去务农经历的宝贵财富，才发现正是那段务农经历成就了他的创造性活动，为他赢得了"麦克阿瑟天才奖"和"西奥多·罗斯福奖"（the Theodore Roosevelt Award），后者是全国大学体育协会（the National Collegiate Athletic Association, NCAA）授予个人的"最高荣誉"。历史上曾经有四位美国总统获得过"泰迪奖"（即西奥多·罗斯福奖），此外，获奖的还有国会议员、秘书长、宇航员以及一位著名的心外科医生。第一位获奖者是艾森豪威尔总统，而威尔·艾伦是作为城市农民获得该奖的。

在比利时打职业篮球时，威尔曾跟着一个队友去一个家庭农场帮忙种土豆，由此他发现了自己"对农场那份潜在的热情"。回到美国，跟辛辛那提一家公司做了一段时间生意后，他开始在妻子老家密尔沃基的郊外耕种，最终接手了中西部城市仅存的一片农田。就是在这片方圆两英亩的土地上，他凭借自己的个人经历和价值理念，开始了一场革命。

威尔成立了生长力公司（Growing Power），一个致力于解决城市居民生活中的一个基本问题的非营利机构，并担任董事长。在全球各地的大城市，人们不知道如何种植庄稼，通常认为自己不会种。他们依赖大的公司提供所需的食物，可是由于这些食物的种植方法破坏环境，常常不能持续供给。在这种供应系统中，城里的居民只好以合成食品为生，食物里更多的是化学添加剂而不是有机营养。此外，城里那些没工作的人也无法维持生计。威尔的非营利公司教会人们如何自己种食物，哪怕是在大城市。

在密尔沃基中部的总部基地，这片两英亩的土地逐渐发展为第一批社区食品中心。这些中心进行新种植方法实验，还与当地人合作，帮助他们自己种菜。公司官网宣称："在一个不超过小超市大小的空间就可以种植20,000株植物和蔬菜，养殖成千上万条鱼以及包括鸡、鸭、羊、兔子、蜜蜂在内的各类牲畜。"在密尔沃基和芝加哥，生长力公司不仅教人们祖传的方法，还教人们用适合城市环境的新方法种植庄稼。南部和新英格兰几个州还设立了卫星训练基地。公司称："这些机构提供优质、安全、健康而且所有社区居民都负担得起的食物。"公司当前的计划是推行创新型的五层立体农场。

这场革命背后的创造性天才威尔只是遵循了能力整合课教给学生的相同模式。他审视自己的人生，从过去经历中汲取经验。他对城市的空间及食物生长和配送的时间进行了分析，想方设法地用前人没有用过的方式来利用时间和空间。当那些大型低收入住房项目的孩子们请求威尔为生产食物提供帮助时，他便开始了生长力公司激动人心的实验。一方面，他惊叹于大家的奉献精神，另一方面，从小父母灌输的乐于助人的价值观及邻居家孩子的决心都激发了他的灵感。此外，他也学会了碰到好的想法时及时识别。在构建自己的城市农场过程中，他探索了广泛的技术，从在封闭系统中养鱼和植物的水产养殖技术

一 他们为什么会成功

到利用食物残渣产生能量的厌氧消化池技术。威尔还发明了通过堆肥对废物进行循环利用的新方法，创建了不依赖化学肥料的可持续耕种体系，他现在不断把这些新方法传授给其他人。这位"首席农场主"运营的公司年度预算达到六百万美元，并且还在不断扩大。

威尔·艾伦，这个农民的儿子成立并经营非营利的生长力公司，登上了《时代》杂志全球百名最具影响力人物的排行榜。他曾应邀到白宫帮助第一夫人米歇尔·奥巴马（Michelle Obama）发起一项旨在减少青少年肥胖症的运动。目前威尔担任许多大学和社区领导的城市农业顾问，在国家及国际食品政策制定及农业新技术研发方面具有很高的话语权。当他获得"泰迪奖"时，他告诉记者："我真的十分看重这个奖，因为这表明运动员出身的学生不仅是一个娱乐大众的符号，也可以有更多追求。"[1] 当然，他也十分珍视以前从事团体运动的日子，他告诉我说，通过这段经历他学会了如何建立人际关系，从而把生长力公司塑造成为重要城市运动中的主要参与者。他总结说："打篮球是我大学期间最有影响的一次经历。"他还说："你能够在人生中积极作为，通过不同的方式去影响别人的生活，而不仅是让人观看你打球。"不过当我问他，他最重要的创造是什么的时候，他却丝毫不提自己在城市农业或篮球生涯中的成就，而是说："我帮妻子养育了三个可爱的孩子。"创造力可以有多种形式。

---

[1] Michelle Brutlag Hosick,"Growing Power CEO Is NCAA's Theodore Roosevelt Recipient", *NCAA Latest News*, December 1, 2011. http://www.ncaa.org/wps/wcm/connect/public/NCAA/Resources/Latest + News/2011/November/Growing + Power + CEO + is + NCAAs + Theodore + Roosevelt + recipient.

二
"专才"是如何炼成的

What Makes an Expert

> 当18岁的杰夫·霍金斯成为康奈尔大学的一名新生时,他给自己提了几个问题:第一,万物何以存在?第二,物理规律从何而来?第三,生命的本质是什么?第四,智能的本质是什么?他说:"在我有生之年,我希望至少能解答最后一个问题。"

二 "专才"是如何炼成的

（一）大学生活：从四个哲学问题开始

在所有这些追求中，杰夫都采用了深层次学习方法，他在每个领域不停追问为什么、如何做并试图把所有事物联系在一起。更重要的是他一直在自己的大脑里构建世界的模型。

杰夫·霍金斯（Jeff Hawkins）在美国长岛（Long Islands）北部的海边长大，在设计出掌上电脑改变世界之前，他曾经和两个哥哥还有父亲一起发明了一种能在水上漂浮、样子十分古怪的精巧装置。后来他说："我家跟老电影《浮生若梦》（You Can Take It With You）里的有点像。"晚饭时，父亲和孩子们狼吞虎咽地吃完晚饭就直奔巨大的车库，车库比家里其他所有地方加起来还大。他们就在这个神奇的地方摆弄着一堆塑料、金属和木头，捣鼓出了一艘怪船。这艘船丝毫不像通常礼拜日下午长岛海峡（Long Island Sound）上来来往往的帆船，倒更像一艘外星人的宇宙飞船。

不搞发明创造的时候，杰夫会骑自行车去图书馆查找历史、社会或科学的各种资料。后来他开始对数学游戏书感兴趣，高中时还加入了学校的数学小组。杰夫对魔术也充满了兴趣，不过他的目的不仅是为了表演几个奇幻莫测的魔术去迷惑朋友，他想知道的是那些魔术明显和已知的宇宙现象矛盾，却能愚弄人的原因。他在脑子里不断构建世界运行的模型，一遇到挑战这些模型的事物，他就想弄清缘由。出于同样原因，这位未来的电脑产业巨头对音乐也颇感兴趣——不是为了表演,而是想弄清楚人们为什么会被不同的声音吸引,为什么会被某种音乐打动,为什么有的人喜欢听某种类型而不是其他类型的声音。

当18岁的杰夫成为康奈尔大学的一名新生时,他给自己列了个问题单,上面有他想探寻的四个重要问题。第一个是:万物何以存在?当他成功地发明了第一台移动电脑,并把Palm公司和Handspring公司打造成上亿美元的公司之后很久,他找到了答案:"万物皆有可能。"第二,假定宇宙真实存在,那么特定的物理定律从何而来?为什么会有电磁场及爱因斯坦的质能方程式$E=mc^2$?他若有所思地说。第三,为什么会有生命?生命的本质是什么?第四,如果生命存在,智能的本质又是什么?他解释说:"在我有生之年,我希望至少能解答最后一个问题。"

尽管杰夫成绩很好,但从来没有名列前茅过。他说:"我会完成课上必须做的事情,但不会竭尽全力地去追求最好的成绩。"他通常坐在教室的第一排,认真听讲,按时完成作业,但只把注意力集中在自己感兴趣的东西上。他从不满足简单的答案,总要去探寻更深的解释。"以魔术为例,你不仅要知道怎么玩儿的手法,还要知道人们如何被愚弄。"在历史中,这意味着追问一切现象的前因后果;在工程学中,就是追问事物的运行机制及原理。在学习许多功课时,他都这样不断追问,对他来说,没有地方可以"查找答案",也没有简单的答案。

念大学时,杰夫没有遇到什么伟大的老师或者改变人生的课程,不过他享受着自由还迅速发现了两个挚爱:物理学和他后来的妻子。他说:"生命里出现另一个人,这让人生发生了巨变。"

他还发现其他同学在大学期间都制订了很多日程安排。他注意到:"大学的问题就在于你的兴趣和被分配的任务并不总是保持一致。"因此他总是先完成自己必须做的事情,哪怕这件事不是自己的首要选择。一旦完成后,他就会去追求自己感兴趣的问题。他说:"如果有任务,我会先完成这个任务,但我只会全心追求那些真正让我感兴趣的事情。"

在所有这些追求中,杰夫都采用了深层次学习方法,他在每个领域不停追问为什么、如何做并试图把所有事物联系在一起。更重要的是他一直在自己的大脑里构建世界的模型。他指出:"你可以在数学领域构建模型,也可以在音乐、商业和工程领域构建模型。"从孩提时代开始,杰夫就一直在这样构建各种模型,这种抽象思考方式有助于他理解整个世界。现在,他能够通过大学里获取的新知识去构建更加复杂的模型,他开始对自己了解到的事物进行推理,提出想法,猜测各种可能性和概率。杰夫不停把玩着生活,按照不同的方式来整理生活的各种碎片,直到某一天,从朦胧世界的种种映像、混沌和矛盾中,新的想法开始出现。

(二)三种学习方法:浅层次、深层次和策略型

> 心理学家们发现每个学生都能把各自的学习方式运用到最佳状态,不过由于他们从来就没有尝试过其他方法,所以大多数人根本没用过最有效的方法。

今天的我们生活在一个非同寻常的变革时代,过去那些对于什么样的人能够在学习和生活中取得成功的看法正在发生巨变。35年前,我们认为杰夫这样的学生是异类,他们的能力远

如何成为卓越的大学生

远超出普通学生,可能是某种大多数人永远无法理解的人格、超智力或怪癖的造物,但在今天许多研究者们却认为大多数学生有能力采用杰夫那种学习方法,否则他们的大学经历就会失去意义;而且越来越多的人正倾向于认同这种观点。这种地震般的观念转变并非一夜之间突然产生。这种观念发端于保罗·贝克和其他一些抓住了大脑本质的人,并随着相关学习专业、学习目的、大学学习和人类动机的重要研究和理论继续发展。在针对"卓越大学生"的调查中,我们试图整合这些观点,为成功的大学生活及未来人生提供有力的工具。

早在三十多年前,瑞典一所大学就已经通过一个简单的实验对学习风格进行了研究。在这个及随后的实验中,心理学家发现学习方法基本分为三种,大学生会采取其中某一种学习方法——不过通常是在无意识的情形下——正是这种方法决定他们在学校会有何收获。另外,令人欣慰的是心理学家们还发现每个学生都能把各自的学习方法运用到最佳状态,不过由于他们从来就没有尝试过其他方法,所以大多数人根本没用过最有效的方法。为什么呢?本书后面部分会更多地谈到这个问题,现在还是让我们先来了解一下这三种学习方式或称学习意图。

在哥德堡大学最初的调查中,心理学家让参加调查的一组学生阅读一篇文章。[1] 这些志愿者们迅速地看完了文章,有些

---

[1] A. Fransson, "On Qualitative Differences in Learning: IV. Effects of Intrinsic Motivation and Extrinsic Test Anxiety on Process and Outcome," *British Journal of Educational Psychology* 47, no. 3 (1977): 244-257; G. Gibbs, A. Morgan, and E. Taylor, "A Review of the Research of Ference Marton and the Goteborg Group: A Phenomenological Research Perspective on Learning," *Higher Education* II, no. 2 (1982): 123-145; E. J. Rossum and S. M. Schenk, "The Relationship between Learning Conception, Study Strategy and Learning Outcome," *British Journal of Educational Psychology* 54, no. I (1984): 73-83.

二 "专才"是如何炼成的

人的阅读速度还特别快,不过比起他们表现出来的另外一个因素,理解消化文章的速度远远没那么重要。在调查的时候,研究人员听到一些学生说,他们就是想尽可能地记住更多的内容。这些学生在阅读的时候,总是在寻找可供记忆的事实和单词,试图猜测别人可能问到的问题。这类学生被心理学家们称为"浅层次学习者"(surface learners),在之后的研究中,我们了解到浅层次学习者通常只关注自己能否通过考试,而不是应用阅读所学到的东西。[1]

与此同时,另外一些学生表现出十分不同的目的。他们想理解文本背后的意义,思考含义及应用,发现不同的观点并且区分支撑的证据和结论。他们试图理解某个想法、推理或事实有何不同,和之前学习的东西有何联系。总之,这些"深层次学习者"("deep learners")阅读的时候具有五岁儿童玩寻宝探险游戏时的那种热情,只不过他们多了分析、综合、评价和抽象等种种技巧。

在此研究后的几年里,社会科学家们发现学生们还会采取另一种学习方法。"策略型"学习者("strategic" learners)的首要目的是考高分,通常是为了读研究生院或专业学校,他们通常在班上的表现出类拔萃,让父母们深感骄傲。但是尽管他们在很多方面看起来和深层次学习者很像,他们关心的根本问题其实毫不相同,策略型学习者关注的是如何了解教授的想法

---

[1] N. Entwistle,"Strategies of Learning and Studying:Recent Research Findings,"*British Journal of Educational Studies* 25,no. 3(1977):225-238;F. Marton and R. Saljo,"On Qualitative Differences in Learning:I. Outcome and Process,"*British Journal of Educational Psychology* 46,no. Ⅰ(1976):4-Ⅱ;F. Martin,D. Hounsell,and N. Entwistle,eds.,"The Experience of Learning:Implications for Teaching and Studying in Higher Education,"3rd(Internet) ed. (Edinburgh:University of Edinburgh,Center for Teaching Learning and Assessment at the University of Edinburgh,2005). http://www. tla. ed. ac. uk/resources/EoL. html.

以及在考试中轻松取胜。即使他们在这个过程中有何收获并改变了他们的思考、行为或感受方式，也不过是个意外。他们自己对此从来没有任何期待，他们想要的不过是以优异的成绩毕业从而获得他人的认可。

（三）浅层次和策略型学习方法的弊端

> 很多学生之所以从来没有深入学习，是因为他们的意图只是在学校侥幸过关或引人注目罢了。

虽然进入优秀学生名单听上去很不错，但策略型学习者不敢冒险，他们害怕新东西或额外的东西会影响自己的平均积点分（grade point average）。因此，他们不敢开始智力之旅，穿越生活中的未知丛林，让好奇心在智力探险和想象力的奇境中驰骋。当他们来到大学时，不是心怀敬畏和好奇之心，而是怀揣一张学习清单，其结果是只能按部就班学习，不能深刻理解概念；能够按步骤计算数学问题，却不懂数字背后真正的含义，因为他们从来也没有这样的意图。其实公平地说，有些学生不过是无辜受害的策略型学习者，因为他们一直接受的教育就是按这种方法学习。很快我们就会看到，在这种环境下，所有学生都逐渐学会了策略型学习方法，其结果是他们无法将解决问题的能力转化到不同的案例中去解决同类的问题。他们可以在化学和物理考试中将正确的数字填入正确的公式，或者是按规定要求完成作文，但这对于他们如何思考、行为及感觉却影响甚微。

二 "专才"是如何炼成的

在未来生活中,他们可能成为、也最多成为常规性专家(routine experts)[①],即懂得所有工作程序却缺乏创造力的所谓专家。一旦生活中出现的问题没有遵循常规,这些常规性专家就无法适应,他们无法面对新形势,很少能成为开拓者去开创新的思考和行为方式。面对不同的问题时,有时候他们会沮丧地放弃。适应性专家(adaptive experts)则相反,他们不仅熟悉所有常规性事务,还具有我们在卓越大学生和深层次学习者身上发现的共性。他们具有能力和良好的心态,不仅能识别,甚至能创造自己需要的机遇和必要条件。他们喜欢承担未知挑战,乐于解决真正复杂的问题。他们享受并知道如何去改进、创造和克服意料之外的挑战。我们的社会需要的正是具有高度适应性的专家,无论是解决严峻的气候问题、刺激疲软的经济还是结束一场战争都是如此,策略型学习者极少能提供这种灵活性。

浅层次学习者和策略型学习者的弊端还不止于此。他们会厌倦学校,不时感到焦虑甚至抑郁;他们通常不喜欢面对新的问题,更重要的是他们学而无获。还记得前面提到的那些物理系学生们吗?尽管他们在考试中得了 A,却仍然不知道什么是"运动"。他们就是策略型学习者,只知道考试时在正确的公式中填入正确数字,得出正确答案,却不知道这究竟意味着什么。同样,在英语或历史课上也有类似的策略学习者,他们能

---

① G. Hatano and Y. Oura, "Commentary: Reconceptualizing School Learning Using Insight from Expertise Research," *Educational Researcher* 32, no. 8(2003):26-29; T. Martin, K. Rayne, N. J. Kemp, J. Hart, and K. R. Diller, "Teaching for Adaptive Expertise in Biomedical Engineering Ethics," *Science and Engineering Ethics* II, no. 2(2005):257-276; G. Hatano and K. Inagaki, "Two Courses of Expertise," in *Child Development and Education in Japan*, ed. H. Stevenson, J. Azuma, and K. Hakuta, 262-272(New York: W. H. Freeman, 1986).

如何成为卓越的大学生

一边睡觉一边写出包括五段话的作文，但所写的大部分内容对自己都几乎没有意义。他们接受的教育对自己将来如何思考、行为和感觉最多有很小的影响。难怪他们把大学看作是必须跨越的障碍，而不是让人兴奋不已的人生之旅。

也许我应该在此澄清，如果努力记忆的目的是为了理解并且和其他话题及问题联系，那么它和为了通过考试死记硬背有本质区别。采取深层次的学习方法意味着能对自己的教育进行掌控，自己决定想学什么，创造新的事物，探寻文本背后的意义，能认识到书上的文字不过是一种符号，符号背后蕴藏的意义与生活的各个方面及个人的发展具有密切联系。这种意图与动机相互交织，一方面源自个人的内在动力，另一方面又为内在动力提供重要动力和方向。本书的调查对象不仅自己掌控在校教育，还创造了一种适合自己、能影响自己生活和思考方式的教育模式。

最近我遇到的一个大学生正好反其道而行之。"马上有个重要考试，你看上去有些紧张啊。"我说。

"是啊，有点紧张，但我想应该没问题，只要记住大概二十个术语就行了。去年参加过这门考试的朋友说就考这些。只要这门课能得B，就不会太影响我的平均分了。"

请注意这种模式，当学生们害怕失败时就会夜不能寐，会出于焦虑担心去牢记那些孤立的事实，以为这样就能化险为夷。他们或许会成功，能通过考试、侥幸取得学分，但也可能不会。不过这一切毫无意义，因为在此过程中没有什么能够对该学生产生持久影响。浅层次学习者无疑会变得兴趣索然，当一个人快被生存的压力吞噬的时候，谁还能保持兴趣盎然呢？

二　"专才"是如何炼成的

但这并不意味着浅层次学习者从来不会进行深层次学习，也不意味着深层次学习者不会偶尔浅尝辄止，或者说策略型学习者就一无所知。过去 30 年左右的研究结果仅仅表明，学生们会培养出某种强烈的意图经常性地指导他们的学习和成长。他们形成的学习方法主要是深层次、浅层次或策略型，但正是凌驾一切的意图在塑造影响他们的人生。很多学生之所以从来没有深入学习，不过是因为他们的意图只是在学校侥幸过关或引人注目罢了。

（四）深层次学习法：走向创新之路

"深层次学习者"热爱学习本身，即便没有人教，也会自己采取深层次策略。他们会自己去寻找基本结论，判断什么是最重要的信息；反复思考新的信息如何支撑或改变已有的观点；不断追问自己对材料理解有多透彻。

显然很多人仍然认为学习理念无关紧要，他们认为只要教会学生良好的阅读和学习方法，学生们就能在学习中运用这些策略，这种态度可以在无数"好学生秘籍"之类的书中找到。这些手册会教你许多学习技巧和成功秘诀，但对意图或动机却只字不提。当然，每个人都应该培养良好的阅读、写作和计算机能力，学习也的确需要付出艰辛努力，但是如果缺乏深层次学习的动机，那么世界上所有的技巧都只能给你留下短暂的记号，美国心理学家苏珊·博比特·诺伦（Susan Bobbitt Nolen）

几年前就曾指出过这一点。

诺伦曾经在一系列的研究中反复询问学生:"什么事情令你感到骄傲?"[①] 有些学生的回答是:"我感到最成功的时候是分数比别人高,向大家证明我很聪明的时候。"诺伦把这样的学生称为"自我导向型"(ego-oriented),对应前面我们所称的策略型学习者。还有些学生的回答是当他们有了新的想法以及学到的东西让他们想发现更多的时候,诺伦把他们称为"任务导向型"(task-oriented),也就是我们所称的"深层次学习者"。

诺伦在调查学生的阅读习惯时注意到,即便教给自我导向型学生更好的学习策略,他们仍然会采用浅层次策略。他们通常不过是通过反复阅读和记忆一些新词来记住所读内容。相反,"任务导向型"学生热爱学习本身,即便没有人教,也会自己采取深层次策略。他们会自己去寻找基本结论,判断什么是最重要的信息;反复思考新的信息如何支撑或改变已有的观点;不断追问自己对材料理解有多透彻。简言之,他们会采用那些最可能产生理解、批判性思维、创造力以及转化性专业知识的策略。

诺伦还发现了另外一种类型的学生,她称为"逃避工作型"(work-avoidance)学生,我们在前面讲浅层次学习者时提到过他们。他们告诉诺论,自己感到最成功的时候是当他们可以"逃避一些工作""工作任务轻松"或者"工作不用太辛

[①] S. B. Nolen, "Reasons for Studying: Motivational Orientations and Study Strategies," *Cognition and Instruction* 5, no.4(1988):269-287; S. B. Nolen, "Why Study? How Reasons for Learning Influences Strategy Selection," *Educational Psychology Review*(Historical Archive) 8, no.4(1996):335-355

苦"的时候。他们采用的又是什么策略呢？其实，他们和自我导向型学生采用的策略大同小异。简单说来，逃避工作型学生和自我导向型学生，即我们所称的浅层次学习者和策略型学习者所采用的阅读和学习策略很少能产生真正的理解，或者说我们怀疑其能否产生任何创新性工作。

（五）人人都可以掌握深层次学习法

学习风格并不是由智力或性格决定，全世界的研究者都已经发现能力很强的人可能培养浅层次或策略型学习倾向，普通学生也可能掌握深层次学习策略。

如果你意识到自己正好符合浅层次或策略型学习者的描述，不用绝望，你的学习风格不会固定不变；如果你认为自己很聪明，不会落入缺乏意图者的行列，也不妨重新思考一番。所有人都可能成为浅层次或策略型学习法的牺牲品，但也都能够摆脱这种状况。其实学习方法并不是由智力或性格决定，全世界的研究者都已经发现能力很强的人也可能培养浅层次或策略型学习倾向，普通学生也可能掌握深层次学习策略。本书的一些调查对象就是从策略型学习者转变成深层次学习者，这说明学习方法不会在你的灵魂深处留下烙印。无论性格内向还是外露的学习者，都可以培养三种学习方法中的任何一种方法。

推动学生们选择浅层次或策略型风格似乎有一整套复杂因素，如果你希望摆脱这些因素的影响并掌握深层次学习方法，就必须首先理解这些力量。有些力量是在学校形成的，比方说学校里的考试总出多项选择题，就是要求你记住一些孤立的事实，那么不足为奇，最终你会认为人生的目标就是牢记一些孤立的事实而不是寻找生命的意义。论文考试也总是希望学生依葫芦画瓢，将书本和老师说过的话照抄一遍，这同样会鼓励肤浅、缺乏意义的学习。我从前的一位同事就曾指出："如果来自火星的人类学家到我们校园来调查大学的教育目标，她一定会毫不犹豫地得出结论，就是学会如何参加各种考试。"

学校对知识覆盖面的强调迫使学生只能匆匆完成任务，没有给他们足够的时间仔细思考。各门课程都包括大量繁重的任务，也迫使学生们为了过关寻找各种肤浅的捷径。此外，学生生活中还充斥着各种各样让人分心的事情，他们根本没有足够的时间进行深层次学习。高等教育成本的增加和财政支撑的减少使得学生们必须长时间在校外打工才能负担得起学费，迅速结业、取得学位及找到工作的经济压力非常大。不过我们不能把所有责任全推到学校身上，因为学校其实置身于广大社会当中，其实是社会在推动人们去追求肤浅的东西，鼓励学生视荣誉和人们的认可高于深层次的理解。

（六）不要让分数和积点成为学习动机

人们只有在试图回答或解决自己认为重要、有趣或美妙的问题时，才最有可能采取深层次学习法；因为这时他们才不会感到受到他人控制。而学校往往会

二 "专才"是如何炼成的

抛出大量设计精心的外在奖励，这些奖励足以扼杀学生的内在动机。他们不再掌控自己的教育，童年的好奇心也随之枯萎、凋亡。

不过，学校教育中的确存在一些更加根本的因素会促进学生进行浅层次和策略型学习，同时对他们开展深层次学习产生最沉重的打击，这种根本因素的主要根源还在于观念问题。多年前，两位年轻的心理学家爱德华·德西（Edward Deci）和同事理查德·瑞安（Richard Ryan）通过一系列实验证实了这一点。[①] 他们的实验是这样的，先想出一些你喜欢做的事情——打棒球、看爱情小说、做意式肉酱面、做数学题或者研究历史。假设有人付钱让你去追求自己最喜欢的事情，然后又停止了这种奖励，面对外在动机的出现及随后的消失，你最初的内在兴趣水平会发生什么变化？外在激励的存在会让你的内在兴趣更加强烈、保持原样还是会有所减弱？换句话说，奖励和惩罚会如何从根本上影响你的愿望？

传统观点和当前盛行的社会学观点认为，要想激励人做事就给他们奖励，将来他们就会不断重复这种方式。根据这种流行的观点，人类就像迷宫里的老鼠，只有存在外在动机时才会最努力地工作、表现最好。不过，前述两位教授却对此持怀疑

[①] E. L. Deci, "Effects of Externally Mediated Rewards on Intrinsic Motivation," *Journal of Personality and Social Psychology* 18, no. Ⅰ (1971): 105–115; E. L. Deci, "Intrinsic Motivation, Extrinsic Reinforcement, and Inequity," *Journal of Personality and Social Psychology* 22, no. Ⅰ (1972): 113–120; E. L. Deci and R. M. Ryan, "The Paradox of Achievement: The Harder You Push, the Worse It Gets," in *Improving Academic Achievement*, ed. Joshua Aronson (Boston: Academic Press, 2002), 61–87. http://www.sciencedirect.com/science/article/B8651-4P9TW7V-9/2/fa234fce54141cc44f495a1ab1487f6.

态度，他们在自己的心理实验室最终找到了答案。① 两位社会科学家及其同事都来自罗切斯特（Rochester），他们通过大量调查得出结论：实际上外在动机会抑制人的兴趣，尤其当人们感到自己受到外在动机操控的时候。在最典型的实验中，给钱做事的学生完全丧失了兴趣，而自愿做事的学生却能继续下去。上述发现的重要意义在于如果你根本不喜欢学习，就不可能采取深层次学习法。

关于德西和瑞安提出的问题，正规学校教育为我们提供了最好的模型。即使孩子们满怀兴奋、憧憬和好奇地开始一段经历时，学校也会抛出大量精心设计的外在奖励，这些奖励足以扼杀他们的内在动机。正如德西的同事指出，小时候人们为了得到一颗金星或高分努力学习，他们会感到自己"失去了对人生轨迹的控制"。换句话说，他们感觉自己受到了控制。当这种作为独立个体的感觉逐渐减退之后，个人兴趣便也随着雪崩

---

① 他们先邀请24名学生玩一个叫索马（Somacube）的方块游戏。方块由7块形状奇怪的积木组成，这些积木可以组合成不同组合，包括组合一个立方体。这个游戏可以拼出上百万种组合，关键是拼出指定的形状。学生们分别独自来到心理研究中心做这个奇怪而有趣的小游戏。

初次来研究中心时，每个学生拿到四张图案，然后得试着用索马方块复制四种图案。几分钟后，实验人员离开房间，到隔壁的房间通过单向玻璃观察学生。他们想知道在没有人观察或鼓励的情况下，学生们自己能独立玩索马立方块多长时间。桌子上还摆了最新的《时代》《纽约客》和《花花公子》等杂志，有足够诱惑让学生忘记游戏。

几个星期后，所有学生再次逐个回来进行试验，程序几乎相同，只不过其中一半学生（设为A组）做对后会得到现金奖励。实验者同样离开了八分钟。显然，由于A组学生有奖励，所以他们会花更多时间来玩游戏；这也正是实际情况。其他学生不知道有奖励，他们玩游戏的时间和上次相同。但是，当所有学生一周后第三次独自回到实验室后，一个奇妙的现象发生了。这个现象可以让我们仔细思考学校教育破坏学生好奇心的原因以及有创造力的人如何避免这种命运。心理学家这一次告诉A组学生不再有现金奖励，第二组学生则照样做游戏。当实验者离开房间八分钟之后，之前拿到奖励的A组学生似乎突然失去了兴趣，他们玩游戏的时间大大减少，而从来没有外在激励的学生玩游戏的时间与之前相同。

二 "专才"是如何炼成的

般的"要求"和"作业"一同消逝。他们不再掌控自己的教育,童年的好奇心也随之枯萎、凋亡。

即使正规教育的课程结构也会加速此过程,① 人们只有在试图回答或解决自己认为重要、有趣或美妙的问题时,才最有可能采取深层次学习法,因为这时他们才不会感到受到他人控制。不过在大部分课堂上学生都无法主导问题,这便给学校教育的现实和促进深层次学习的环境之间留下了巨大的鸿沟。尽管我们也有充分理由认为,让老师主导问题的原因在于他们懂得更多,能想出学生们永远提不出的问题,但这种课堂结构只能促进浅层次和策略型思维方式。

想想我的侄女吧。她五岁时,我们一起从奥斯汀(Austin)到得克萨斯州圣·安东尼奥(San Antonio)作一次汽车之旅。当我们以每小时70到80英里(112.65到128.75千米)的速度在35号州级公路上奔驰时,小女孩一个连着一个问了我大概七八百个问题。大多数时候她最关心的是天文学。"晚上的时候,太阳在哪里呢?"她问。"白天的时候,星星又到哪里去了呢?"她对知识的渴望如同许多五岁大的孩子一样,没有止境。

时间飞逝,15年后侄女刚开始上大学二年级时,我急切地想知道她对即将到来的这个学期有什么打算。在一次家庭聚会上我好奇地问她:"下学期你要上些什么课?"

"一堆必修课。"她咕哝着说。

"哦,比如?"

"要上些科学课。"她还给我个鬼脸和一声叹息。

---

① E. L. Deci and R. Flaste, *Why We Do What We Do: The Dynamics of Personal Autonomy* (New York: G. P. Putnam's Sons, 1995).

"那你决定选哪一门课呢？"

"我选了天文课。"

"太棒了，"我惊叹道，"我就知道你对天文学很有兴趣。"

她看我的样子就像我疯了一样。"你怎么这么认为？"她难以置信地问道。多年前的那次汽车之旅后，悲伤的事发生了，她上学了。上学期间，她失去了童年时代那份让一个五岁孩子的时光色彩缤纷的好奇心。这种故事我们再熟悉不过。

不过，本书所有调查对象都上了学并最终成为具有高度好奇心和创造力的人。

接受了正规教育，但仍然具有保持或培养好奇心的能力，这是他们蓬勃发展、成为具有批判思考力、创造力和适应力的专家的一个关键因素。他们如何做到的呢？通过和那些成就斐然的调查对象交谈，我了解到他们设法做到了无视高分等外在动机，去发现学习的内在原因。很多人都告诉我，他们根本不在意分数，除非分数能反映他们的思维能力。尼尔·泰森坦诚道："我只会因为好奇心、兴趣和着迷而感动，不会为了考试中得高分感动。"我们调查的很多人都成就斐然，但荣誉、财富这些人们通常顶礼膜拜的上帝都不是他们行动的动力。

让我稍作澄清。策略型和浅层次学习者对于是否真正理解兴趣甚微，他们希望的不过是考试侥幸过关或成绩出类拔萃。对他们而言，分数代表着某种通行证，是通往生存或荣誉的门票。平均成绩就像纸牌游戏中的点数，能帮助他们晋级通关。在学校这场游戏中，他们的目的不是学习而是获胜。毫不奇怪，成绩成了一种控制工具，学生们缺乏自己控制教育的感觉。相比之下，总的来说尽管深层次学习者也会对分数感兴趣，不过他们只对那种能评价自己的学习和能力、帮助自己进

二 "专才"是如何炼成的

步提高的分数感兴趣。跟着自己敬重的老师,他们可能会由于分数所代表的意义而焦急地等待老师评分,但他们更感兴趣的还是分数对其思维和学习的实质反馈,而不是分数本身。"保持高分"意味着维持一种高智力或美学标准。分数为某种实质内容提供了一种简单的表达方法。深度学习者关注的不是分数本身或竞争性游戏中的"点值",而是较高层次的意义。他们的动机仍然是内在动机。

即使接受本书调查的有些深度学习者关心平均积点分,比如纽西兰的一位内科医生德布拉·戈德森(Debra Goldson)就坦诚自己关心分数,但她并没有忽略最初的学习目标,分数从来也不是她的学习动机。对德布拉而言,她关注的仍然是什么能帮她成为一位优秀的医生,正是这一点激励她完成学业。

这些人刚开始屈服于外在奖励,后来又是如何躲过外在奖励带来的灾难的呢?无疑,他们的部分秘诀来自对自己人生的审视,来自逐渐欣赏那些自己才能控制的特质和观点。正是这种自我审视让学生们认识到,唯有热情才能点燃自己的灵魂;他们甚至还意识到,如果不认清自身力量,就会深受外在动机的危害。他们有能力在自己的理想、独特的人生故事以及潜在的独特贡献中释放出奇思妙想,他们具有在教育过程中激发自己潜能的能力。

他们对自己有何发现?尽管我们调查的卓越大学生们都找到了各自的各种动机,但是有三个关键性要素几乎在所有人的生活出现。

最根本的因素是他们重新发现了童年时代的好奇心。他们对未知感到迷惑,对自己所处的世界心存敬畏;他们欣赏自己的独一无二。无论是面对万千事物还是一次具体经历,他们都

如何成为卓越的大学生

乐在其中,想知道其含义、如何与其他事物联系、有何应用。一旦发现了自己的热情所在,他们就会想方设法在最初兴趣的基础上,不断融入新的知识、扩大自己的世界。这些卓越的大学生们发现了如何去探索人类社会、艺术、自然的奥秘,如何发现自己各种兴趣之间的纽带。他们摆弄着未知,玩味着生活,在学习及学习成果中都找到了巨大的乐趣。生活其他方面也变得生动有趣、相互关联。

第二个因素是他们发现了保罗·贝克所说的大脑活力,从而在培养创造力的过程中感受到无穷乐趣。"我喜欢广泛学习,"其中一位调查对象说,"因为我学到的所有东西、想法和观点都有助于激发我的灵感,让我更具有创造力。"了解自我以及自己的成长过程让他们找到了巨大动力。许多受访者甚至对发现的过程大为着迷,他们开始研究自己的大脑如何思考,如何学着改善自己的思维方式。通向成长的每一步——无论是成功还是失败——都赋予他们新的奇思妙想,帮助他们变得更加具有建设性和创造力。不过,他们的目的并不是追求创造力本身,创造力生活的目的是帮助他们更加努力。他们追求的是自身成长,并通过创造力去解决一些问题或实现某些对他们来说很重要的目标。

第三,他们深谙每个人都是独特的这个原理,所以理解每个人都能从他人的具体贡献中获益的道理。我们可以学着去整合他人在特定成长经历中形成的观点、视角和出色的工作。"创造过程的一部分,"保罗·贝克始终强调,"就是当你遇到好的想法时有能力判断识别。"从本质上说,创造力的一部分来自对他人哪怕是一点小成就的惊叹,来自让一切成功挑战并鼓舞你。欧内斯特·巴特纳就曾指出:"我逐渐开始去欣赏那

二　"专才"是如何炼成的

些能挑战我的思考方式并鼓舞我的艺术品。"

（七）发掘更深层的学习驱动力

尽管卓越的大学生并非总能战胜生活中的外在动力，但我们会不断发现只有当他们忘掉学习成绩及其他外在奖励的回报，让学习的纯粹快乐、对作为创造性个体发展的兴趣以及对广大社会的关注成为自己驱动力时，才能够取得成功。

当卓越大学生寻求开发自己大脑的潜力，让好奇心推动生活的时候，这些追求便超越了分数和荣誉，成为他们在校动机的一部分，但仅这点还不能概括我们的许多调查对象的动机。无疑，我调查的许多人都深刻地思考过生命的根本问题，他们在寻找自身存在的意义和目的。我是谁？我为什么来到这里？我的角色是什么？出于这种追求，他们一直在思考自己重视什么、希望成为什么样的人以及创造什么样的世界。我们听过许多他们的故事，他们形成了强烈的正义感和同情心，培养出了悲天悯人的胸怀，正是这种强烈的价值观使他们明确了社会责任感，驱使他们去努力奋斗。对一些人而言，这种思想来源于宗教信仰；对另一些人来说，这种思想源自严格的个人和家庭价值观。

近来研究表明，大多数学生刚到大学时都有类似的对价值观的关注。美国一项长达七年的研究证明，百分之八十的入校大学生希望大学经历有助于他们解答人生目的这一精神问题，

如何成为卓越的大学生

三分之二的大学生认为大学在"帮助形成个人价值观"和"促进自我认识"中"非常重要"或者"必要"。① 我们的研究对象中盛行几乎相同的模式,他们的人生充满了对动机和目标的关注。正如我们将在本书中反复看到的,他们通常发现自己的最大满足在于为社会正义而奋斗。他们之所以与众不同正是因为他们从未失去这些价值观,并把这种价值观作为推动自己学业和个人成功的动力。

亚利桑那州检察官乔尔·费恩曼(Joel Feinman)回忆说:"我从小成长在一个强调报答的家庭。我们很幸运,家里攒了不少钱,父母和祖父母总是很强调我们对他人的责任。正是这促使我后来去读大学和法学院。"

在图森市(Tucson)长大时,乔尔和哥哥就常常受到父母二人言传身教的熏陶。他们鼓励他读书、不看电视,强调良好的教育在更好地理解世界及回报社会中的价值。到读高中时,乔尔已经越来越关注图森历史上的政治和社会问题。②

"我的父亲来自纽约的一个富裕家庭,"他回忆道,"但他

---

① A. W. Astin, H. S. Astin, and J. A. Lindholm, *Cultivating the Spirit: How College Can Enhance Students' Inner Lives*(San Francisco: Jossey-Bass, 2011), 3.

② 图森是18世纪时的教会区,最初是西班牙殖民地的一部分,后来成为墨西哥北部的前哨。当地文化渊源丰富,可以追溯到几千年前圣克鲁斯河(the Santa Cruz river)流域一带。当地人数次猛烈抗击入侵的欧洲殖民者,但随着时间流逝也开始和西班牙新来的移民通婚,形成当地的西班牙文化。19世纪中期,美国曾入侵墨西哥,控制了墨西哥北部半个地区,包括今天亚利桑那州大部分地区。五年后,由于部分美国人希望在图森地区经营横跨大陆的铁路,他们强迫墨西哥人出售图森附近地区。直到20世纪晚期,许多当地西班牙人,包括几个世纪以来一直住在当地的家庭和从南方边境过来的移民,都经常感到被权力、教育和经济机会隔离。图森地区讲西班牙语的人十分重视传统和文化,但经常发现自己成为那些心胸狭窄的漫画的焦点,这些漫画贬低他们的习惯、语言和出身。他们经常成为仇恨和恐惧的目标。西班牙人居住区的贫穷率很高,很难实现好的工作和教育。这些人口调查所称的"非西班牙裔白人"有共同的政治和经济立场,但很多人害怕来自墨西哥的移民入侵,有时候会混淆当地西班牙人和19世纪移民过来的人。

教育我们要理解许多西班牙裔经常遭遇的社会不公，为他们做些什么。虽然我们也是从哈得孙河谷（Hudson Valley）移民到纽约，但我们毕竟有些钱，也不是跨国移民。"他发现贫富间的差距如此不公，甚至残酷，这种感觉促使他日益关注社会公平，而这种日益关注同时也推动他努力学习。

当然，并非每个研究对象都像乔尔一样最终投身政治，但许多人都找到了极为类似的动机。他们培养了对公平正义、对希望创造什么样的世界及期待成为什么样的人的强烈关注，他们对世界充满了好奇，这一切都驱使他们努力学习，不管在哪个领域。尽管他们并非总能战胜生活中的外在动力，但我们会不断发现只有当他们忘掉学习成绩及其他外在奖励的回报，让学习的纯粹快乐、对作为创造性个体发展的兴趣以及对广大社会的关注成为自己的驱动力时，才能够取得成功。乔尔对正义充满了热情，这个故事如此不可思议，我们将在第八章再次讲到乔尔。

（八）我的教育我做主

某种程度上成功就是来自自己掌控教育、来自意识到自己对教育负责。

某种程度上成功就是来自自己掌控教育、来自意识到自己对教育负责。学习的机会固然重要，没有学习机会就没人能够取得成功，但即使有了机会，也必须发现自己行动的动机。

斯蒂芬·科尔伯特（Stephen Colbert）告诉我说，在通过午夜电视秀节目改变喜剧的面貌之前，他早在十岁时就开始对自己的教育做主，考虑将来会探索什么领域。他在南卡罗来纳州查尔斯顿詹姆斯群岛（James Islands, Charleston）的一个快乐大家庭长大，家里十分重视学习和好奇心。斯蒂芬的父母都是虔诚的天主教徒，经常教育孩子们要学会提问，父亲还是南卡罗莱纳医科大学（Medical University of South Carolina）学术委员会首届副主席。

斯蒂芬家里共11个孩子，他是最小的一个。他经常得到哥哥姐姐们的关注和羡慕。多年后他自嘲道："他们经常用'可爱'这个词形容我，几乎用烂了。还常常把我抱起来四处游逛，让我觉得自己很受重视。"

到了炎热潮湿的夏季，父亲有时候会带他去福利沙滩的码头（Folly Beach Pier），问过当地的居民在哪里钓鱼最好后，他们就会坐在附近一带下杆钓鱼。不幸的是，斯蒂芬十岁那年这一切欢乐都永远结束了。父亲和两个哥哥在北卡罗来纳州夏洛特（Charlotte）附近的一场空难中遭遇不幸。他说："这以后我的任务就是逗母亲开心。"原来那个就像面包房一样、充满了各种声音的大房子突然间沉寂下来，只剩下一个一心想安慰母亲的小孩的滑稽身影。

斯蒂芬在美国南部长大，这里时常遭到全国上下的嘲弄。影视作品中，"南方口音"就是插科打诨和愚蠢无知的代名词。在大众心中，如果一个人说话时带有南卡罗来纳口音，那么他肯定脑子有毛病。为了改变，他刻意摆脱这种受人嘲笑、有时显得卑鄙可耻的形象，还特意精心模仿一些全国知名新闻播音员的节奏和腔调。他在角色塑造上所做的这些初步尝试帮他确立了日后在美国喜剧和政治讽刺片上的地位。

二 "专才"是如何炼成的

斯蒂芬总是大量地阅读——不是为了学校的功课，而是出于自己的兴趣。他回忆说："我只做自己感兴趣的事。我读的东西很多，不经意间学的东西就足以完成课程了。"他读古代史和中世纪史，在阅读历史的过程中他能够关注事情的广泛影响并思考前因后果；他也仔细钻研科幻小说、玩桌游（tabletop roleplaying games），还曾冒出过要当一名海洋生物学家的念头。不过这个梦想不幸结束在手术台上，一个原本修复耳膜破洞的手术让他的右耳失聪，从事潜水等相关职业的梦想就此毁于一旦。

读大学时，斯蒂芬选择了一个他认为可以学哲学的地方，不过他对剧院的兴趣却与日俱增。在汉普登-悉尼学院（Hampden-Sydney College）读了两年后，他转学到西北大学（Northwestern University），由此进入世界知名的戏剧殿堂。西北大学的一个文学艺术基地开设了一门为期三年的表演课，从二年级开始。学习的作品包括从莎士比亚到萧伯纳的所有经典剧目，还提供长期"担任后台工作人员"的机会，给学生提供实践经验。斯蒂芬决心用两年时间来完成课程，正如他后来的解释，这意味着他不睡觉的时候几乎都在工作，根本没时间去社交，但这也意味着他沉浸在一生当中最快乐的时光里。他说："西北大学有我愉快的回忆，不过除了老师，我几乎没有什么长久一点的朋友。"

就是在西北大学，这所位于芝加哥北部，校园环绕密歇根湖畔的大学，斯蒂芬遇到了安·伍德沃思（Ann Woodworth），后来一直跟着安学习。我曾经在《如何成为卓越的大学教师》一书中写到过这位优秀的教师。斯蒂芬回忆说："安是我的良师益友。她很支持我，也相信我的能力。"最重要的是，他说："她鼓励我要诚实面对自己的情感，这对我来说是很难的事情，当然对所有人都难。不过她对此毫不留情，也正因为这点我很感谢她。"

当斯蒂芬还是西北大学的一名本科生时，他就开始在芝加哥的一个即兴剧场（improvisational theater）[1] 打工了。"我从没想到即兴剧场会这样打开我的视野。"正是在这个剧场，他学会了接受——甚至喜欢并拥抱——失败。我们调查的所有人都有类似的表达。斯蒂芬说："面对失败的轰炸你必须泰然处之。你得爱它。那是一种能释放你的伟大经历。"

对科尔伯特来说，即兴剧场使得失败的这种释放作用能够具体呈现。"涉及失败时，'即兴演出'就像一位伟大的教育家，"他指出，"你没有办法做到每次都正确。"不过，这种在失败轰炸中自我安慰的能力根植于从小母亲对他的反复教育，也许早在他十岁时那个悲剧的一天就开始了。[2]"'即便在永恒之光里也能看到一时的失意'，过去每当遇到伤心事时，母亲总是说，'面对永恒，片刻的失望无足挂齿'，只要不过分看重这一刻，它就会为你开启新的下一刻。"

当斯蒂芬坐在曼哈顿中心的办公室准备午夜电视秀时，他说："如果不用这样的方式去看待事物，你就会永远局限于失败的那一刻。只要你把失败的那一刻看得很重要，就会不能自拔，一直持续感受到受挫感。"他很快又补充说："这并不是说你不能从失败中学习，我们要学的主要就是不要过于担心。对于生活来说，之前没做过的事情，怎么可能一次就做得那么完美呢？"也许正是这种态度帮他把分数视为一种可以利用的反

---

[1] 即兴剧，是一种戏剧形式，是指演员在没有剧本的情形下，自发性地自然表演。——译者注

[2] 见前文第47页，斯蒂芬十岁时父亲和两个哥哥在空难中不幸遇难。——译者注

二 "专才"是如何炼成的

馈,而不是受制于分数。

斯蒂芬所建立的人生观来自他在即兴剧场接受的教育、母亲给予的建议以及看过的福音书等书籍。正是这种人生观把他释放出来,勇于冒险、大胆探索、深入调查,从自己喜欢做的事情当中寻找内在动机,并从这一切当中最终为自己的创造力找到出口。类似的这种一般性方法我们在工程师、记者、物理学家、经济学家以及许多进行深度学习、创造性工作的人身上都曾发现,他们都很享受自己的创造性作品。尽管对我们的调查对象而言,他们世界观的具体内容各有不同,但如同生命之泉孕育了世间万物,他们的世界观都根源于自身的具体环境。

"别担心"成了斯蒂芬的一句口头禅。"耶稣曾经说过,'让我告诉你们,不要担心,'"斯蒂芬引用道,'你们中有谁能通过忧虑让自己的生命延长一小时——或让自己的身高增加一腕尺①'。"不过,他对《马太福音》中这段话的看法来源于生活、努力学习以及在剧场和教室里辛苦的工作,来源于个人的经历和内心的信念,坚信每件事情、每次错误和每个悲剧都能让人学习,哪怕是学着忍住眼泪,笑对一切。

还在西北大学上大四时,斯蒂芬选了李·罗乐福(Lee Roloff)的一门课,这位荣格派心理学家帮助斯蒂芬从心理学角度去看待文学。"这门课太棒了,对我影响深远。"他回忆说。这期间,他还看了罗伯特·博尔特(Robert Bolt)的戏剧《四季之人》(*A Man for All Seasons*)以及这位获奖剧作家为出版该书写的随笔。"这本书我肯定读了上百遍,"这位午夜电视秀明星坦承,"它对我影响至深。"通过这本书,科尔伯特探索了核

---

① 腕尺是古代西方的一种长度单位。——译者注

心价值对塑造个体的人的意义、现代生活对人类核心价值的剥夺以及最终把人们沦为物质商品消费者的方式。正是这种对价值观的追求激发了科尔伯特深层次学习的动机，塑造了他的个性并影响了他所创作的喜剧。

这种影响反映在他的上百个讽刺短剧中，也可以在他代表外来农民工在国会作证时看到，甚至在他为午夜电视秀挑选的嘉宾身上看到。某天晚上，当他和哈佛大学哲学教授肖恩·凯利（Sean Kelly）坐在一起，讨论常春藤联盟学者们的西方经典著作以及现世意义追寻时，大学期间大量阅读的影子在两人谈话中一直隐隐浮现，并一直在两人的谈话中徘徊。

在采访本书中所有这些富有创造力的人时，我都听到了与斯蒂芬类似的故事。他们追求的不是物质进步或虚名，而是内在发展以及对大千世界的无尽好奇，正是这种对世界的好奇引导他们去探索人性、艺术及万千想法。很多时候，这意味着他们不仅关注自我发展，还同样关注人类发展，关注自己在获取知识和财富的同时所秉承的价值观。所有这些都成为他们深层次学习的一部分。

（九）谦卑而不自卑，自信而不自大

卓越大学生既承认自身成长的需要，同时也能欣赏他人的成绩。这种结合促进了谦卑和自信的融合，而这正是创新人士取得成功的特征。

想一想自我反省可能带来的其他结果吧。对一些人而言，

二 "专才"是如何炼成的

对于自我的关注可能会导致他们变得盲目自大,对周围世界毫不敏感,还可能强化自欺欺人的感觉。比如许多成功进入名牌大学的大学生常常把学习上的成功完全归功于自己,这种想法往往会严重影响他们对公平的认识。他们认为就该自己运气好,其他人就不应该。他们傲慢自大,似乎通常都不能理解那些影响自己以及周围所有人生活的复杂因素。有时候,如果没有实现自己的预期,这种自大会产生事与愿违的结果。他们会变得压抑、过于焦虑,甚至会自杀;又或者酗酒、嗑药、虐待他人。他们原先的自信会变成自我怀疑、自我怜悯,甚至比两岁大的孩子还过分地自私自利。即使生活中没有出现逆境,这些人也缺乏共情、慈悲心及正义感。就是那些克服了自身贫穷、遭受的种族歧视等极度困难,最终获得财富和荣誉的成功人士,有时候理解他人及他们面对的困难仍然是他们最困难之处。

那些总在念叨人生中所遭受的困难和不幸的人会陷于自艾自怜和一事无成,他们经常把不足推到别人身上,从来不自己对教育负责。他们还会发展一种信念,即心理学家马丁·塞利格曼(Martin Seligman)最初提出的"习得性无助"(learned helplessness),就是指某些屡屡遇到困难、始终不成功的人即使在障碍消失后,仍然表现出无能为力的样子。[①] 他们甚至会把一切不足归咎到自己身上,以无能为力为借口,陷入一种毁灭性的自我满足当中。

我们的调查对象是如何在发现内在动机的作用、掌控个人

[①] M. E. P. Seligman, *Helplessness: On Depression, Development and Death* (New York: W. H. Freeman, 1975).

兴趣的同时，避免盲目自大和无助感的呢？要理解那些富有创造力的人的发展，该问题的答案特别重要。最主要的一点是他们学会利用自己过去的经历而不是神话过去或排斥过去。事实上，自我审视的一个重要部分就是认识外界力量如何影响自己的人生，然后找出办法把这些因素变为积极因素。其结果是他们对生活的错综复杂充满了敬畏，对所有复杂的迂回曲折及社会和历史趋势如何影响最终结果充满了敬畏。他们既承认自身成长的需要，同时也能欣赏他人的成绩。这种结合促进了谦卑和自信的融合，既谦卑又自信，这正是创新人士取得成功的原因。

达德利·赫斯巴克（Dudley Herschbach）曾是斯坦福大学的足球运动员，后来获得了诺贝尔化学奖。他完美地表达了这种淡定的自信及谦卑。"真正的科学——称为真理或其他什么证明你的过人之处的东西，"他曾经说，"会因你的追求，在你焦头烂额之际为你耐心等待。"他谈到自己站在大自然面前，一次次地想要发现大自然奥秘时的谦卑经历。"大自然有多种表达语言，这些语言各不相同，"他说，"科学竭力要做的就是破解当中的一种语言。"即使科学家有所进步，他指出："那也不过是因为大自然没有改变，而我们始终在不断尝试，不是因为我们特别聪明，而是因为我们一直十分执着。"我们不断从卓越的大学生身上看到这种谦虚以及意志。

（十）重新燃起童年的好奇心

好奇心对内在动机、深层次学习以及知识转化非

二　"专才"是如何炼成的

常重要。有时候，它在人生初期就已出现并且从来不曾离去；对另一些人来说，它来了又走，有时还会再度回来。

六月里一个温暖的夜晚，当蒂娅·富勒（Tia Fuller）来到索尼录音室时，她发现近七百人正排队等待进入大楼。那天，这位来自科罗拉多（Colorado）的年轻萨克斯风手已经花了近八个小时彩排自己的第一张爵士专辑《治愈空间》（*Healing Space*），但是她和曼哈顿大街上那些排队等候的人一样，来到索尼就是为了在碧昂斯（Beyoncé）巡回演出乐队中寻得一席之地。如果能在这位国际知名的蓝调节奏歌手的乐团里觅得一席之位，那么她就将加入旋风般的生活，夜复一夜在两万观众面前演出。这段经历无疑会让她刚刚开始的爵士生涯大为受益，为此她还要学习。随着天气逐渐转暖，她还会回到这里，和那些期待在这个乐队寻找一席之地的其他女士们一道在房间里挤进挤出，为这位著名女主角及她的团队表演三次。

蒂娅的音乐之旅始于科罗拉多州奥罗拉（Aurora）的一个音乐之家。蒂娅的父母既是音乐家也是教育家，无论房子里还是院子里都时常回荡着约翰·柯川（John Coltrane）、加农炮·阿德利（Cannonball Adderley）和查利·帕克（Charlie Parker）的音乐。父母二人既会弹也会唱，她曾回忆说："当我们打扫房间或举办野餐会时，音乐总会在耳边回荡。"蒂娅到三岁时就开始上钢琴课，但是到了十三岁的一天，当她坐在儿时厨房的转椅上时，她突然宣布"我要吹萨克斯"。

多年后她看到了这段录像，这段童年宣言成了她无意间开启音乐之旅的标志。高中时她的确吹过萨克斯，但是拉拉队、军乐队、社交，当然还有功课等各种活动让她的生活支离破碎。她在学校表现很好，但除了考高分，再没有什么其他酷爱。对于自己想要做什么、成为什么样的人，她缺乏自己后来所称的那种"明确的愿景"。

高三时，蒂娅获得了亚特兰大斯贝尔曼学院（Spelmen College）录取通知书。她之所以选择这所文理学院而不是音乐学院是因为她渴望接受广博的教育，不过她最初的注意力都放在了"搞好学习"上，除此之外没有其他特别目标或兴趣。多年后她承认："当新生时我主要是为分数学习，仅此而已。"

斯贝尔曼学院所有新生都要学一年非洲移民史，讲的是非洲人分散在全世界的历史，非洲人被俘为奴之后又被强行迁徙。这门课引导学生研究历史、强化自我意识并要求学生每周完成至少一篇小作文，对他们的努力提供大量反馈来帮助他们学习写作。蒂娅开始越来越喜欢这门历史课，但写作有些困难，最后考试只得了 D。

蒂娅深感失望受挫，不过这段经历成为她教育阶段中一个重要的转折点。由于这门课要上一年，她还要上一个学期，分数可能会更差。春季返校时她去找了授课的教授，直截了当地要求老师帮助她。她回忆说："教授说我的作文缺乏组织，而且不支撑我的观点。"

就在那时不同寻常的事情开始发生了。蒂娅开始自己掌控教育，对自己的写作和学习负责。她在朋友们的帮助下努力学习，提炼观点，按照不同方式摆弄句子。她不断问自己想表达什么，质疑特定思路背后的原因，从而探索自己的思考方式。

二 "专才"是如何炼成的

我想表达什么？用了什么概念？如果把这段话放到这里呢？每次尝试后她都从寝室其他人那里寻求反馈。"我很幸运，"她抿了口咖啡说道，"我周围有很多工作很投入的人，她们也很乐意帮助我。"

蒂娅在随后数月及数年里开始对科学、数学、社会科学、人文、语言和艺术等广泛课程越来越感兴趣。心理课上，她对睡眠和潜意识感到好奇；西方音乐课上，她学着如何将学习和对爵士乐的喜爱融合在一起，探索一切能促进理解的音乐形式。她开始对重要的问题和概念以及可能产生的联系深深着迷。寝室逐渐变成了讲座的场所，经常开展各种话题的激烈讨论。蒂娅对各门课程的热情和兴趣与日俱增，学习时总是充满了兴趣。无论走到哪里她都带着字典、笔记本和记号笔。她回忆说："我阅读时总要记笔记，思考事物之间如何联系。"

很长一段时间里，蒂娅的时间都花在思考各种主题、提出问题以及尽可能地广泛联系上，而不是填鸭式的学习。她说："我经常自己做些关键词卡片，还不断复习卡片。我会根据单词的含义和应用不断延长复习周期，直到最后把知识变成自己的一部分。"通过比较和对比，她有意识地去思考新的知识如何挑战旧的想法或理解。她经常和朋友们共同学习，不断讨论，不时停下来相互发表看法，碰撞思想，直到对新的领域的相关词汇表达熟稔于心。甚至在面对多项选择题考试时，蒂娅和朋友们也会用提纲列出各种可能的简答题。对蒂娅来说，她并不是在准备考试，而是在探索各种想法和信息。她常常变换学习地点，她说："这样我会经常回忆起一些东西，因为我会记起自己曾在某个地方复习过。"

蒂娅的最大热情围绕着音乐不断发展，就如把儿时想要演奏萨克斯风的野心不断地成熟。一年级还没开始时，她参观斯贝尔曼大学的校园，遇到了爵士音乐家和教育家乔·詹宁斯（Joe Jennings），后来乔成了她的导师也是她的"再生之父"。在乔的精心指导下——他提供了大量"非评价性反馈"（non-judgmental feedback）——蒂娅开始像音乐家一样茁壮成长，出色演奏的愿望越来越让她着迷。

蒂娅说在爵士乐中，当音乐逐渐"渗透进一个人的潜意识时"，就会变得更加强大，你建立的机理就会成为身体反射的永恒组成部分。蒂娅开始每天练习六七个小时，还开始制订计划。"我给自己制订了目标，从十年、五年、一年、六个月、一个月、两个星期、一个星期到第二天。"每天晚上睡觉前，她都会写十分钟的日记，记录她制订的计划及第二天的准确规划。"我经常早上七点钟起床，去健身房锻炼到筋疲力尽，然后洗澡、穿衣服，再去上课。"即使两节课之间，她也会不停练习音乐和学习。多年后她说："我想过一种平衡的生活，有自己练习音乐、上学的时间，也有去图书馆和朋友们一块玩的时间，但是我会在每天晚上睡觉前把一切计划好。"她还会计划吃饭的时间，通常一天三餐，不吃红肉，只吃绿色蔬菜。锻炼、练习音乐、学习以及和朋友见面，这些都成为她生活方式的一部分。

如果有大的计划，她会首先"想象"自己已经完成了计划。"我会把注意力放在隧道末尾的灯光上，"她解释说，"以及完成工作对我来说意味着什么，这会帮我构建一种具体明确的愿景。"一旦有了愿景，她就会调动自己所有的资源去

二 "专才"是如何炼成的

完成。大学时她开始社交,与所有能帮她学习和成长的人建立了联系,加入了包括国际爵士乐教育者协会(the International Association of Jazz Educators)在内的一些专业组织,还开始收集人们的名片。每周五下午六点钟以后,她都会带着乐器去当地的爵士乐俱乐部,有机会时就参加即兴演出。她有时还会深夜里偷偷溜到某个爵士乐演奏会现场去观看表演。

大二时她加入了一个社团,这个社团强调人性、成长、包容、智慧和精神。

不过,蒂娅在大学里的成功及她所达到的深层次学习首先还是来自自己的热情、满怀好奇地去面对生活的能力以及她自身的内在动机。她有愿景,自己对教育负责,知道自己渴望成为什么样的人,还培养了支持自己的良好习惯。"它们应该成为一种生活方式。"她说。

蒂娅以漂亮的成绩从斯贝尔曼学院音乐学院毕业,那时她原本没有打算继续学习,但科罗拉多大学录取了她,让她继续读爵士乐硕士学位。硕士毕业后,她搬到了纽约。

父亲节到来前的那个星期五,当蒂娅收到碧昂斯团队工作人员的电话时,她已经录制了一整天自己的第一张专辑。碧昂斯团队的工作人员请她回去再试一次镜。周日,她得知自己已经得到了这份工作。在之后若干年月里,蒂娅把这段与碧昂斯一起工作的经历视为一种教育的拓展,就如人生的其他经历。"我试图通过这段观看碧昂斯演出的经历,"她曾告诉记者,"来学习如何成为乐队领袖。"

好奇心对内在动机、深层次学习以及知识转化是如此重要。有时候,它在人生初期就已出现并且从来不曾离去;对另一些人来说，它来了又走，有时还会再度回来。你能重新燃起好奇心吗？最近我又见到了我的侄女。"你在忙些什么？"我问她。

"我在教天文学。"她微笑着回答。

三

学会自我管理

Managing Yourself

> 玛丽清醒地分辨出自己所构建的那些理念——关于世界、关于自己、行为及个人经历,然后有意识地重新审视它们。她知道,世界以及我们的世界观来自主观建构,而这些都是可以被审视和质疑的。通过有意识的思考,她既可以运用自己生命的独特之处,又能够重新设计它们。

三 学会自我管理

（一）与自己进行对话

具有创造力和批判性思维的人会与自己进行对话，从而认识、管理并且改善自己的思维和工作。

前不久，在我喜欢的一家秘鲁风格的餐厅，我问一名正在那里上班的大学生："人们在思考的时候，如何对自己的思维进行思考？"听到这个问题，她将烤鸡、芭蕉和米饭一一放到我的餐桌上，茫然地看了看我，最后说了句："你想得太多了。"但要想在大学里取得成功，寻求创意人生，厘清这一问题是十分必要的，而且无疑还可以使思维和生活多些清晰，少点凌乱。

如果能够弄清楚自己是如何思考和工作的话，我们就会对今后将成为一个什么样的人更有掌控力。同样，理解了大脑是如何工作的，我们的能力也会随之提升。保罗·贝克的思路是对的。具有创造力和批判性思维的人会与自己进行对话，从而认识、管理并且改善自己的思维和工作。这样的故事在那些具有高度创新性的受访者身上屡见不鲜。

过去二十年里，研究者们研发了许多新手段来审视我们自身，因此，相比过去的学生，我们尚有一些优势。本章选取了其中一些较为新颖的提法，帮助你以前所未有的方式来认识自己。贝克所谓的"与自己对话"，指的是你要了解自己如何工作、因何激励、头脑中想法如何呈现，以及如何对线条、颜色、空间、时间和声音等作出反应。诸如此类的探讨将使你收获良多。在这一章里,我们将围绕这些内容,对大脑及其工作方式展开深入的讨论。

(二)摆脱固有的思维模式

从严格意义上来讲,每个人都有可能因为对外界一无所知而成为自己思维的囚徒,将自己囚禁在自我的内心世界。逃离这一思维牢狱的关键就在于思维本身。如果能够理解大脑对于现实世界的构建过程,我们就可以对它进行引导。如果了解大脑正是运用这些建构来解读世界的,我们就能展开质疑、和自己的思想搏斗,甚至从我们既有范式的牢狱中逃脱出来。

金·凯瑞(Jim Carrey)在电影《楚门的世界》(*The Truman Show*)里扮演了一位广受欢迎的纪实电视剧男主角楚门·伯班克(Truman Burbank)。楚门从出生起就一直生活在电视节目里,但他对此毫不知情,根本没有想到周围所有人都是演员,也不知道自己所生活的岛屿其实是精心制作的摄影棚,安有隐形摄像头捕捉他的一举一动,然后直播给全世界的观众。严格意义上来讲,每个人都有可能因为对外界一无所知而成为自己思维的囚徒,将自己囚禁在自我的内心世界。逃离这一思维牢狱的关键就在于思维本身。下面就让我们来一探究竟。

刚出生时,我们对这个世界一无所知,既没有宗教信仰,也不属于任何政治团体,没有喜欢的球队和影星,也不会开车。对广场、椅子、栗子树掩映下的丁香花等毫无概念,甚至

三 学会自我管理

什么语言都不通。但我们可以看、听、触摸、品尝、嗅。我们用眼睛和耳朵感受繁杂光线和声音，或者感触布料和父母抚摸、闻着来自外界的气味、品尝着母亲的乳汁的时候，我们的大脑则力图感知上述感觉输入信息。我们身边可没有字典来对这一连串信息进行解码，这么看来，我们脑袋里那团东西的确不可思议。它能调用不同模式，像一个小小侦探一样，能把所有的线索串联到一起，对整个世界的运转方式进行建模。这些模型起初很简单（如果哭，就会有吃的），随着时间的过去，变得越来越复杂，逐渐将声音与条目和动作关联起来。

大脑用它自己建立的模型来理解新的感觉输入信息，更加神奇的是，它从一开始就会使用这些模型，并且在整个生命进程当中一直如此。因此，即便走进陌生的房间，我们也能够对事物进行理解。光线透过视网膜或者在黑暗中摸索时碰触到某件物体从而刺激到手上的神经，大脑立即开始检索之前在某时某地所建立的模型，然后就会知道这是"一把椅子"。如果没有之前的模型，穿过视网膜的光则没有任何意义。简而言之，大脑拥有一种近乎神奇的能力，能够运用很久以前在别处建立的思维模型来解读完全陌生的情景。

然而，这种通过先前的思维模型来理解新事物的能力和习惯同时也会成为一座牢狱，将我们禁锢在认识世界的单一方式里，在对发生的事情不假思索的时候尤其如此。第一章中提到的那些物理考试得了A却仍然对运动原理一头雾水的学生就是思维牢狱存在的最好例证。他们的认知来源于生活经验。按照他们的理解，不施加力，任何东西都无法运动，一旦停止施力，运动也会随之停止。然而，物理学家们一直都认为，一旦物体开始运动，除非有其他的力（比如阻力）使它停止，否则它将一直运动下去。力只有在使其开始或停止运动时才是必要的。如果要把卫星送入轨道或是把人类送上太空，甚或是预测拴在绳子一端的球突然被甩出去之后的运动方向，理解上的细微差别也会产生巨大的差异。但学生们的大脑不允许他们去探寻不同的理解方式，所以，尽管教授们已经做过演示，大多数学生仍然预测不出运动的实际发生方式。

类似的限制在任何一个领域的学习中都会遇到。历史系的学生认为每个社会历史阶段的运行方式都与他们所生活的社会一模一样，这种观点往往看似合理。他们把公元五世纪的希腊史或者二十世纪早期的美国史塞进一个依照自己的世界打造的"匣子"里。如此一来，他们就想当然地认为，人类从古至今一直都持有一样的偏见、渴望、价值观，甚至社会习俗。他们不能理解早期人类的动机，而且得出类似"种族概念一直存在于人类的思想当中"的结论。比如说，中国古代其实并没有种族这一现代概念，但有些学生就将华夏与蛮夷之争中出现的歧视视为种族主义，而不是文化偏见。还有不少学生无视那些逃避节日繁文缛节的清教徒，认为之前的基督徒庆祝圣诞的方式与今天相差无几，一直都没怎么变过。战争这一概念也随着时间的推移产生了巨大的变化，但那些依照当代的观点进行思考的学生则始终难以理解众多历史冲突发生的原因。

我们每个人都在对现实世界进行建构，然后运用我们业已形成的范式去理解新的感觉输入。若非如此，我们是无法轻易从一个地点移动到另外一个地点的。而我们用旧瓶装新酒的习惯是如此的根深蒂固（通常也是卓有成效），所以通常无法质疑自己的模式，更不消说去建立全新的模式。于是，我们发现

三 学会自我管理

自己被锁在了漆黑一片的思维牢狱中。

要想逃出禁锢我们的"匣子",就必须搞清楚大脑是如何工作的,怎样来建构现实世界。只有这样,才有可能跳出桎梏,从不同的角度去看世界。然而,要领悟到这一点并不容易,除非我们意识到既有的模式不再奏效。我们把这种顿悟的时刻称为"预期失败"(expectation failure)——大脑期待某个特定的结果(基于之前建构的模型),但没有得到这一结果,期望落空。结果我们就不得不停下来,重新构建新的理解方式。也许读到一本书,得到了某种启示,使我们开始质疑对事物的理解方式,又或许是遇到一位老师,在关键问题上做了一下点拨。尼尔·德格拉斯说:"只要我们善于发现,生活当中就会充满惊喜。"但是我们却擅长逃避这些对于思维的挑战。通常来讲,"预期失败"必须足够醒目和震撼才能达到效果,当然,模型不奏效时,我们就得花点心思了。

有些人,就像那些物理专业的学生,即使经过反复斗争还是会坚持自己的范式。下课之后,教授们注意到有些学生还是没有理解运动的概念,就把其中一些人带去重新作了演示。他们把球系在绳子的一端,然后问学生们,如果抓住绳子另外一端抡一圈然后突然松手,球的运动会发生怎样的变化。基于对运动概念的错误理解,学生们预测出了不可能出现的结果。于是,教授们实际操作了这一实验,学生们则在一旁观察他们在预测当中出现的失误。虽然预测的结果没实现,这些学生却仍然不肯认错,也不去重新思考自己对于运动概念的理解,反而绞尽脑汁跟教授争辩。他们不能面对自己的错误,也无法对自己的思维范式进行反思。①

或许他们只是不够用心，又或许是对旧的模式有太多感情。我在上美国历史课时也遇到过类似的学生，刚开始学习这门课时，他们对自己的历史观抱着一种近乎宗教信仰似的态度，在遇到其他史实时无法跳出自己的思维方式。我们所调研的那些人则恰恰相反，他们十分关注自身教育，认为世界是令人神往的，充满无穷无尽的乐趣。他们陶醉于探索发现，将其视为个人追求的一部分，借以拓展自己的思维。对他们来说，找到新的思维方法并非难事。事实上，他们甚至开始对一些不同的观念越来越感兴趣，因为那些观念能够赋予他们全新的角度去看待熟稔的事物和情境。弗吉尼亚大学的一名学生告诉我："就算我失败了，也能够从中学习到一些东西。"

什么样的学生会发现并且接受新的看待世界的方式呢？假如给一组学生提供三样东西———一根蜡烛、一盒火柴和一些大头钉，要求他们在只能使用这三样东西的情况下，想办法把蜡烛附着在纸板墙上，同时必须保证蜡烛直立燃烧。这个经典问题的答案很简单，但出于某种原因，答案通常不容易想到（稍后我会公布答案）。这个测验需要有跳出常规进行思考的能力，非常适合用于考查哪些人会从"预期失败"中获益。那么，是善于解决问题的人平均得分最高，还是在某一领域中的专业人士得分最高？二者有何共同之处？

西北大学凯洛格管理学研究生院（Kellogg Graduate School of Management at Northwestern University）的研究人员发现，大

---

① I. Halloun and D. Hestenes, "Modeling Instruction in Mechanics," *American Journal of Physics* 55, no. 5 (1987): 455-462; I. A. Halloun and D. Hestenes, "The Initial Knowledge State of College Physics Students," *American Journal of Physics* 53, no. II (1985): 1043-1055.

三 学会自我管理

多数快速找到答案的人都曾在国外生活过并且适应了当地的文化。① 如果仅仅是到国外旅行而不是长期居住,似乎影响并不大。对陌生环境以及新文化的适应使得人们更容易接受新的模式,更能创造性地解决问题。他们通常必须熟习不同的语言,适应当地的饮食习惯,弄清当地人使用什么样的电插头(如果有电的话),习惯不同的问候方式。总而言之,海外生活的经历使他们仅在应付日常琐事上就经历了大量的"预期失败"。

这是否意味着读大学前必须搬到国外去住呢?当然不是。而是说,要想对事物有所认知,你需要之前进行很多次预测,经历很多次预期失败。好的教师会帮你创造这样的机会,而你应该去找到他们,拜师学艺。你也可以挑战自我,挑战朋友,他们也可以反过来挑战你。我们常常听到采访对象讲到类似的故事,他们会结交不同类型的朋友,引发不一样的思考。西北大学研究员凯瑟琳·菲利普斯(Katherine Phillips)发现,即便只是和来自不同社团的人一起工作,也会使你解决问题的能力有所提升,哪怕这么做让你感觉不太适应。② 其实,置身于挑战思维的环境中所引起的社交不安(social discomfort)可谓"塞翁失马,焉知非福",你要接受它,而不是转身逃离。

我们从受访者当中发现了相同的模式。这些采访对象经常在多元文化的环境中工作,在常规的生活模式之外有着丰富的人生体验。他们也十分乐于接受来自未知的挑战,喜欢沐浴在

---

① W. W. Maddux and A. D. Galinsky, "Cultural Borders and Mental Barriers: The Relationship between Living Abroad and Creativity," *Journal of Personality and Social Psychology* 96, no. 5 (2009): 1047–1061.

② K. W. Phillips, K. A. Liljenquist, and M. A. Neale, "Is the Pain Worth the Gain? The Advantages and Liabilities of Agreeing with Socially Distinct Newcomers," *Personality and Social Psychology Bulletin* 35, no. 3 (2009): 336–350.

不同的文化当中。他们常常以孩童般的热情投入到新的情境中，对发明创造的偶然性和必然性充满兴趣，挑战现实中既有的、不和谐的模式。

如果能够理解大脑对于现实世界的构建过程，我们就可以对它进行引导。如果了解大脑正是运用这些建构来解读世界的，我们就能展开质疑、和自己的思想搏斗，甚至从我们既有范式的牢狱中逃脱出来。置身于多种思维模式无法运作的情境中时，我们就会有更多的空间来建构新的模式，拓展自己的理解力和创造力。我们可以借用预期失败的力量，从容不迫地去接触那些让我们感到局促不安却毫无疑问能够激发更大创造力的人。要对自己的思维进行思考，首先要认可自己大脑范式的巨大力量，同时还要了解如何才能摆脱它。

至于刚才那个蜡烛问题，解决方法是这样的：把火柴全部倒出来，再把火柴盒钉在纸板墙上，把蜡烛放在火柴盒里，最后用火柴点燃蜡烛。

（三）了解大脑工作原理和思维模式

一项有关思维的科学研究发现人类不是只有一个大脑，而是有三个——斯波克大脑、鳄鱼大脑和追求享乐的大脑。这三个大脑分别对应三种思维模式。

要对自己的思维进行思考，还需要我们认识到大脑灰质的复杂性。神经病学和心理学的研究为我们提供了了解自己的新方法。这些范畴和概念是进一步推进我们与自身对话的工具，

三　学会自我管理

可以让我们变得更加高效、更有创造力。一项有关思维的科学研究发现人类不是只有一个大脑，而是有三个。我们将运用这一研究的结果来进行分析和讨论。这三个大脑分别称为斯波克大脑（Spock brain）①、鳄鱼大脑（alligator brain）和追求享乐的大脑（pleasure brain）。

斯波克大脑构建和存储（即记忆）思维模型，并将其用于解读感觉输入的新信息。它进行推理，做出决策，因此它大而复杂，同时还需协调头脑中不同区域的大量细胞活动。

鳄鱼大脑是一小块类似杏仁的组织，位于斯波克大脑中间。② 来自范德堡医学院（Vanderbilt Medical School）的神经科学家珍妮特·诺登（Jeanette Norden）这样解释它的功能："假设你生活在很久以前，正沿着一条路往前走，外周视觉突然觉察到一些动静，于是你转过头，然后看到一只'长着巨大牙齿的肥猫'。假如大脑（即斯波克大脑）按照正常程序来解读这一件事件的话，你会这么说：'啊！剑齿虎'有可能你早已经变成了它的午餐。所以大脑需要一个反应更快的第二系统，刺激你进行对抗或者逃跑。在大脑正常机制对这件事情作出判断之前，也许你就已经开始奔跑了。"

正是第二系统，就是我所提到的鳄鱼大脑触发了"对抗还是逃跑"的反应，在恐怖的情境中十分有用。但是，正如诺登所说："大脑无法区分身体上受到的威胁和心理上受到的威胁。"当你感觉到自己处于危险时，鳄鱼大脑会触发大量的活动，肾上腺迅速分泌出皮质醇。如果身体反复大剂量摄入该种

---

①　斯波克是电视剧《星际迷航》中的人物，性格严肃，逻辑能力强。作者在这里用"斯波克"和"鳄鱼"指代大脑的不同特点。——译者注
②　鳄鱼大脑的学名为杏仁核，不过听起来就没那么有趣了。

物质，就能阻断斯波克大脑提取既往的记忆。这就是为什么人们在高强度的压力之下有时会连自己的姓名都想不起来的原因。

对于有明显不良反应的学生来说，如果因为考试而焦虑不安，那么鳄鱼大脑可能会妨碍集中精力思考。深受考试焦虑症折磨的人往往纵容鳄鱼大脑任性妄为。解决的办法自然就是放松，但只有当你了解自己身上所发生的事情时，放松才是件容易事，反之，则几乎寸步难行。有些学生告诉我，他们会定期做一些放松练习。还有一些学生说，对压力的认识使得他们一旦感到紧张就会停下来放松自己。他说："如果在考试的时候感到慌乱，我就会用几分钟时间调整一下。花上这点时间是值得的。"对另外一些人来说，了解自己，从宏观角度来看待问题，会让事情有所不同。请记住斯蒂芬·科尔伯特母亲的忠告："即便在永恒之光里也能看到一时的失意。"焦虑虽然看似可怕，但为之烦恼只能是雪上加霜。

这就又把我们带回到了斯波克大脑。头脑中的一连串系统使得我们能够进行记忆、推理、决策等。它极其复杂，而且我们也并不愿就此停留在神经科学领域。我们需要知道的是，大脑的这一部分以极其复杂的方式发生着作用。哈佛大学的心理学家埃伦·兰格（Ellen Langer）曾提出过一种理解其复杂性的方法，按照她的阐述，斯波克大脑在运转时要么是"无意识的"，要么是"有意识的"。在前一种情况下，大脑是自动运转的。你在这条街上走了几百次，或者解决过上百道这种类型的难题，那么你只要沿着大脑中存储的特定方向走就行了，无须

三 学会自我管理

深思熟虑。①

有意识大脑的注意力是集中的,但这种注意并非是指盯着某物不放。对某些想法、词汇、时间或者物体有意识,是指在意识层面上对它有所关注并且思考自己如何反应,思考自己的好奇心以及如何对事物进行处理;要在脑中翻来覆去想着它,寻找认识事物以及与之互动的新方法;要围绕这一事件或者物体不断建立新的范畴,而且明白其他人也可能会建立其他的范畴来挑战我的;设想自己用全新的方式去看,去用,去理解,去比较和对照,总想弄明白那些自己不懂的然而却有可能对思维造成干扰的事情。是否遗漏了什么?如何在不同情境下理解或者运用它?如果把它想象成其他东西会怎样?其他人怎么看待这件事?简而言之,要进行深层次的思考。

我们可以在雪莉·卡夫卡和同学们所做的练习中看到那种有意识的思维。在每一个练习中,他们都从一个新视角去观看普通的物体或者事件——从舞台上的台步到一小截树枝、一块石头,甚至一片草叶。他们考虑物体的节奏、线条、运动、形状和声音。他们用全新的方法思考空间以及物体穿越空间的方式。他们选择一个物体,研究它的线条,继而扩展到韵律,最

---

① 关于兰格的所有引言均来自 E. J. Langer, *The Power of Mindful Learning* (Reading, MA: Perseus, 1997)。若想了解兰格的其他研究,请参看 L. P. Anglin, M. Pirson, and E. Langer, "Mindful Learning: A Moderator of Gender Differences in Mathematics Performance," *Journal of Adult Development* 15, no. 3 - 4 (2008): 132 - 139; L. L. Delizonna, R. P. Williams, and E. J. Langer, "The Effect of Mindfulness on Heart Rate Control," *Journal of Adult Development* 16, no. 2 (February 2009): 61 - 65; E. Langer, M. Djikic, M. Pirson, A. Madenci, and R. Donohue, "Believing Is Seeing," *Psychological Science* 21, no. 5 (2010): 661 - 666; E. J. Langer, M. Pirson, and L. Delizonna, "The Mindfulness of Social Comparisons," *Psychology of Aesthetics, Creativity, and the Arts* 4, no. 2 (2010): 68 - 74; E. Langer, T. Russel, and N. Eisenkraft, "Orchestral Performance and the Footprint of Mindfulness," *Psychology of Music* 37, no 2. (2009): 125 - 136。

后创造一个角色，根据观察写出对话，并以此为消遣。最重要的是，他们专注的是自己大脑的工作方式，怎样才能以不同的方式理解事物的本质。他们学会了有意识思考。

如果了解了有意识或者无意识的含义，就能够对自己的思维进行调整。斯波克大脑能够以两种思维方式的任一种进行思考。或许最有意识的方式，是对自己的有意识思考有所意识，而且认识到有意识和无意识的差别。兰格从那些使用了这种方法的人身上发现了三个特点。有意识的人会"不断创造新概念"，他们"对新的信息持开放态度"，而且他们"对新视角有一种内隐的意识"。当然，这意味着他们会注意到新奇性和差异性。他们时常关注不同的语境和视角，真正活在当下。兰格写道："每一个特点都会延伸到另一个，最后又回到自身。"无意识思考困守在旧的范畴里，对"新的信号"不太关注，只会从一个角度来行事。"变得无意识，就好比开启了自动导航仪。"她这么写道。

其实，只需要把表达方式由绝对性变成条件式的陈述，我们就会变得更加有想法。举个例子，假如老师说某物体是一个玩意儿。如果我们在心里把这话翻译成"它可能是个玩意儿"，这对我们的想法有什么影响？兰格在早些年就曾做过这样一个实验。她分别给两组学生一件同样的物品。[①] 跟一组学生说："这是狗的咀嚼玩具。"然后告诉另外一组："这可能是狗的咀嚼玩具。"之后的试验中，两个组的学生都需要用到橡皮。只有后面那组被告知"可能是"的学生才想到用橡胶"玩具"去

[①] E. J. Langer and A. I. Piper, "The Prevention of Mindlessness," *Journal of Personality and Social Psychology* 53, no. 2(1987):280.

擦掉错题。而另外一组则从未考虑过那样用。

语言如何塑造了思想？我们必须认识到这一点，然后才能用其他的语言或者范畴来替代我们遇到的一切事物。兰格多次发现，仅仅改变对学生的用词就能增强他们的意识。这就意味着我们每个人都可以通过变换所使用的语言和范畴，拥有改变世界、改变自己的巨大力量。"或许我对这件事的理解完全不对。有没有其他的方法可以发现自己的错误？我可以使用哪些不同的词语？"大脑就会更有活力，生活就会更加有生气。

兰格告诉一组高中物理学生，他们要观看的短片展现的是"物理学最前沿的几个观点之一"，"它们也许对你们有帮助，也可能毫无用处"。"用一切你能想到的方法帮助你解决问题。"她指导说。然后，这位心理学家和她的同事们告诉另外一组同学，只是观看一段视频并用它解决一些问题。第一组对概念的理解要深刻许多，而且使用更加富有想象力的方式来解决问题。第二组中有些人抱怨视频材料，而第一组却没有。另外，他们十分享受这一过程。经过无数次的试验，兰格和学生们发现，有意识的学习带来快乐，而无意识的方法催生厌烦情绪。

即使只是改变课本中的语言也会带来不同。那些读到"可能是""也许"之类表达的学生较那些篇章中没有这些词的学生会想出更多的办法，同时也更能享受阅读的过程。总的来说，如果学生们在阅读时追求新奇感，想象故事的不同结局，联想到在另外一个时空，有人在阅读或倾听同样的篇章，那么他们就会记得更多东西，获得更多的乐趣，并且培养更有创造性的技巧。兰格揶揄道，想象一下，去机械地记忆一个部分多无趣，但如果把一个朋友放进来或者拿出去该多有意思。对待历史也应该这样。斯坦福大学的一个教授要求学生把自己想象成一个历史人物来写德国历史发展的日记。她这样指导学生，"假设你是1900年出生在柏林的一名妓女，你如何看待即将到来的1914年世界大战或20年代纳粹和阿道夫·希特勒的崛起?"任何一个人都可以玩这个游戏，寻找新意，站在不同的视角，创建新的范畴，不断地以不同的方式切入生活。

（四）打破"不假思索型"思维习惯

> 我们常常使用不假思索型思维方式，遵循旧法，而不是再三思考，深思熟虑。我们很少对解决问题的规律进行总结，缺乏深度思考，在遇到新的困难时总是不假思索地遵循旧法。

埃伦把思维分成有意识（mindful）和无意识（mindless）两种状态，而神经科学家基思·斯坦诺维奇（Keith Stanovich）则提出不假思索型（automatic）和深思熟虑型（reflective）两种思维方式。比方说，为什么有些聪明人有时也会做蠢事呢?[①]斯坦诺维奇解释说，那是因为斯波克大脑并非总是那么聪明，我们的大脑往往会偷懒，总想找捷径。因此，我们常常使用不假思索型思维方式，遵循旧法，而不是再三思考，深思熟虑。我们很少对解决问题的规律进行总结，缺乏深度思考，在遇到新的困难时总是不假思索地遵循旧法。研究人员发现了许多不

---

① 斯坦诺维奇的引言来自 K. E. Stanovich, *What Intelligence Tests Miss: The Psychology of Rational Thought*（New Haven: Yale University Press, 2009）。

假思索型思维方式的惯例。了解这些惯例和成规是大有裨益的，因为只有通过审慎的努力才能使斯波克大脑跳出这一窠臼。

（五）不要让"我方偏见"影响自己的判断

我们往往认为自己比他人更客观，我们总是会创造证据、验证假设、评估策略证实我们已经相信的观点，因为这比寻找证据证实自己错误更加容易。

人们往往从自己的角度思考问题，科学家将其称之为我方偏见（myside bias），有时也叫作确认性偏见（confirmation bias）。研究表明，如果给你一套自相矛盾的政客言论，只要他们不是来自你支持的党派，你就会很容易看穿这些伪君子。但当他们来自你这边的政治团体时，你却可能对这种前后矛盾毫无察觉。这就是德鲁·威斯顿（Drew Westen）在散发政客言论的传单时发现的，有些言论是共和党人的，有些是民主党。[1]如果让一些大学生就一个有争议性的公共政策（例如器官买卖的合法性）发表正反两方面的观点，无论站在哪方，他们通常都可以列出同样充分的论据。但如果就贴近生活的话题发表意见（例如提高学费来为高等教育的总费用买单），他们就找不出多少理由反驳自己之前相信的观点。

我方偏见甚至会影响我们的判断力。一次又一次的研究发

---

[1] Drew Westen, *The Political Brain*: *The Role of Emotion in Deciding the Fate of the Nation*（New York: Public Affairs, 2007）.

现,我们往往认为自己比他人更客观,尤其是在人们持有不同意见时。(说实话,在读到我方偏见时,你是否认为自己并不适用这一情况?)在现实生活中,我们总是会创造证据、验证假设、评估策略证实我们已经相信的观点,因为这比寻找证据证实自己错误更加容易。然而,理性思维的其中一个最根本的方法,就是对那些可能与我们观点相左的事实进行审查。

基思·斯坦诺维奇提供了令人瞩目的证据,证明我方偏见的存在。[①] 他们给几百名美国人讲了一个虚构的故事,描述某种德国汽车对他人所产生的危害。故事中说这种特殊的车型对于其他车里乘客的杀伤力比传统的汽车高八倍。然后,斯坦诺维奇和威斯顿问,美国是否应该禁止这种车上高速路。近百分之八十的人表示赞成。然而当对照组的人读到真实的故事之后,得知造成八倍死伤的是美国车,却只有一半的人认为德国政府应当禁止美国车上他们的高速公路。

(六)不要让"生动偏见"影响自己的判断

宾夕法尼亚大学的一项研究表明,读到300万赞比亚人和200万埃塞俄比亚人饥肠辘辘的报道与看到一张小女孩的照片并且听到她的悲惨故事相比,大学生们会更愿意捐款给"拯救儿童基金会"。面目清晰的受害者比冷冰冰的数据显然要生动许多。这就是所

[①] K. E. Stanovich, "Rational and Irrational Thought: The Thinking That IQ Tests Miss," *Scientific American Mind* 20, no.6(2009):34-39.

三 学会自我管理

谓的"生动偏见"。

每个人都会受到生动性偏见的影响。生动的例子会干扰我们,让我们从数据确凿的一方转而支持它的对立面,或者说,如果数据以生动的语言表达出来,会比枯燥的事实更能引起我们的注意。同样,我们只是逃避困难的任务,不愿对证据加以思考。埃伦·兰格将其称之为缺乏有意识的思考。基思·斯坦诺维奇会说,我们表现得就像思维的守财奴,为了节省大脑的能量只运用一条简单的定律——如果生动,就关注它,而不是运用大脑进行认真的思考。

2001年9月11日,美国世贸中心被袭击后,更多的人开始害怕乘坐飞机,因此美国乘飞机旅行的人数大幅度下降,许多人宁愿开长途车。这一行为显然是愚蠢的,因为自驾旅行相比航空旅行,其危险系数更高。基思告诉我们,"研究人员曾预计2001年最后一个月会有300多人死亡",因为他们宁可自驾也不愿坐飞机。我们体内的"认知守财奴"通常不会做算术题,除非亲眼所见。

在一个有10,000名居民的村庄里,疾病一次性夺走1,288条生命,或者每100人中有24人死亡,哪种情况更糟糕呢?研究人员向华盛顿大学的学生们提出这个问题时,大多数人认为前者更惨烈一些。虽然10,000人中死掉1,288的死亡率相对较低,但大的数字总是更加生动一些。宾夕法尼亚的一项实验发现,读到300万赞比亚人和200万埃塞俄比亚人饥肠辘辘的报道与看到一张小女孩的照片并且听到她的悲惨故事相比,大学生们会更愿意捐款给"拯救儿童基金会"。面目清晰的受害者比冷冰冰的数据显然要生动许多。如果我说吃红色的肉会增加感染人类形态的牛海绵状脑病的机会与告诉你说这种肉会导致疯牛病，两者相比，哪种更恐怖一些？

　　故事的生动性有时也会受到性格的影响。告诉乐观的人他们在1,000个人中排名300要比告诉他们在100人中排名30会让他们自我感觉更加良好。悲观者的感受则相反。但两种排名实际上丝毫没有分别。

　　对于某些人来说，大的数字比高的百分比更加形象。几年前，研究人员发现学生更喜欢百分之九的彩票中奖率，而不太喜欢十分之一，尽管后者意味着有更大的可能性把钱带回家。

（七）不要让"表达偏见"影响自己的判断

　　假如你在学校里签订了一份心理测验合同，研究人员说她会付给你50美元奖励；你的朋友也签订了同样的合同，但他听到的是自己会得到50美元"学费回扣"。你们两个谁会更快花掉这笔钱呢？是你。显然，表达方式影响了你的反应方式。

　　最后一点，问题的表达方式会对答案产生影响。例如，你会赞成降低年收入超过25万美金的人群的税额吗？你也许会支持这一提议，因为你通常是支持低税赋的。但如果我问年薪不足25万美金的人是否该交更高的税，你可能就要反对了，虽然这两个问题表示的或许正是同一个政策。同样的，我可以提出降低房主的税金，你可能会鼓掌欢呼。然而正如基思·斯坦诺维奇所指出的，我也可以将其表述为"租客的代价"，而你则会觉得很不公平。如果我提议在不增加国债的条件下，制定全面减税的政策,你会赞同我的计划吗?如果我将其描述为类似于奖学金的项目,减少政府的公共服务投入,你还会支持吗?

假设你在学校里签订一份心理测验合同,研究人员说她会付给你50美元奖励;你的朋友也签了同样的合同,但他听到的是自己会得到50美元"学费回扣"。你们两个谁会更快花掉这笔钱呢?是你。听到自己得到一笔"奖励",意味着现在手头宽裕了(有更多的钱可以花)。而回扣则是将你前一阶段(缴纳学费以前)付出的钱返还给你而已。转了一圈回到原点,但表达方式极有可能影响你的反应方式。

既然表达方式有如此巨大的影响,这就意味着其他人可以控制你的思想。但如果学会对自己的思维进行思考,你就可以训练自己的大脑,发现我方偏见、生动偏见以及表达偏见的本质。良好的大学教育能够帮助你做到这一点,也能够帮助你培养不同寻常的新思维。与其他众多习惯不同,科学的思维方式使你学会"寻找证据"以证明命题错误,而不是"寻找信息"增加你的猜疑。在统计学研究中,你会学着从概率的角度进行思考。在历史学和人类学中,你应该培养自己用一种历史的观点去理解时间的变迁,学会摆脱那些因自身所处的时间和空间而形成的思维局限,用不同的范式去理解不同时代的不同文化。大学里所学到的每一门学科都提供一种思维方式,使得你能够对自己的思维进行思考。高度创新型的人通过多种不同的学科去探索人生并且发现其中的关联。他们学着整合资源,进行有意识的思考。数学家从舞蹈中可以看到几何学,而有创造力的舞者在身体舒展的艺术中也会像数学家那样思考。

近年来,高校各个学科的教师们开始思索学科思维的内涵,以及那些科学的、历史的、社会学的、管理学的、创新性的思维方式究竟如何与其他形式的思考进行整合，进而创造出全新的理解、欣赏、创作、推理，以及解决的方式。教授们正在探索新的教学方法帮助学生进行思考。你应该与他们进行对话，找到那些参与这一项目的院系和教授，向那些没有参与的教授和学院提出自己的要求。

（八）启动快乐学习的开关

> 卓越大学生之所以能轻松获取这种喜悦，其秘密就在于享受过程，而不仅仅追求结果。

或许神经科学领域近年来最大的发现就是逐渐认识到我们还有一个贪图享乐的大脑。"我们生来就是为了享受的。"珍妮特·诺登写道。贪图享乐的大脑并非是指大脑中的某个区域，而是指能够在生活中发现巨大乐趣的一系列关系。享乐、对未知的敬畏、对自己工作的热情以及对生活的陶醉，这些都在我们的调查对象身上有所表现。发现大脑的神奇作用或者遇到对思维和工作能力的挑战时，他们都会变得很兴奋。其他人或许会退缩，甚至面对别人的成就越来越嫉妒，而我们的受访者却会发现成长的机遇，从他人所带来的挑战中感到纯粹的喜悦。他们之所以能轻松获取这种喜悦，其秘密就在于享受过程，而不仅仅追求结果。他们不是把注意力放在结果上，而是沉浸在创造的过程之中。还有一部分原因在于他们享受自己的工作，而不是将其视为权宜之计。而最大的动力以及能将所有部分紧密联系到一起的力量或许只是源自一个简单的认知，即把工作

三 学会自我管理

和生活当做一件赏心悦事并非毫无可能,而是恰恰相反。一旦意识到自己有享受愉悦的内在能力就可以找到启动它的开关,然后会发现快乐就在自己体内。"你要带到这个教室里的,是你自己以及想要参与的愿望。在这里所做的一切最终都取决于这两点。"保罗·贝克说。

许多研究发现,玩耍和学习之间存在某种联系。在反复的试验中,埃伦·兰格注意到,人们在用心时不仅学得更多而且获得的享受也更多。她还发现,表达方式可以改变人们对行为的反应。在一个著名的试验中,她对一组同学说,他们要完成一项"工作",而对另外一组同学则是说要做个"游戏"。结果可想而知,同样一个任务,完成"工作"的同学觉得乏味,常常走神,而做"游戏"的同学却兴趣盎然。马克·卡恩斯(Mark Carnes)在巴纳德学院(Barnard College)教历史课时也发现了类似的模式。他发明了一个精心制作的"游戏"让学生们玩。游戏中所有的时间都设定在"过去",学生们自行选择角色,组织课堂。这一活动让学生的兴趣和参与度大大改观,触发了他们对多种视角的认识和深刻理解。[①] 我在讲授冷战时期的历史时使用了案例研究,要学生进行角色扮演和场景模拟,也得出了同样的结果。

既然表达如此重要,这就意味着当我们有意识地注意他人对我们所说的话时,我们可以逃离那些"匣子",整合不同的视角,从我们所做的事情中获得愉悦。我们可以找到大脑深处那些可以启动快乐的开关。我想,这也正是我们的采访对象一直在做的。

不少学校对事物的表达方式都让人感到无趣。分数所创造

---

① Reacting to the past, http://reacting.barnard.edu.

> 如何成为卓越的大学生

的外在动机抑制了内在兴趣。学生们学习通常不是为了自己,而是为老师。他们完成"作业"不过是为了达到"要求",而不是为了自己所追求的目标。我们的采访对象则超越了这一境界,他们对自己的思维进行思考并改造了世界。蒂娅·富勒每次攀登训练都是几个小时,她掌控着自己的人生方向,从中体会到了乐趣。她所做的事情不是因为别人而"不得不做",而是自己的选择。英国喜剧演员斯蒂芬·弗赖伊(Stephen Fry)最近说,学校不会"毁掉莎士比亚",除非你自己思维懒惰——不对自己进行思考,对如何控制快乐按钮一无所知。弗赖伊说,声称学校毁掉了莎士比亚就好比说,因为我们在地理课上学过,所以"我永远都没法享受大峡谷(Grand Canyon)或湖区(Lake District)的美景了"。"莎士比亚就像一处风景,它就在那里,不可能因为你而毁灭。"①

伟大的老师在我们许多受访者的人生中都发挥着至关重要的作用。在优秀教师的带领下,他们朝气蓬勃;在糟糕的教师那里,他们备受摧残。但是无论怎样,他们都能茁壮成长,因为他们找到了快乐的按钮,能够掌控自己的思想,改造世界,并且热切地追求这一切。

我们最近的一项研究甚至发现,笑声也能够对学习产生巨大影响。来自西北大学的马克·比曼(Mark Beeman)以及他的同事要求学生在做字谜之前观看一段罗宾·威廉姆斯(Robin Williams)的喜剧表演。相比那些观看"有焦虑导向内容"的影片的学生,这些学生的任务完成情况更好一些。心理学家发

---

① Stephen Fry,"learning,"interview video and transcript available at http://www.videojug.com/interview/stephen-fry-learning.

现，积极的情绪会使世界全然不同。笑声——也许是与之相伴的愉悦——能帮助大脑解决复杂问题，尤其是培养一种能够穿透纷乱思绪的敏锐洞察力。① 我对成功人士进行采访时，常常被他们那种自在开怀、轻言细语，以及观看世界的欢喜之心深深打动。

（九）不必在意社会对你的成见

每一个人都有自己的世界观、人生观，自己的身体素质和背景。你来自特定的土地、特定家庭，有宗教信仰或者没有，在特定的时间特定的地点，出生在一个特定的家庭。这世界上没有人和你一样。你可以采取其他人没有的方式进行创造。

社会心理学为我们提供了一个了解自我的重要渠道。如果社会对你所属的群体普遍持有负面成见，那么这种成见本身就足以影响你的行为，**哪怕你自己并不接受它**。我将最后这句话写成斜体，是为了突出该研究的这一主要发现。早在20世纪30年代，肯尼思·克拉克（Kenneth Clark）就已论述了这一观点。他说，一旦你接受了"你这类人"的固定看法时，无论"这类"指的是什么，群体中的负面成见无疑将影响你的表现。比如，某位有影响力的人说，像你这样的人数学一定学不好，而你对这种说法信以为真，你猜结果会怎样？你的数学真的会

---

① J. Kounios and M. Beeman, "The Aha! Moment," *Current Directions in Psychological Science* 18, no. 4(2009):210 – 216.

如何成为卓越的大学生

学不好。

但是,近期由克劳德·斯蒂尔(Claude Steele)与乔舒亚·阿伦森(Joshua Aronson)主持的研究将克拉克的研究又向前推进了一步。[①] 通过一系列的实验,他们还有一些其他的社会心理学家发现,你甚至无须接受负面偶像对于"你那类人"的看法就能被影响。如果听到过某个广为流传的说法认为像你这样的人数学不好,而你又十分想学好这门课,那么从某种层面上来讲,这种偏见会让你不胜其烦,其他人也会根据这一说法来对你做出判断。随着你的烦躁加重,鳄鱼大脑就会跳出来,分泌出来的一部分肾上腺就会将皮质醇喷注到你的身体里,斯波克大脑也随之失去自动反应的功能,无法进行理性思考。你汗水淋淋,心跳加速,成绩自然下降。

在美国和其他一些国家,诸如对于女性高等数学能力、非裔美国人学术工作能力,以及有时对于像我这样的南方人组成三个连贯句的能力的成见根深蒂固。如果你是女性,仅成见本身就能让你学不好数学,除非意识到大脑在跟自己对抗。同样地,对于那些知道"四肢发达头脑简单"这一偏见,想要以其他方式证明自己能力的男运动员也是一样的结果。几乎所有的研究都表明,这类情况同样也可以发生在非洲人、西班牙人以及美国土著人的身上。最恶意的、殃及人数最多的成见往往出现在种族分类的社会里。

[①] 关于成见威胁研究的深入讨论,请参考 C. Steele, Whistling Vivaldi: And Other Clues to How Stereotypes Affect Us(New York: W. W. Norton, 2010)。也可参阅 C. M. Steele and J. Aronson, "Stereotype Threat and the Intellectual Test Performance of African Americans," *Journal of Personality and Social Psychology* 69, no. 5 (1995): 797 – 811; C. M. Steele, S. J. Spencer, and Aronson, "Contending with Group Image: The Psychology of Stereotype and Social Identity Threat," *Advances in Experimental Social Psychology* 34 (2002): 379 – 440。

三 学会自我管理

社会上的正面和负面成见如此之多,几乎所有人都曾在人生某一阶段深受其害。克劳德·斯蒂尔发现,人们甚至可以凭空捏造出来某种威胁。有个不是很流行的观点,说欧裔美国男性生来就不擅长数学。然而,当斯蒂尔跟这样一组学生说欧裔美国人通常数学考试成绩都不错时,这些年轻人立刻感到自己在负面的比较之中处于下风,成了即时成见的受害者,就像社会心理学实验室里的一杯现磨咖啡。他们的鳄鱼大脑像鞭炮一样炸裂了,喷涌而出的皮质醇充满全身。他们被冲昏了头脑。①

对于那些曾深受负面影响之苦的人来说,这个问题更加突出。"既然你那么聪明,那你为什么没钱呢?"演变为"穷人都很笨"的成见。研究发现,这样的一些形象会打击那些来自低收入家庭的学生的积极性。任何形式的种族诋毁都反映了根深蒂固、充满敌意的成见,会伤害到非洲人、西班牙人、美洲土著人,乃至任何一个精神上受到刺痛的人。与宗教相关的言论也会产生同样的效果。个人言论有时也会产生负面的效应,斯蒂芬·科尔伯特改变口音的尝试也就呈现出全新的意义。这些攻击所带来的伤痛有时埋藏在记忆的洞穴深处,对社会中遍布的成见耿耿于怀,潜意识里闷闷不乐,时刻准备着趁人不备时从暗处伺机而出。

社会心理学家玛格丽特·史(Margaret Shih)在几年前开始着手对此进行研究,当时她提出了一个新的问题。我们的文化中有许多负面类型,但也有一些十分正面的东西,她若有所思地说道。我们之前提到过对于女性在数学方面的负面成见,

---

① 参见 J. Aronson, M. J. Lustina, C, Good, K. Keough, C. M. Steele, and J. Brown, "When White Men Can't Do Math: Necessary and Sufficient Factors in Stereotype Threat," *Journal of Experimental Social Psychology* 35(1999):29-46。

但在美国,我们往往会相信亚裔和非裔美国人在数学方面拥有一些神秘的天赋。那么,亚裔美国女性受到的影响如何呢?玛格丽特发现,如果能让这些女性从根本上视自己为亚洲人,那么她们在数学上的表现会比只专注自己的女性身份时更好。

她创建了三个对照组,所有的亚裔美国女性在以数学为主导的学科中都表现优异。换句话说,她有可靠的证据表明,如果把 GRE 数学考试中的高级测验部分发给各组当中的所有女性做,三个小组得到的分数大概相差无几。然而,结果却并非如此。史在测验之前进行了一些意在引发或负面或正面社会成见的做法。她要求每人都填写一张问卷。问卷貌似毫无恶意:姓名、地址、电话号码——大约九到十项。第一组回答了一个旨在提醒她们自己性别的问题;第二组没有这一项,但有个提醒其族裔身份的问题;第三组的前测问卷中这两个问题都没有涉及。现在你可以猜一下每个组的表现。被提醒了族裔身份的年轻亚裔美国女性的成绩比其他两组明显好很多,而被提醒性别的那组比没有任何提醒的一组表现略微逊色。[1]

如果要你谈谈自己,或许你会提到自己的兴趣或者描述一下长相,但或许也会说一些类似"我是一个南方人"或者"我是法国人"的话,告诉我你的族裔、性别、年龄或者职业。换言之,你会将自己定义为某个集体中的一员,而在你的心里,这个集体是组成你自己的一部分。我们对自己身份的确认源自我们所扮演的不同角色,但如果我们身份所属的这个集体成为

---

[1] 参见 N. Ambady, M. Shih, A. Kim, and T. L. Pittinsky, "Stereotype Susceptibility in Children:Effects of Identity Activation on Quantitative Performance," *Psychological Science* 12, no. 5(2001):385-390; M. Shih, T. L. Pittinsky, and N. Ambady, "Stereotype Susceptibility:Identity Salience and Shifts in Quantitative Performance," *Psychological Science* 10, no. I(1999):80。

三 学会自我管理

某个恶意成见攻击的目标，我们会感到很掉价，担心其他人会因那种普遍的印象而对自己有看法。自我就会开始动摇，有时甚至会觉得自己一无是处。这些伤害会在潜意识中日益激化，在诸如考试之类的一些极大的压力之下，焦虑、畏惧甚至恐慌就会像喷泉一样突然爆发。

然而，一旦你了解所发生的事情，就可以避免受到"火车"倾轧。如果你学会了认可自己，欣赏自己的独特品质和经历，你就可以维护自尊，控制住火车头，不被卷到疾驰的火车轮下。从某种程度上来说，这也是保罗·贝克要求雪莉和同学们与自己对话时所强调的。他告诉大家："每一个人都有自己的世界观、人生观，自己的身体素质和背景。你来自特定的土地、特定家庭，有宗教信仰或者没有，在特定的时间特定的地点，出生在一个特定的家庭。这世界上没有人和你一样。"你可以采取其他人没有的方式进行创造。雪莉所做的那些练习的确有助于她认可和欣赏自己。

（十）应对社会成见的方法

科罗拉多大学曾经做过一项测试：教师让一组学生写下自己人生中最重要的东西，而另一组写下别人所重视的东西。结果表明，写下自己最重要的东西的女生在课上的表现好很多，她们的成绩和评分平均要高一个等级。在科学领域这一充满对女性成见的环境中，她们通过认可自己的价值，激发了必要的内在对抗能力。

如何成为卓越的大学生

科罗拉多大学的一群男生女生在"物理学导论"课上做了些不同寻常的事情。在开学第一周的复习课上,助教给了他们一张清单,上面列着一些比较重要的问题——例如与家人和朋友的关系,或者是知识的获取及运用。要求他们从列表中选出自己最为看重的几项,并且根据一系列相关提示作出反应,用时15分钟。三周以后,作为在线作业的一部分,他们完成了同样的练习,再一次用15分钟写出他们认为自己生命中最重要的事情。他们所写的内容与物理基本没有关系,却提供了一个机会,使他们能够发现并且正视自己所珍视的东西,围绕这些价值观建立起对自我身份的认同感。

与全国大多数的物理学院一样,在科罗拉多大学物理学院里,即便具有同样的学术背景,女生的成绩也通常逊色于男生。这一普遍存在于全国的思维定式其结果是,2006年全美只有28%的女生获得博士头衔,数学、计算机以及土木工程领域也难逃窠臼。在科学导论课程中,男女学生在随堂测验和概念理解标准化测量中的表现通常有着巨大的差距。若是这种差距主要来自成见威胁及其对身份认同的损害——我是如此认为的——那么,对于个人价值观的写作练习将有可能抹掉或者极大地减少差距。

科罗拉多大学所发生的事情无疑正是如此。一组学生写下自己人生中最重要的东西,而另一组写下别人重视的东西。不出所料,写下自己最珍贵的东西的女生在课上的表现比后者好很多,她们的成绩和评分平均要高一个等级。学期结束时,全体学生都参加了一个无等级考试,考查他们对于基础概念的理解情况。虽然无论在哪一组(写自己的价值观或别人的),男生的理解力都保持在原来水平,但是那些认可自身价值的女生则遥遥领先，甚至超过了同组的男生。她们通过写作确定了自己所珍视的东西，维护了自身的完整，认可了自己的价值。在科学领域这一充满成见威胁的、不友好的环境中，她们激发了必要的内在对抗能力。

每一个学生都曾被问及是否认同以下说法："在我看来，男生在物理学方面的表现通常优于女生。"无论被分在哪一个写作组，强烈认同这一观点的女生在价值观确认的写作练习中受益最大，而认可这一观点的男生一般都比不认可的男生效果差一些。偏见往往也会损害那些固执己见的人。[1]

（十一）让兴趣引领自己的人生

成长过程中给我留下最深刻印象的莫过于对世界的好奇心，对自我进行深入思考，挖掘自己的情感需求，培养敏锐的洞察力，让兴趣引领自己的人生。

除夕之夜，玛丽·安·霍普金斯（Mary Ann Hopkins）大多数时间都在时报广场（Times Square）接受记者采访，摆拍照片，尽量满足新闻媒体的需求。午夜来临之前，她搭乘电梯来到位于广场南边的纽约时报大楼顶层，走上楼顶，按下按钮，启动标志新年到来的著名水晶球。这一通往快乐的旅程从她十岁起就开始了。

---

[1] See L. E. Kost-Smith, S. J. Pollock, N. D. Finkelstein, G. L. Cohen, T. A. Ito, and A. Miyake, "Gender Differences in Physics I: The Impact of a Self-Affirmation Intervention," in *AIP Conference Proceedings* (2010) 1289: 197.

如何成为卓越的大学生

玛丽·安和妹妹两人在波士顿市郊长大,在当地读私立学校。她坐在曼哈顿餐厅(Manhattan restaurant)里回忆道:"成长过程中给我留下最深刻印象的莫过于对世界的好奇心,是努力学习新知识,到波士顿的科技馆了解青蛙,或者去美术馆观看艺术大家或者美国本土画家的作品的那种求知若渴的氛围。"她的房间里满满当当全是书籍和艺术品。全家一起度假,他们不是去海滩上休闲冲浪,而是去探险,寻找海钱①(sand dollar),了解潮汐和海胆。其他同学动身"去开普岛(the Cape)消夏"或者到国外滑雪,而玛丽·安和妹妹则将整个假期都贡献给了艺术或科学。她说:"我从小时候起就觉得,在罗宾的谷仓(robin's barn)附近闲逛,在小路上游荡,寻找新鲜有趣的事物,就是一种放松。我的童年过得十分充实。"

玛丽·安是个活泼好动的孩子,很容易被事物吸引,常常因为不听话而耽误了吃饭。她母亲的一个朋友说:"她太野了,不会有多少出息,永远不可能考上好大学。"她和妹妹一起在院子里盖了个小村庄玩过家家,还为这幢迷你建筑编排了历史和故事。她们根据当前的剧目穿上扮演角色的服装,把自己创作的故事演出来。如果在室内,她就用枕头搭造房子,想象自己某天会变成一位建筑师,设计出好玩的"有一百万个房间的家"。

她开始着迷于事物的工作原理。曾经有一次,她和父亲两人把电视机拆开然后再组装回去,还有一次是拆装了一辆老爷车。"我的父亲是一名外科医生,他对机械学和修修补补并没有特别的兴趣,但是我们两个都想知道它究竟是怎么运转的。"

---

① "海钱",属于棘皮动物门海胆纲楯形目,由于其外形多呈圆盘状,仿如一个银币,因而得名。——译者注

三 学会自我管理

她对"数学的美和逻辑"也很着迷,十分喜欢做家庭作业。被一道题难住的时候,她会向父亲求助,而父亲则会让她先来讲解一番。"我总是在跟他讲的时候,自己就明白了。"她回忆道。她靠着一本《世界工艺百科全书》(World Craft Encyclopedia)自学了编织、钩织以及缝纫,还会制作陶瓷,以及其他"手工操作的、有创意的"东西。她也喜欢阅读。11岁的时候,发现了作家阿加莎·克里斯蒂(Agatha Christie)的推理小说,之后用了一年的时间读完全套81个故事。"我对作品当中的推理和谜团十分感兴趣,所有的线索放到一起,到结尾处才真相大白。"她说。高中时,她开始看奥尔德斯·赫胥黎(Aldous Huxley)、雷·布莱伯利(Ray Bradbury)、约翰·斯坦贝克(John Steinbeck)和杰罗姆·大卫·塞林格(J. D. Salinger)等人的书。她读了阿奇博尔德·麦克利什(Archibald MacLeish)和其他一些作家写的圣经故事,里面有丰富的典故,她想研究那些故事。"我的家庭并不特别笃信宗教,"她说,"所以我参加了一个圣经学习班,原以为是关于文学的。没承想他们问我的第一个问题是'耶稣对你来说意味着什么'。"

高中时,她学习了数学和科学的高级课程,但是因为总在单词和写作上遇到拦路虎,所以学校安排她补习英语。在一门创意写作课上,老师给她打了D,她伤心欲绝但还是继续读了下去。进了大学,她把为快乐而阅读变成了一个例行项目,每晚睡觉之前都要读几页书。"我现在还这样做,"她说,"有时是为了催眠。一段赫尔曼·黑塞(Hermann Hesse)就可以让我很快睡着。因为他太无趣了。"对于玛丽·安来说,这一晚间仪式渐渐成为"睡前理清思路、摆脱上课思维、进入另一个世界"的方式,跟做梦差不多。

如何成为卓越的大学生

在玛丽·安和妹妹成长的圈子里，夏日里漫游欧洲或者到里维埃拉（Riviera）晒日光浴几乎就是少女们到了特定年龄段举行的成人仪式。父母想要自己的女儿们看看这个世界，去了解它，希望她们认识科学和大自然，了解这个星球的美与丑、贫穷与痛苦，最重要的是培养一种责任感和懂得感恩的美德。实现这一切的途径就是旅行，而旅行所带来的远不止这些。

11岁时，玛丽·安的父母带两个女儿去了埃及。据她回忆，那是一次"文化冲击，看到成千上万个孩子在街上乞讨"。（几年前她到埃及故地重游，所有之前的景象都不见了。）在之后几年中，她不断地跟随父母去旅游，到过希腊、秘鲁、墨西哥等地。后来，刚刚16岁时，她就参加了哥斯达黎加的地球探险活动，与科学家们住在一起，帮助他们采集昆虫、植物、蛇和其他研究用的标本。那是她人生中第一次只身深入到异国文化中。"那时候，我连给自己编头发都不会，"她回忆道。"从首都出发，在铺了路面的道路上开6个小时的车，然后在没有铺过的路上走4个小时，才从驻扎地到达丛林的中心地带。"她在那里住了一个月，玩得很痛快，却"对蚂蚁产生了难以磨灭的痛恨和恐惧。淋浴间里的狼蛛都还可以忍，但硕大无比的蚂蚁实在让我烦透了"。

接下来的暑假，她住在英格兰的约克市（York），参与了那座筑着城墙的古老城市的考古发掘。大一那年暑假的一次经历深深地影响了她未来的职业选择。母亲安排两个女儿去印度一个偏僻的村庄里协助管理孤儿院。"在那个无名小镇里，我们待了三个星期，叫天天不应叫地地不灵。"整个暑假，两个女孩子都和一群特殊的孩子们待在一起，那些孩子要么营养不良，要么病恹恹的，还有一些是智障儿童。玛丽·安从不晕

三 学会自我管理

血,所以幼儿园安排她带领孩子们去医院治疗。

一天,她和妹妹带一个得伤寒的女孩子去医院。那个女孩才13岁,还没到医院,她就死于感染性休克。几年之后,玛丽·安告诉记者:"她看起来很苍白。他们切开她的血管,里面已经没有血了。"女孩死了,玛丽·安和妹妹把尸体放在自己的腿上,骑着三轮车将她运回孤儿院。"看到孩子就那样死掉,心里会留下创伤。"她告诉那位记者,"我不愿去回想那件事。我想要把那些痛苦的事情屏蔽掉,我可能永远不会再回去了。"

但她却回去了,而且不止一次。她和妹妹在大二那年回到了印度的孤儿院,又过了一年,她们去了索马里,从事差不多同样的工作。那几个暑假所留下的深刻印象难以磨灭。

玛丽·安大学期间的许多决定来自她的家庭。她的阿姨、叔叔、父母以及祖父母都曾念过哈佛大学。另外,哈佛也是一所"当地学校"。她原以为自己会到哈佛主修数学,后来却转而学习拉丁语和古典文学。"拉丁语很像数学,"她回忆道,"它的诗歌韵律和结构有一种逻辑和内在美,令我想起埃米纳姆(Eminem)和图帕克(Tupak)的说唱乐。它们行内韵的形式是一模一样的。"她也喜爱拉丁语的美感:"高中时期的机器式翻译是一回事,而当你见识过词语所呈现出来的美感以及精妙的搭配之后,则变成了另外一件事情。"

高中时期,她参加了演讲小组,阅读了大量的戏剧,还帮"物理老师的妻子"制作学校比赛的演出服。"我会缝纫,所以做这些相对来说很简单。"在哈佛大学读大一时,她参加了剧院设计研讨会。在之后的几年里,她和一个"后来死于艾滋"的朋友一起在剧院里工作,每年设计一两场演出的场景和灯光。"在剧院的技术世界里会有高度的满足感,"她回忆道。"我负责打灯,或者设计灯光和场景,制作演出服。每学期额外上一门课,完成三场演出。这些太不可思议了。"

在哈佛的最后一年里,她开始对医药之神阿斯克勒庇俄斯(Asclepius)着迷,对古希腊人如何崇拜药神和治愈术感兴趣。因此,她在大四时写了一篇与这一主题相关的论文,然后去了剑桥大学,打算跟随研究古代医学与技术的历史学家杰弗里·欧内斯特·理查德·劳埃德(Geoffrey Ernest Richard Lloyd)学习。她从未与劳埃德共事过,只是写了篇关于古希腊人的宗教和理性医学的硕士论文。希腊人在长达几个世纪里一直都将疾病的发生与康复归功于神祇,但到了公元前四五世纪,他们的解释变得更加理性,这种思维上的转变让玛丽·安很感兴趣。"为什么会发生这种转变?"她问自己。

结束硕士阶段的学习并准备继续深造时,她感到自己的工作越来越没有意义。此时,一个念头时常萦绕在她心头:"我想回印度。"几年之后她坦承:"我意识到,如果继续学习古代医学,我就开始边缘化了,离整个世界越来越远。"

"我的父母是很有道德感的人,"她继续说,"他们将我和妹妹送往印度,是想要我们在这个世界上有所作为,所以我想回去。"她告诉自己,印度需要"教育基础建设"来培训医生及其他专业人士。玛丽·安想要参与这一规划和建设。她现在知道自己需要进医学院学习公共卫生学。于是她回到哈佛大学学习有机化学。大学期间在物理课上得了B以后,她就放弃了所有的科学类课程,然而在奉献精神和新目标的鼓舞下,她的有机化学成绩十分优异,得了全班第二名。在完成其他预科课程之后,她进入了哈佛大学医学院,第四年时爱上了外科手

三 学会自我管理

术。多年以来的缝纫、编织以及钩织练就了灵巧的手指。

完成四年的医学院学习之后,内科医生还需要再进行四年的实习,而且通常还有两年的见习,跟随导师学习专业技能。这是一条漫长而艰辛的路。在这一过程中,玛丽·安发觉自己已经忘记了当初想要回到印度的目标,越来越专注于在某个地方开个诊所的想法。她就在那个时候第一次自愿加入了无国界医生组织。在未来几年里,她一次又一次地参加志愿工作,每年出去几周,到全世界那些从未接触过现代医学的偏远地方。有时住到作战区里,为那些战场上受伤的人做手术,有些时候还要接生孩子。

无国界医生组织获得诺贝尔奖之后,受到时报广场改善营商区①(Times Square Business Improvement District)的邀请,委托玛丽·安作为代表来降下庆祝新年的水晶球。组织于是委托玛丽·安作为代表,就这样把她带到了时报广场的顶楼。在那种场合并没有过多的时间来对自己的思维进行思考,然而即便在那一刻,自我反思这一终身习惯也没有完全缺席。她与记者交谈时所表现出的反思倾向,若干年之后我在她身上还能看到。

与我所采访的其他人一样,她将自己的范式从匣子里拿出来,翻了个底朝天。她清醒地分辨出自己所构建的那些理念——关于世界,关于自己、行为及个人经历——然后有意识地重新审视它们。她知道,世界以及我们的世界观来自主观建构,而这些都是可以被审视和质疑的。通过有意识的思考,她既可以运用自己生命的独特之处,又能够重新设计它们。

---

① 时报广场联盟(Times Square Alliance)的前身。——译者注

如何成为卓越的大学生

大学里，玛丽·安研究过艺术、场景设计、灯光、演出服。加入纽约大学医学院教职以后，她把那种创新和奉献精神一并带了过去，利用多媒体和先进的计算机技术改革外科手术教学。在这一过程中，她重新定义了教与学的普遍范式，甚至定义了教授的意义所在，拒绝毫无意义的陈旧观点。想当初刚到学校时，一位指导教授曾经规劝她潜心研究，勿碰教学。他自以为是地宣称："研究是学术性的，而教学不是。""谢天谢地，我没有理会他。"玛丽·安叹道。她设计了一个计算机程序，让学生可以在亲眼看到和亲手操作之前以电子方式对某一过程进行研究和体验。

在世界上的偏僻角落进行野外工作时，她认识到自己"需要克服语言障碍、文化障碍，处理各种各样的身体状况。遇到巨大的语言和文化障碍时，哪怕只是表达同情和关爱都需要调动你几乎全部的精力和创造力"。

"很令人振奋，当然这么想很自私，"提到野外工作时她承认道，"我和妹妹到印度时，觉得自己好像做了件大事。"玛丽·安发现了一个古老的秘密，这秘密就像是海滩上的海钱，不时被海水冲走，却一直埋藏在她生命深处的某个角落。现在，她全副身心地接纳它。"在我们这个社会，要做到无私是很困难的，"她反思道，"这儿有许多身外之物，但当我站在野地里，生命变得更加简单和纯粹。对自己所做的事情由衷地感到愉快，这并不能算作自私。"她又补充道："我需要与人交流，无论是在这里，还是在刚果给一个腿部中弹又语言不通的女孩子做手术。"玛丽·安·霍普金斯进行了深入的自我思考，挖掘自己的情感需求，探索自己人生道路。她所培养的敏锐的洞察力帮助她塑造自己的过去与将来。

四

如何从失败中获益

Learning How to Embrace Failure

> 汤姆认为自己的能力是可拓展的、灵活的,从来不把失败当做是反映自己过去及将来的镜子。他做事情从来不考虑自己"是否聪明"。他学会了从独特的经历当中,从定型了的灵魂的躯壳当中汲取灵感,不去理会那些能力既定的观点,只全心专注于努力。

四　如何从失败中获益

（一）寻找失败的正面意义

具有高度创造力的人学会了接受失败，甚至去拥抱它们，对其进行研究，从中汲取经验教训。

学生时代，我的法语两次不及格，几次拉丁语考试的分数也不太理想，勉强才修够学分，达到学校对外语的最低要求。大家给我的建议大都是要重塑我已经开始动摇的自信心，一位好朋友哄劝我说："你要相信自己能行。"周围鼓励我的人们言语之中都有种宿命论的调调。"有些人有语言天赋，有些人没有。"来自得克萨斯的瘦小子西摩（Seymour）就这么说。还有些人就只是简单地要我再努一把力。我的心情和思绪在这些时候总是百转千回。最开始，我把法语的溃败归罪于老师，是他安排座位把我放到教室最后面，坐在那儿，我只能看到他腰间荡来荡去的斐陶斐①钥匙。不过到后来，我开始相信西摩的看法了，断定自己就是学不会法语。

无论如何，在糟糕的分数和大家的好言相劝中，我终于苟延残喘地活了下来，然而迎难而上或许正是我失败的原因。我原本可以不那么在意成绩，或者也可以将语言学习上的困难大而化之，转化为在其他学科上战无不胜的能力。

谁都有可能失败，可能被朋友拒绝，学习一门新的语言或

---

① 斐陶斐荣誉学会，即美国大学优等生联谊会，由威廉及玛丽学院创立于1776年12月5日，是全美第一个以希腊文字命名的学会，意为"哲学，生命的指引"。该社团的标志是一把刻有手指、三颗星星以及社团名称三个首字母的金钥匙。——译者注

如何成为卓越的大学生

者演算一道代数题时遇到困难，也可能是一次疏忽、行动失败，或者是用心追求却走错了方向。从我们采访对象的故事里能举出一大堆失败的例子，例如海登天文馆的负责人尼尔·德格拉斯·泰森，他最失败的是当年被得克萨斯大学天文学专业博士班踢了出来。科学家做实验时会出岔子，有些人会失业——就像我们的一位受访者一样，在接受完我们的采访后不久，他就失业了。访谈时，有两个人一开始就告诉我们："我大一的时候考试不及格。"创意人生的养成，关键并不在于回避自己所有的短处，相反，事情的转机就在于人们对失败的不同反应。尼尔还有其他的受访者最终都能够从逆境当中重整旗鼓，卷土重来。尼尔后来在哥伦比亚大学完成了博士学位，成为一名天体物理学家和著名科普专家，而其他人也都战胜了在课程学习以及其他方面遇到的挫败，经受住了人生中不可避免的暴风骤雨。

他们是怎样做到的呢？在过去的二十年间，科学家们就成功人士如何挺过不成功的时刻提出过一些重要见解。不出所料，我们在卓越大学生身上的发现跟科学家的核心研究结果不谋而合。这些现象虽然看起来简单，但其错综复杂的程度远远超出我那些善意的朋友们的想象。

科学家的研究及我们的访谈充分体现了一个相同的观点。具有高度创造力的人学会了接受失败，甚至去拥抱它们，对其进行研究，从中汲取经验教训。这一点听起来很简单，但对许多人来说却难于登天。他们不承认自己的错误，而且通常假装自己什么都没做错，极力为自己的行为辩护。面对错误，他们要么退缩，要么不愿去认识正视它的重要性。前不久，我在宾夕法尼亚大学为文学院的教职员工主持了一场专题讨论会，其中有位英语教授强烈反对使用"失败"一词。对于她来说，失败这个词"太负面"，会让那些需要正面思想的人分心。对于我们一直以来从卓越大学生身上所看到的处理方法，她就是不感兴趣。然而，为什么我们的受访者能够获悉失败的正面意义而其他人都不行呢？他们是怎样做到的呢？而且，为什么对失败意义的认可是举足轻重的呢？

（二）能力强了，智力自然就提高了

> 智力不过是各种能力的综合，可以通过不断的努力得到拓展，没有什么是一成不变的。

乔（Joe）读一年级的时候很喜欢学校而且表现很好。他学会了阅读，数数可以一直数到上气不接下气，还学会了加减法运算，大人们时常夸他聪明。但到六年级时，情况开始发生了变化，学校的功课越来越难。七年级时，他进入了青春期。父母告诉他要再努力一些，把学习搞好。"你可以考得更好。""你以前那么聪明，现在是怎么了？"他觉得这些话听起来很刺耳。渐渐地，乔觉得自己不那么聪明了，而且永远也当不了好学生。"我就是个普普通通的家伙。"他这么告诉大家，在平凡当中找到了慰藉。有时他会感到自己无能为力，每门功课的目标都只是勉强及格。

他的朋友卡洛琳（Karolyn）学习成绩总是很好，每个人都夸她聪明，她自己也对此深信不疑。父亲总是跟她强调说，她有能力做任何自己想做的事情。老师们也说，她是他们遇到过的最聪明的学生。高中时有机会去当地大学进修微积分高级课程，她毫不犹豫地报名了。

然而，这门课程十分晦涩难懂。上课的地方是一个很大的学术厅，里面坐了两百多个学生。讲课的是一位白头发的老太太，趴在几块可以像窗户一样上下滑动的黑板上演算微积分。这位教授不是在教给大家什么东西，而是像一只训练有素的猴子在进行马戏表演。卡洛琳坐在教室的最后一排，根本看不清黑板上那些潦草的数字、符号和线图，而那位白头发老太太只顾着在黑板上写，然后飞快地把黑板推上去，露出另外一面，继续写新的数字、符号以及线图，写得龙飞凤舞，粉笔末四溅。卡洛琳认认真真地做笔记，信心满满地以为只要自己能够记下来教授的解题步骤就会演算微积分了。

第一次考试她只得了43分。她以为自己之前从未见过试卷上的题目，但实际上那些题和白头发老太太解题时用到的原理是一模一样的。卡洛琳把注意力集中在解题步骤上，而忽略了对概念的理解才是最重要的。卡洛琳并不理解那些概念，解题的时候根本无从下手。她感到很受伤，有一种被欺骗的感觉。父母问她为什么不及格，她说老师很糟糕，不想回去重修了。最后她还是回到了课堂上，不过分数并没有提高多少。第二次测验后发还试卷时，她看到其他同学七八十分的耀眼成绩，感到颜面尽失。虽然大家都没有从老师那里学到多少东西，但至少大部分内容是他们在高中的高级课程中见过的，卡洛琳却没有享受这种待遇。有个别同学甚至考了90多分，而卡洛琳只得了48分。最后，她没能够通过这门课。

之后的几个月里又发生了一些事情。她告诉朋友："我不太擅长数学。"而在内心深处某个黑暗的角落里，情感和思想

四　如何从失败中获益

纠结得就像难解难分的舞伴。她开始发掘新的自己，这个自己或许不像她之前认为的那样聪明，甚至可能一无是处，也许还需要被保护。她的确保护了它，像母亲守护自己的孩子。她决定再也不做任何让自己显得不聪明的事情，上大学后，她回避了所有的科学和数学类课程。她向朋友了解哪些老师的课最容易过关，然后确保自己选上那些课。大三时，她曾经一度有机会跟一名教授学习，那位教授在她的专业当中是个领军人物，但当她听说他的课很难后，就转而去学了其他课程。

读七年级时，戴维（David）的老师建议他暑假带几本书回家学习。老师告诉他："秋天返校的时候，我们会根据课本内容进行一次测验，如果你通过了考试——我想你一定行的——就可以参加一个针对天才学生的专门项目。"

暑假里，戴维时常想起老师给他的那些书，不过绝大多数时候他只是任由它们堆在房间的角落里。让他分心的事情太多了，要去见的朋友也太多了，所以到暑假快结束的时候，他才翻了一本书。开学两周前，他对虚度的暑假感到忧心忡忡，这种担忧很快变成了不知所措——太多事情要去想，太多事情要去考虑。很快，他学会了将事情抛诸脑后，对自己说，反正无论如何也不可能通过考试，因为"自己根本没那么聪明"。进入那个荣誉项目是聪明孩子的专利，我根本不是他们中的一员。

对于乔、卡洛琳、戴维，以及数百万其他的人来说，智商是一种难以改变的东西。在他们看来，人的智慧与生俱来，要么天赋异禀，要么天生愚钝，再不然就是庸人之质，有一种名为智商的东西在左右你的学业和生活。乔对于平庸的隐忍，实际上是在说："我知道自己拥有什么资质，还算凑合，但肯定不是聪明伶俐那种类型。"卡洛琳依然执着于维护聪明女孩的形象，但她不敢做任何尝试，不愿意冒任何可能的风险去破坏这一形象。戴维则断定，任何学习都无助于增长他的先天智商。

卡萝儿·德韦克（Carol Dweck）当年是个初出茅庐的年轻人，她刚从研究生院毕业就开始着手研究智商既定观念（fixed notions of intelligence），探讨为什么有些能力很强的人却会逃避挑战性的工作。人生不可避免地会有风险，所以这是一个很重要的问题。任何一个长期目标都包含对机遇的把握。人生道路上会遇到拦路虎，会有艰难时刻，当然也会有失败。如果人们不敢犯错，在面对自己的不足时裹足不前，那么就根本不会去做任何尝试。

卡萝儿在研究中注意到，往往两个能力基本相当的人，其中一个拒绝尝试任何有挑战性的事物，而另一个则追求难度最大的目标；一个在任何形式的挫折面前都会退缩、放弃，而另一个则勇往直前；一个在困难面前感觉无能为力，而另一个甚至在最激烈的竞争环境下都勇于尝试。从他们的身体素质和智力水平上找不出任何差别，但卡萝儿发现他们在处理失败的能力上显示了巨大的差异。她还注意到——这一点至关重要——那些非常想把事情做好的人，常常会把事情搞砸，以几乎肯定会导致失败的方式来处理问题。为什么会出现这种情况呢？[①]

为了找到答案，卡萝儿和她的研究生卡萝儿·迪纳（Carol Diener）一起，将10岁左右的儿童分成两组，然后要他们解答

[①] C. S. Dweck, *Mindset: The New Psychology of Success* (New York: Random House, 2007).

四　如何从失败中获益

一些智力测验题。前8个问题需要认真的思考，但对这个年龄的孩子来说并不费力；而接下来的4道对任何这个年龄段的孩子来说，要在规定的时间内完成都十分困难。前8个题，两个组所有的孩子都答出来了，表现没有多少差异。她们要孩子们谈一下刚才做过的题，显然所有的孩子都觉得很开心，但当她们拿出后面4道难题时，情况完全变了。

没有一个孩子能答出来这些题，但他们的反应差别很大。第一组的学生——就叫A组吧——开始说："我答不出来这些题。我没那么厉害。我不是很聪明。我不记得了。我永远都答不出来这些题。我最好还是放弃吧。我觉得很烦。这个测验真傻。"他们还开始谈论与题目毫无关系的话题，吹嘘自己多有钱，或者他们家的房子、车子有多大，告诉研究人员他们在其他方面有多么棒，有几次他们甚至试图改变测验规则。然而就在几分钟之前，在做那些能力所及的题目时，他们的反应却是热情、愉快和自信的。在困难面前，他们退缩了。

另外一组却没有出现任何上述情况（我们称之为B组）。恰恰相反，他们不停地告诉自己，只要再努力一些就可以解开谜题。他们改变了策略，讨论怎样才能找到答案，不断寻找达到目标的更好办法。他们不由自主地告诉研究人员："我之前做过了，但是请让我再做一次。"有个孩子说："我肯定马上就可以答出来。"虽然她并没有找到答案。失败似乎对他们毫无影响，相反，他们看起来好像乐于接受难题。一个小男孩说："我喜欢挑战。"解错题之后他拉过一把椅子坐下，两只手摩挲着，像是在说："来吧！"同组的另外一名同学解题失败的时候，抬头看着研究人员，用清脆愉悦的声音说："你知道吗？我原以为这个测验会比较有知识性。"

117

将这两组区别开来的是快乐之外的某种东西。A组的同学遇到困难时，采取的是非常糟糕的策略。他们在几分钟之前做能力所及的题目时，用的方法都非常好，表现出这个年龄的孩子所有的最强的问题解决能力。现在，他们好像什么都做不好了。德韦克和迪纳后来说，第一组当中有三分之二的学生，思维方式就像是学前儿童，一直用那些永远不可能奏效的方法，无论之前已经试过多少次。第一次看到失败时，他们就不想再玩下去了，完全无法进行思考，也不像之前表现得那么好，而且他们想要放弃，确定自己无法找到问题的答案。与此同时，第二组的同学则像百灵鸟一样开心，时刻准备继续尝试，而且坚信自己破译了密码，虽然其实并没有人做到这一点。没有一个学生开始用糟糕的策略。

两个组都没有解答出来那几个新的问题，但这并不是问题的关键，卡萝儿故意将失败摆在他们面前以便观察他们的反应。在许多真实的人生场景中，B组的孩子们也许最终能够解决人生当中的难题，因为他们不放弃尝试，不断使用良好的策略。而另外一个组的学生，一遇到失败就陷入混乱当中，能力降低，最后只好缴械投降，所以他们可能永远都解决不了棘手的问题。

造成这种差异的原因是什么？当然不是能力。两个小组的学生都解出了前8个题——与他们年龄相称的题——而且能力相当。实际上，第一组的同学在开始的例子当中使用的策略还要略微高明一点。那么，为什么他们开始失败时表现得那么不知所措呢？是兴趣问题吗？也不是。在做前8道题时，孩子们大声讨论，两个小组都明显保持了兴趣和参与度，而在困难的问题面前，实验者告知他们"错了"的时候，只有第一组的孩子改变了行事风格。

四 如何从失败中获益

为什么？答案其实很简单，也很有说服力。A组的学生对失败的反应十分糟糕，他们认为智商是既定的，而B组的孩子则相信智力通过努力可以得到改善。第一种孩子认为，人的智力水平在出生时就已定性，是无可改变的。他们愿意相信自己是聪明人，不希望有任何事情来动摇这一点，在愚蠢的智力测验上失败，会让自己以及其他人——老师、朋友、父母——怀疑自己的智商，所以一听到"错了"就马上想退出。他们不愿听到任何语言，暗示自己不如原来所期望的那么聪明，而是想看到更多的证据证明自己聪明伶俐。错误越堆越多，他们也越来越紧张，表现得就像五六岁的小孩。

与此同时，另外一组的孩子则十分看重自己的努力。在他们看来，智力不过是各种能力的综合，可以通过不断的努力得到拓展，没有什么是一成不变的。因此，他们并不把失败看作是愚蠢的象征，而是认为那说明自己还没有学会。从本质上来说，两个小组有着完全不同的目标。第一组的孩子想要"显得很聪明"，而第二组的孩子因为坚信能力可以通过努力得到提升，所以只想更好地解决问题。

在孩子们开始解答问题之前，德韦克和迪纳问了他们一些在学校里发生的事情。总的来说，A组的那些孩子，相信智商既定说，一遇到困难就畏缩不前，他们将学习成绩的不理想归罪于能力不足。而第二组的孩子则认为失败反映出自己的努力还不够。实验结束之后，研究人员问孩子们为什么觉得最后四道题很难。第一组超过一半的学生说，因为自己不够聪明；第二组没有一个人说出这样的借口。[1]

卡萝儿·德韦克以及其他的心理学家给两种类型的学生取了不同的名字。她把第一组的学生叫作"无能为力型"(helpless),因为他们认为自己"不够聪明",或者不太擅长数学、音乐、艺术、外语等等一切让他们感到困难的科目,所以什么都做不了。或者说,即便他们认为自己通常很聪明,而且相信智商是出生时既定的,那么他们仍然会经常感到无能为力,因为失败会让他们质疑"自己是最聪明的人"信念,出于这种畏惧心理,他们根本不敢尝试新事物。

卡萝儿说第二组的孩子的思维方式是"掌握型"(mastery)或者"成长型"(growth),因为他们相信只要努力就能够掌握知识,提升能力。如果没有成功,他们并不是马上下结论说自己"就是没有能力做",而是去寻找新的策略。"掌握型"的学生是不是比"无能为力型"的学生更聪明一些呢?事实并非如此。卡萝儿用大量的证据证实,无论用什么方法测量,两组孩子的天赋能力都大致相当,而且她还发现,有时无能为力型的孩子在这类问题面前甚至显示出更好的天赋。区别就在于他们是否有她所谓的"成长型思维"(growth mindset)。掌握型学生认为能力可以拓展,无能为力型则认为能力是既定的。

卡萝儿及其同事通过大大小小的实验,展示了成长型思维的力量。在一项著名的研究十一二岁纽约儿童学习数学的实验当中,他们发现,在两年的初中学习中,相信智力可以被拓展的孩子数学成绩普遍有很大进步,而那些认为智力既定的孩

---

[1] C. I. Diener and C. S. Dweck, "An Analysis of Learned Helplessness: Continuous Changes in Performance, Strategy, and Achievement Cognitions Following Failure," *Journal of Personality and Social Psychology* 36, no.5(1978):451-462.

四　如何从失败中获益

子，数学成绩则永远原地踏步。那次调查同样也呈现了我们在本书多个章节中提到的各种因素的相互关系。相信能力能够增长的学生对于努力持积极态度，他们并不十分关注考试成绩，而是对学习本身更感兴趣。他们的时间和精力主要用来理解，所以分数更高。①

无能为力型的孩子是从哪里得到这种观念，认为能力既定而自己对此无能为力的呢？他们就生活在这样的氛围当中，不停地被这种观点狂轰滥炸，告诉他们智力测验可以体现智商水平。在卡萝儿·德韦克的书《思维》（*Mindset*）里，她回顾了一件事。一位六年级的老师将所有学生按照 IQ 测验的成绩进行排名，并依次给他们排座位，赋予"最聪明的孩子"一定的特权，比如扛旗等。一些大学教授，特别是某些专业领域中的教授，认为无论老师教得好与不好，只有天资聪颖的人才能在他们的学科领域取得成功。"聪明的孩子会有所成就，鲁钝的不会。"纽约大学的一位数学教授曾经这么告诉我。这种态度会渗透进他的言行举止，或被学生感知到。杂志和网站上每天都能看到这样的信息，它们声称智商可以被测评，邀请人们"参加测试"，好像称的是体重一样。

即便是用心良苦的家长和老师也可能持有这种固执的观念。一直以来，我们都以为积极的反馈总是会带来令人满意的结果，但是近期的一些研究却向我们呈现出更加复杂的画面。梅利莎·卡明斯（Melissa Kamins）发现，经常听到溢美之词（"你好聪明"）的儿童比那些因努力而被表扬的儿童更容易形

---

① L. S. Blackwell, K. H. Trzesniewski, and C. S. Dweck, "Implicit Theories of Intelligence Predict Achievement across an Adolescent Transition: A Longitudinal Study and an Intervention," *Child Development* 78, no. I(2007):246-263.

成智商既定的观念。孩子年幼时，如果家里人时常说他们多么聪明（或者多么笨），他们就会得到这样的信息：人生成败并不在于是否努力，而是取决于人的聪明程度。要么有，要么没有，这一事实无可改变。简而言之，对于智商既定的观念或者成长型的思维方式都来源于环境，而非与生俱来的性格特质。[①] 这些当然也都是可以改变的。

但是等一下，你也许会说，我不是无能为力者，我认为自己聪明，而且我清楚这一点。如果这就是你的态度，那么冲着这份自信应该给你掌声。自信对你大有裨益，没什么不好。但是，如果你认为自己天生聪明，所有的朋友都可以根据智商高低排个名次就像按高矮个排列那样，而且即便努力也无法改变排名的话，那么可以说，你对智商是持既定论的。如果你认为自己虽然能够学习新知识，但是无法从根本上改变智力状况，那么你的思维方式是一成不变的。从另外一方面来说，如果你相信自己无论现在多么有能力，都还可以变得更好——而且每个人都是如此——如果你相信不努力，能力就会退化，那么你的思维就是成长型的，正是因为这种成长型的思维才使得许多人能够从失败之中获取好处，就如斯蒂芬·科尔伯特所说的，"欣然接受失败"。

本书中所采访的所有创新人士——那些营造了创意人生的深层次学习者们——对他们自己及其朋友都表现出成长型的思维方式，而他们的人生故事也很好地印证了三十多年来实证研究的结果。"我很少使用智商这个词，"尼尔·德格拉斯·泰森说，"我把人分为想要学习型、犹豫不决型以及抵触学习型三

[①] M. L. Kamins and C. S. Dweck, "Person versus Process Praise and Criticism: Implications for Contingent Self-worth and Coping," *Development Psychology* 35, no.3(1999):835–847.

四　如何从失败中获益

种。"雪莉·卡夫卡这样说:"我相信每个人都有创造力,或者至少都有创造的潜力。"因为对人性持有这样的基本观念,所以我们的受访者愿意承担风险,尝试新事物,从不担心犯错误,也不在乎是不是看起来像傻瓜,他们努力的方向不是成为"班上最聪明的孩子",并不把自己当成竞赛的参与者,而是专注于发展自己的天赋。他们想要充分发挥自己的潜能,并且深知自己拥有这种能力。而且,正如我们之前已经看到的,他们绝不轻言放弃。

(三) 在挫折中磨砺自己的能力

他从来不会让关于智力的某种固定成见把自己困住。他认为自己的能力是可拓展的,灵活的,从来不把失败当做是反映自己过去及将来的镜子。他做事情从来不考虑自己"是否聪明",不仅不考虑,而且也不愿意考虑。

佛罗里达州东海岸的夏日午后酷热难当,汤姆·斯普林格(Tom Springer)常常和两个哥哥一起躺在空心砖房的地板上听妈妈读书。电风扇在黑色的背景里飞速旋转,搅动着潮湿的空气,此时孩子们却已随着词句和声音穿梭到另外一个时空。妈妈读的是《绿野仙踪》(*The Wonderful Wizard of Oz*),还有弗兰克·鲍姆(L. Frank Baum)创作的其他一些关于大草原(the Great Prairie)生活的小说,或者马克·吐温的蒸汽船时代发生在密西西比河沿岸的故事。星期六的时候,孩子们会到当地的

如何成为卓越的大学生

图书馆借回来一摞新书,让妈妈读给他们听。汤姆的妈妈决不会简单地从头读到尾,她总会选择一些适合孩子年龄的文学著作,诱导他们去理解新的词汇和观点,了解新的地区和文化。

汤姆的妈妈细心地追随孩子们的兴趣,如果注意到他们对某个东西特别着迷,她就会根据孩子们的最新兴趣挑选书籍,挑战他们的思维。当他们的兴趣转移到新事物上时,她也会随之而变。有一阵,孩子们爱上了有关第二次世界大战的书籍,想要读些关于战争和政治的书。所以汤姆对地理和政治发展史知识的理解超越了他的年龄。

汤姆在佛罗里达州的墨尔本读小学低年级。教室里可以明显感到附近卡纳维拉尔角(Cape Canaveral)太空产业带来的影响。许多朋友的父母都是国家航空航天局(NASA)的科学家和工程师,都尽量确保自家孩子就读的学校里有最好的老师。这是个令人振奋的地方,登月竞赛为孩子们开启了另外一扇门,汤姆和朋友们得以研究科学、天文学"之类的东西"。在操场上看到火箭发射升空,引发了他们对天空的无数奇思妙想,觉得自己的校园生活既刺激又精彩。

他的父母并不富裕。"我爸爸是理发师,"他说,"我们是典型的工人家庭。"虽然如此,他们还是勉强凑够钱买了一架非专业望远镜。晚上,汤姆和两个哥哥就用望远镜探索夜空。有时候,他们会和父亲一起到海边去。父亲手里握着藤制鱼竿,迎着浪花在海水里跋涉,他们就在岸边等着,挖螃蟹做鱼饵,捡海星,偶尔还能钓到几只虾。孩子们搜集贝壳,还攒了一套关于大自然和海洋的儿童书籍。"那种生活真是既开心又丰富多彩。"汤姆回忆道。

小学四年级时,之前的世界瞬间消失不见了。汤姆全家从佛罗里达州搬到了密歇根南部,新的学校以及他的生活再也没

四 如何从失败中获益

有了从前的那种活力。"那是一种文化休克。"他回忆说。学校的节奏慢了,内容虽然少了,要求却很高,各种琐碎的条令和规定很多,他感觉到越来越无法掌控自己的学习。学校对知识的标准要求也很低。他开始感到无趣,不再做家庭作业,也不再课后自己找书读,成绩直线下降,到高中毕业时,平均等级已经落到 C 了。他说:"我变成了一个吊儿郎当的学生",没有任何追求,"之后我所接受的教育大部分都不是在学校里学到的,我继续阅读那些自己感兴趣的东西"。

高中毕业以后,他找了份沥青铺路员的工作,但这种工作是季节性的,冬天他会到几家工厂去干活。有一天,老板炒了他的鱿鱼,因为他总是在考勤卡上写一些自以为是的评论,还曾经让朋友替他打卡。后来他又找到一份空调修理工的活,跟一个名叫波奇的烟瘾很重的家伙一起做事,但是这份工作也没干长久。眼前困难重重。他加入了国民警卫队,回来之后决定报名参加当地社区大学的空气调节装置课程。虽然在机械方面屡次失败,但他的人生从此开始不同。

"我确实没有办法把管子装到一起,"他回忆道,"但我必须学习一门新生写作课程,正是这门课改变了我的人生。"汤姆通过这门课将佛罗里达的童年生活以及后来所阅读的书籍相关联起来。他的表现不错,写作水平逐渐提高,展现了出人意料的才华。后来他去了西密歇根大学,还登上了学校的优秀学生名单,随后在密歇根州拿到了环境新闻学的硕士学位。汤姆成了一名成功的作家和电影制片人,他的作品开始出现在国家公共电台里,他的书由密歇根大学出版社出版并且获了奖。再后来,他成了一名高级主编,工作于凯洛格基金会(W. K. Kellogg Foundation),后来又成为项目经理,加入了学习创新团队,致力于"通过与大自然的亲密接触,寻找激发儿童身心成长的方法"这一项目。

汤姆·斯普林格是如何从幻想破灭走向成功的呢?怎样才能战胜挫折?当然,阅读教化了他,厄恩斯特·海明威、马克·吐温、弗兰克·巴姆,以及所有其他的作家改变了他的人生。但他从来不会让关于智力的某种固定成见把自己困住。他认为自己的能力是可拓展的、灵活的,从来不把失败当做是反映自己过去及将来的镜子。他做事情从来不考虑自己"是否聪明",不仅不考虑,而且也不愿意考虑。另外,汤姆在空调维修的工作和课程之间苦苦挣扎的时候,形成了一种对于"书本智慧"之外的各种广泛能力的强烈尊重,就像他所说的,"会建谷仓,会砌壁炉的人,他们的能力值得赞赏"。他告诉我说:"从根本上来说,我接管子遇到的困难比码字多得多。"那种对于他人能力的敬意以及对于自己遇到的挑战的敬畏之心,让他找到了自己存在的意义。他学会去尊重"手、头、心"(hand, head and heart)的工作,正如弗朗克·劳埃德·赖特(Frank Lloyd Wright)所说,他学会了从独特的经历当中,从定型了灵魂的躯壳当中汲取灵感,不去理会那些能力既定的观点,只全心专注于努力。

"如果发生了不好的事情,我会想自己能够做些什么避免下次再犯同样的错误。这就像一种态度,'让你看看我的厉害'。"他总结说。熬夜,读那些自己感兴趣的书,通过这种自主学习(self-directed learning),汤姆获益匪浅。他经常偷偷把辛克莱·刘易斯(Sinclair Lewis)的《巴比特》(*Babbitt*)放在自己的午餐桶里,然后揣摩自己遇到的那些人,将他们与老板还有周围其他人作比较,分析人物的特点。从某种意义上讲,汤姆从未停止学习,而且那些糟糕的分数从来没有反映出他的失败,反而反衬

四 如何从失败中获益

出他所就读的学校的无能，没有慧眼识珠，不能接受他这种学习类型。最后，他从自身和自己的人生经历中吸取了经验，像尊重他人一样尊重自己和自己的能力，他从过去的经历中汲取养分，从与父亲和哥哥在大自然当中的互动以及所有那些听妈妈讲故事的美好时刻当中获得灵感。"那些优秀作家的声音在我的脑海里回响。"他回忆说。

在关键的时刻，他学会了转化自己的学习，将好奇心和阅读转化为学术成就，又将其与成果密切结合，从而产出了一系列的成功，以自己的方式茁壮成长。教师们——尤其是他的写作教师——给他提供了这一机会，对他的文章表示感兴趣，对他所能做的事情表示尊重。教师们勉励他表达自己的观点，并对其进行打磨，进一步完善自己的创作。他显然从未失掉对自己的完全尊重，即便是在对学校以及所有事情不满的时候。然而，最关键的是有人能够欣赏他的作品，告诉他如何进行拓展。他在卡拉马祖谷社区学院（Kalamazoo Valley Community College）遇到了这样的老师。在那里，他发现了一个充满挑战然而却引人入胜的世界。

（四）给成败进行合理归因

灵活看待智力和能力是卓越大学生处理失败的根本。这使得他们能够建设性地总结成功和失败的原因，致力于培养新的能力，并且相信能够去运用自己新发现的力量。只有在摒弃了攀比的思维方式，向内看，探索那些吸引自己的东西，专注于自己想做的事情，而不是去在乎排在第几名或者看起来聪明与否时，那些卓越大

如何成为卓越的大学生

学生们才最终得以茁壮成长。

引领人们通往成功之路的，通常还有一个更为重要的因素，汤姆大概也是受到了这一因素的影响。越来越多的研究发现，人们对于成功和失败的归因方式对他们的成功和失败有着重要影响。或者可以这样理解，出了问题该归咎于什么人或者什么事？一切进展顺利时，又该归功于谁？

举例来说，你可以把成功或挫折归因于自己或者某些外在因素，你可以判断这种因素只是短期情形还是永久性原因，你也可以相信自己对此因素有很大影响或毫无影响。总的来说，成功或失败的归因方式有八种不同组合，从"这种因素是永久性的，但我掌控不了"到"是其他因素的原因，但我能够进行改变"。此外，任何一种组合都能用来解释成功或失败，如何对其进行组合，将会对你处理挫折的能力产生影响。[1]

举例来说，如果你常常把自己的失败归咎于某个长期性的内在因素（"我的微积分不及格是因为我不擅长数学"），那么你可能会认为自己对局势毫无掌控力，从而放弃，不再做任何尝试。然后，猜猜会发生什么事情？你的微积分永远都不会及格。相反，如果你说"我学习不太得法，如果能从辅导中心得到些帮助

---

[1] R. Perry, N. Hall, and J. Ruthig, "Perceived (Academic) Control and Scholastic Attainment in Higher Education," *Higher Education: Handbook of Theory and Research* (2005): 363 – 436; T. L. Haynes, L. M. Daniels, R. H. Stupnisky, R. P. Perry, and S. Hladkyi, "The Effect of Attributional Retraining on Mastery and Performance Motivation among First-Year College Student," *Basic and Applied Social Psychology* 30, no. 3 (2008): 198 – 207; N. C. Hall, R. P. Perry, J. G. Chipperfield, R. A. Clifton, and T. L. Haynes, "Enhancing Primary and Secondary Control in Achievement Settings Through Writing-Based Attributional Retraining," *Journal of Social and Clinical Psychology* 25, no. 4 (2006): 361 – 391; N. C. Hall, S. Hladkyi, R. P. Perry, and J. C. Ruthig, "The Role of Attributional Retraining and Elaborative Learning in College Students' Academic Development," *Journal of Social Psychology* 144, no. 6 (2004): 591 – 612.

四　如何从失败中获益

的话，我会做得更好"，那么你会相信问题在于自己而不是其他人，只要经过适当的努力，你的数学能力就会得到提高。用这种方式解读挫折，你很有可能会继续尝试，最终走向成功。

对于成功的归因也很重要。以下两种归因方式，哪种最有可能激发你的动力，带来好的结果呢？

上一次考试我只不过是运气好，考试中的题目我刚好都做过。但我还是不太擅长数学。

我和朋友们一起学习，对每一种类型的问题都进行了讨论，直到最后我们都理解那个概念为止。这就是我们考得好的原因。

在第一种方式里，成功被归因于你无法控制的一些外部、短暂因素（运气）。在第二种方式里，你把成功的原因归结为自己所做的事情（努力），虽然是短期因素，但你对此具有相当大的掌控力。没有人会在第一种方式里找到动机——如果一切靠运气，那还努力干什么？——但任何人都能从第二种方式里找到动力。

总的来说，那些在处理失败问题上高度成功的人会为自己的成功和失败负责任，并且认为形势是会变化的。成功就如过眼云烟，失败也并非不可战胜。几年之前，斯坦福大学的一名心理学家艾伯特·班杜拉（Albert Bandura）观察了人们学习耍蛇的过程。他注意到，要想正确运用技巧，学生们必须学习正确的流程，而且还必须相信自己能够进行正确的操作。他把这种信心和能力的有效结合称为"自我效能"（self-efficacy）。[①] 你必须知道如何做一件事，还必须相信自己能够做到。能够战胜失败的人通

[①] A. Bandura,"Self-efficacy:Toward a Unifying Theory of Behavioral Change,"*Psychological Review* 84,no.2(1997):191-215.

常有着极高的自我效能感。

卓越的大学生如何培养智力多变性的观点，对成功和失败进行合理的归因，并且保持高度的自我效能感？其中最重要的练习来自保罗·贝克要求他的学生们做过的：和自己进行交流，了解自己的工作方式，知道自己的动力所在。贝克认为，灵活看待智力和能力是成功人士处理失败的根本。这使得他们能够建设性地总结成功和失败的原因，致力于培养新的能力，并且相信能够去运用自己新发现的力量。

贝克的观点回避了智商是既定还是可拓展的争论，而我们绝大多数的受访者最终都选择了同样的道路。用我们讨论智商时所打的那些比方来看的话，我在这里所做的区分就变得更加明朗。过去的老观点认为才智是一把梯子，有些人一出生就在顶端，而其他人则依次排列在梯子的不同梯级上。对于梯子这一提法，卡萝儿是认可的，但她认为人们可以顺着梯子向上爬。贝克的观点体现了另外一种比喻——一棵长了无数枝丫的大树——这一比喻我们在与受访者的谈话中时常听到。每一个分叉就代表着一个独特的人，目标不再是在能力的阶梯上疯狂竞赛，而是滋养每个个体的不同特质。这棵大树上的每个部分都互相依赖，形态各异，这根树杈并不比那根树杈更好，大家只是不同而已，每个枝丫都有潜质按照自己的独特方式生长。这并不意味着没有标准，而是说，人们不是与他人互相竞争，而是努力去达到标准，或者也可以说，不同的人以不同的方式茁壮成长。

在传统观点中，人们通常认为自己的价值取决于排名，取决于自己在梯子上所占的梯级，心理学家把这叫作"有条件的自我价值"（contingent self-worth）。梅莉萨·卡明斯在那些因经常受到个人表扬或批评而认为智力天定的孩子们身上发现了这

四　如何从失败中获益

种观点——哪怕他们得到的反馈都是正面的。如果你认为自己的人生价值完全取决于成就高低,而且也相信命运事先已经决定了你的能力,那么你面前的道路通常麻烦多多。这些观点会影响你对于失败的反应。[1]

如果你有这种"有条件的自我价值"感,如果你对自己的态度取决于在某个领域跟其他人相比自己是"成功"还是"失败",那么你很可能会放弃尝试,下意识地选择最佳的逃避失败的方式,使自己避免参与竞争。如果参与了,那么你可能会轻易放弃,错失良机,就像我们之前在乔、戴维和卡洛琳身上看到的那样。而且因为深信自己最终会失败,你甚至会故意毁掉自己的努力,在尝到失败的苦果之前,你就想撤退,给自己找借口("我没怎么努力")。正如我们所不断看到的,只有在摒弃了攀比的思维方式,向内看,探索那些吸引自己的东西,专注于自己想做的事情,而不是去在乎排在第几名或者看起来聪明与否时,那些卓越大学生们才最终得以茁壮成长。

我问过每一个采访过的人:"你认为自己好胜心很强吗?"他们的回答如出一辙:"是的,不过不是跟其他人竞争,而是和自己竞争。"这一回答道出了他们成功的极重要的因素。就像苏珊·博比特·诺伦那些任务驱动型的学生一样,对于他们来说,人生的全部意义就在于实现自我完善,而不只是在某场竞赛中胜过某个人。深层次的意图源自对内部动机的呵护而产生的内在兴

---

[1] J. S. Lawrence and J. Crocker, "Academic Contingencies of Self-worth Impair Positively and Negatively Stereotyped Students' Performance in Performance-Goal Setting," *Journal of Research in Personality* 43, no. 5 (2009): 868–874; J. Crocker and L. E. Park, "The Costly Pursuit of Self-Esteem," *Psychological Bulletin* 130, no. 3 (2004): 392–414; Crocker, A. Canevello, J. G. Breines, and H. Flynn, "Interpersonal Goals and Change in Anxiety and Dysphoria in First-Semester College Students," *Journal of Personality and Social Psychology* 98, no. 6 (2010): 1009–1024.

趣，这一意图决定了他们的学习性质，反映了成长型的思维模式。

贝克为他的学生准备了一个生词表用来思考这类问题。这些生词是由生活中所感受到的五个基本元素（线条、声音、空间、形状、颜色）所生发出来的。我们有些受访者从未接触过他的教学，但也总结出了这些语言和概念，更重要的是，这些范畴的使用来源于一个观念，这种观念我们屡次在那些深层次学习者和创新人士的身上看到。他们相信成长，从自身以及他人的创造性成果当中去获取这种成长所需的养分。他们悦纳"失败"，将失败看做学习的良机，而不是评判自己灵魂的标尺。

（五）咬定青山不放松

杰夫对生活有一种不可思议的乐观态度，有了这种态度，即便经历再多的失意，他也能为自己的深入学习方法及不断尝试的毅力找到进一步支撑。

九月，刚从康奈尔大学毕业的杰夫·霍金斯拿起一本《科学美国人》（Scientific American）杂志。这本杂志主要介绍新兴科学家和工程师近年来的发明和发现，每年秋天都会围绕某个主题做个特刊，而那年所有的内容都是围绕大脑的。早在读大学之前，杰夫就对人类的大脑产生了浓厚的兴趣并且提出过四个大问题。杂志中的一篇文章吸引了他的注意力，继而改变了他的一生。

在这本杂志里，促进DNA发现的科学家弗朗西斯·克里克（Francis Crick）写道，尽管我们对于大脑这一器官的结构了解已经不少，但对于其运作原理仍然缺乏系统的理论。这句话像

四 如何从失败中获益

一道闪电击中了杰夫。他说:"读了那篇文章之后我只有一个念头,那就是我要穷尽毕生的精力去发现大脑的工作原理。我要去做这件事情。"他找到了为之奋斗一生的事业——"研究大脑"。

他继续专注于脑袋里那个三磅重的细胞集合体,思考它的工作原理,同时他在英特尔(Intel)公司找了一份工程师的工作,工作地点起初在俄勒冈(Oregon),后来搬到了波士顿,这样他离女朋友的距离就会近一些。一开始,年轻的工程师发现自己的工作和他想要了解大脑的那种热情有着某种联系。如果能够了解大脑的工作原理,那么就可以自己编写一个,英特尔公司也会支持他这么做。一个"发明了硅存储器芯片和微处理器"的公司当然会允许他用一部分时间思考"如何设计像大脑一样的存储芯片",所以他给公司老总写了一封信。一个刚刚大学毕业的毛头小子写信给老总,问他"研究大脑"会不会有工资,这需要激情,以及勇气。你指望会有什么结果呢?吃个闭门羹,或者挨一顿训斥:"不要浪费时间写信告诉我你打算怎么样安排自己的时间。"

戈登·摩尔(Gordon Moore)当时也许的确曾暗自发笑,但他还是安排年轻的杰夫去见英特尔的首席科学家泰德·霍夫(Ted Hoff)。杰夫飞到加州,见到了霍夫。这位首席科学家本人也在研究人类的思维,在听了这位来自波士顿的自命不凡的年轻人的话之后,他泼了一桶冷水。"我们对生物思维器官的了解不够,还没到建立人工智能的时候。"他说。"霍夫说得没错,"几年之后,杰夫写道,"但我当时的确很失望。"

但是这次失败并没有使他停滞不前。他决定重返学校,申请到麻省理工学院读书,那里离他在波士顿的办公室只隔了一条查尔斯河(Charles River)。麻省理工有个大型人工智能项目,杰夫以为自己会很容易通过申请,没想到竟失败了。他在申请表上写道,自己想了解大脑的工作方式,但是读材料的教授却有更好的人选。他们想为电脑写程序,使之能够与人类做同样的事情——看、说、活动、计算等,但在他们看来,这些并不要求对于"人脑计算机"的功能有所了解。他们拒绝了他的申请。

在本节讲述这个故事是想说明,无论是在大学还是毕业之后,驱使杰夫进行深层次学习的,正是贯穿在他生命中的那股热情。他坚信大脑和计算机有着根本的不同,所以想要了解智能的运作方式,弄清楚我们怎样进行思考、创造、记忆、预测,以及其他一切人类从事的神奇的事情。[①]

杰夫·霍金斯的智能历程还揭示了"卓越大学生"的另外一面,那就是他们绝不轻言放弃。被麻省理工和英特尔拒绝之后,杰夫和他的女朋友——现在的妻子,一起搬到了加州,在

[①] 杰夫曾经读过哲学家约翰·瑟尔(John Searle)的一篇文章。瑟尔提出过一个问题,指出了人类理解力和电脑所能做的事情之间的区别。这一问题同时也说明了浅层次学习与深层次学习的区别。瑟尔讲了一个虚构的故事,有一位先生在"汉语屋"里工作,屋里有一张桌子、很多纸和笔,还有一本巨大的说明书。书中介绍了汉字的详细写法。有些说明是这样写的,"画下这条线",还有"擦掉那条线",或者是"把这条线移到那边",诸如此类——上千条笔画的说明,详细得就像儿童使用的立体恐龙拼图说明书。但书中的说明都是用这位先生的母语标注的,没有对里面的汉字进行任何翻译。他根本不知道这些汉字是什么意思。

一天,有个人塞进来一张写着一串汉字的纸条。这是一个汉语的小故事,后面跟了几个问题,但是这位先生看不懂,因为他根本不懂这门外语。他把纸条拿起来,打开超级大字典,按照说明书上的指示,变这条线,动那个词,擦这个字等等,一板一眼忙碌了几个小时,一直到做完最后一条说明。他造了一组新的汉字出来,但是因为不懂汉语,所以他依然不知道纸条是什么意思。他把写了结果的字条塞到门外,一个中国人路过,她把纸条捡起来读了一下,发现上面写着故事的标准答案。有人问她,这个答案是不是从一个完全读懂了故事的聪明大脑里得出来的?"当然。"她回答说。

但是哲学家问了,聪明的大脑在哪里呢?肯定不会是抱着说明书的那位先生,不知道他除了对着说明书照猫画虎之外还做了什么。聪明的大脑当然也没在书里,甚至也不在写说明书的人身上,因为他根本没有看到过故事和问题。当然,在瑟尔看来,那位先生就像一台装了汉语翻译程序的电脑,但是电脑本身是没有人类智慧的。我复述这个思维问题的目的是想说明,浅层次学习与汉语屋里的那位先生十分相像,也许能够找到正确答案,但是却不包含任何人类理解成分。

四　如何从失败中获益

网格系统（GRID Systems）公司找了份工作。网格系统是硅谷的一家公司，该公司研发了世界上第一台笔记本电脑。一天，正当杰夫工作的时候发生了一件特别的事情。这或许事出偶然，但我想这事之所以会发生，部分原因还在于杰夫对于学习的浓厚兴趣。他辅助研发了第一台平板电脑，让同事拿着玩。他看到他们在没有键盘的情况下用触摸屏摆弄着那个奇怪的机器，惊讶他们居然那么爱不释手，乐在其中。公司仅将这种机器用作商业用途，并未想到要向普通消费者出售。但杰夫注意到了一些不同寻常的事情，这种善于深入观察的习惯将他引到一个全新的方向上去。"我留意到他们对那个玩意儿多么爱不释手，多么喜欢触摸屏幕，有人还说'我希望能把个人信息放在里面'。"

看似毫不起眼的观察再加上伴随杰夫一生的深入思考的习惯，触发了一个足以永远改变我们信息处理和思考方式的观念，并且最终将杰夫推到了国家科学院工程师的位置上。他若有所思地对自己说："我认为计算机的未来就在可移动设备上。为什么不可以把小型的电脑放在人们的口袋里呢？"这种设备会比电脑更加便宜，操作更加简单，性能更加稳定。当时世界上大多数人都买不起电脑，但是杰夫觉得自己可以做一个小到可以放在"口袋"里的玩意儿，让更多的人买得起。

当时，把小型电脑放到人们口袋中，这个梦想就像他和家人在长岛家车库里造的船一样异想天开，或者就如同他想了解大脑工作原理的疯狂念头一样不可思议。"没有做小型电脑的技术，也没有软件。"网格系统公司觉得没人会买这种东西，所以不想投资。他又一次失败了。

杰夫于是重返校园。他依然对制造小型计算机的想法念念不忘,并且越来越相信,未来就在这些便携式的小玩意身上。不过,他这次去学校又回到了自己的老路上,继续追随多年前对于人类思考方式及思维运作方式的那股热情。一开始,他学习通信课程。就像杰夫后来所写的:"通信学校从来没有拒绝过学生。"他开始突击生理学及其他与生物学相关的课程,然后又申请到加州大学伯克利分校的生理物理学项目中去学习人类智能。正如杰夫所说:"我学习很刻苦,参加了入学考试,准备简历,恳求别人帮我写推荐信,然后,瞧!我被录取为全日制研究生了。"他那时还不到30岁。

他离开了网格系统公司,几年后又重返电脑业,成功发明了第一台移动计算机——掌上电脑(Palm Pilot)。他找到了一种方法,使得人们只需用一根触笔就可以往电脑里面写字。全球数百万的人开始购买这种设备,把这种小型电脑放在口袋里。三年之后,他和几个同事一起创建了一家新公司——Handspring,设计出一种可以打电话的小型电脑,世界上第一台智能手机——Treo。

杰夫在商业上的成功现在给他提供了足够的经济支持来继续之前"研究大脑"的梦想。他先是在加州的门罗公园(Menlo Park)成立了非营利的红杉神经科学研究院(Redwood Neuroscience Institute),和其他科学家一起研究人类大脑皮层如何进行信息处理。三年之后,他将该研究院赠送给加州大学伯克利分校,另外新建了一家名为 Numenta 的公司。这家公司比起之前在 Palm 和 Handspring 里制造的庞然大物简直是小巧玲珑,在这里他可以探寻大脑的运作原理,或许将研发出像人脑一样思考的机器。

杰夫对生活有一种不可思议的乐观态度,有了这种态度,即便经历再多的失意,他也能为自己的深入学习方法及不断尝试的毅力找到进一步支撑。他说:"我很早就明白,生活中所发生的事蕴含着无数的机会,所以我从不为此担心。"相反,他只是追随自己的好奇心。"如果发生了不好的事情,我尽量不让自己受到干扰,并尽力找到解决方法。"相信解决方法的存在,就是相信世界的多变性,那么你就能够通过努力改变它,这就是成长型思维。

(六)通过训练拓展自己的智力

在事态轻松没有遇到挑战时,智商转变论的影响不大,但是当遇到拦路虎,失败次数越来越多的时候,那些相信能力可以提升的学生更有可能渡过难关。

人们能够通过了解智力的可拓展性而意识到成长型思维所带来的好处吗?查理·吉尔斯(Charlie Gears)和他的小伙伴们证明,这是可以的。① 这位来自纽约的腼腆男孩从未在任何数学标准化考试中取得过好成绩。六年级时,他排在全国所有参加考试的65%的学生之后。因为家里没钱,所以查理每天中午在学校享受一顿免费午餐。七年级新年假期过完之后,他回到了学校。一组来自哥伦比亚大学和斯坦福大学的心理学家邀请他和几个朋友参加一个研习班,学习与大脑有关的知识并接

---

① 查理是为一组人物取的化名。在六年级的数学测验中平均得分比为35%的受试学生(即,总体上看,有65%学生超过他们),其中52%的学生是非裔美国人,45%是拉丁裔,还有3%的白人和亚裔。这些学生都来自低收入家庭,约有五分之四的人有资格领取免费午餐。

如何成为卓越的大学生

受一些关于学习的建议,每周一次、连续八周。查理得到了父母的允许,报名参加了这个项目。还有其他将近一百名学生也参加了这个活动,其中大多数学生数学都很吃力。

心理学家将志愿者们分成若干个小班,每班12至14人,并私下将这些班分成两个大组。查理和他的父母,包括老师,对分组的事情都不知情。两个组都学习了大脑的原理及其运作方式,都学习了如何有效利用时间以及如何组织、学习、理解、记忆新材料。每个学生都了解了成见对他人思维的影响,并且讨论了如何才能避免这些陷阱。

除了两个重要研讨会之外,两组学生的经历大致相同。在那特殊的几天里,查理和他的朋友们大声朗读了丽莎·布莱克韦尔(Lisa Blackwell)所写的一篇文章。丽莎是其中一名心理学家,她专门为七年级学生写了一篇文章《你可以提升自己的智力水平》。在朗读时,学生们听到自己说:"大脑在学习时会发生物理变化。"这篇文章介绍了一些最新的科学研究。研究发现,在学习新知识后,大脑中负责传送信息的神经细胞之间的联系会变得更加紧密。文章告诉他们,大脑像经常得到锻炼的肌肉一样开始生长,细胞之间产生新的联系。活跃的、学习型的大脑比不经锻炼的大脑重量要大一些。文章最后总结说,试想咿呀学语的婴儿,刚出生时一个词也不会说,但通过练习发声,最终能够掌握一门新的语言。科学家用核磁共振成像观看婴儿的大脑,的确看到了大脑在孩子学习说话的过程中所发生的变化。

查理和同学们读完之后,组织研讨会的两名大学生要他们想一下有哪些事情可以通过练习完成,然后让他们解释在学习过程当中大脑会发生怎样的变化。这个练习跟欧内斯特·巴特

四 如何从失败中获益

勒、萨拉·古德里奇、雪莉·卡夫卡以及他们的同学在保罗·贝克的能力整合课程上的经历极其相似。他们仔细思考了自己做过的一些具有创造力的行为,然后对引导他们着手去做这些事情的原因进行了探讨。

与此同时,另外一组学生同样也花了两天时间阅读了一篇关于记忆原理的论文,学习了记忆新材料的策略,甚至还有机会对所学记忆方法进行了练习。从本质上来说,他们随后学习的不过是一些关于学习和记忆的窍门。

学生们的表现如何呢?大多数学生刚开始都认为人的智商是先天的,但查理那组学生通过经验得出更坚定的认识,智力可以通过努力得到改善。这点毫不奇怪,因为他们读了一篇与之相关的文章,而其他学生没有。更重要的是,在之后的几周甚至几个月里,查理这一组的学生从总体上看在数学课上有了更大的学习动力。[①] 他们有时候做作业做到很晚,午餐期间还会补课,这是之前从未有过的。最重要的是,对于查理这样的学生来说,他们的态度从先前认为智商不会改变到认为可以改变,数学课成绩也发生了天翻地覆的变化,呈现上升趋势。

丽莎·布莱克韦尔主持了这次调研,她指出,在事态轻松,没有遇到挑战时,智商转变论的影响不大,但是当遇到拦路虎,失败次数越来越多的时候,那些相信能力可以提升的学生更有可能渡过难关。这正是我们从那些高度有创造力的人士身上所发现的特点。

---

① 研究者要求所有的教师对每位学生的进步或者退步都要做跟踪反馈,但教师们事先并不知道学生们曾经做过不同的实验,也不知道他们被分在哪个实验组。反馈结果表明,读过大脑如何改变那篇文章的学生里有 27% 动机提升,但读了记忆方法的学生里只有 9%。Blackwell, Trzesniewski, and Dweck, "Implicit Theories of Intelligence", 256.

（七）"聪明"来自不懈努力

> 负面成见从来不曾困扰过我，那些根本不是我的问题。我现在对聪明的定义是，看你究竟有多努力。

黛博拉·戈德森之前一直生活在牙买加，过着上流社会的优越生活。八岁那年父母离异后，她和母亲搬到纽约市皇后区，生活从此发生了天翻地覆的变化。"我们跟祖母和堂兄妹住在一起。最多的时候，一套小小的公寓里住了十个人。"她回忆道，"从绿树成荫的别墅到水泥建筑的公寓楼有着天壤之别。"她热爱读书，而这座大城市给她提供了许多机会。"我可以去图书馆，一次性借上十本书，在归还期限之前全部读完。"年幼的黛博拉对凶杀案疑团十分感兴趣，她如饥似渴地读完了阿加莎·克里斯蒂的全部小说。

纽约有一些专门的高中。"十四岁左右，你就要想清楚自己这辈子要干什么，然后去读那种可以帮助你就业的高中。我十二岁的时候就决心成为一名内科医生。"黛博拉喜欢与人相处，而且喜欢照顾人。"我的母亲心脏有问题，可是没人知道她是怎么回事，所以我想当一名心血管医生，这样可以帮助她。"她找到了自己的学习目标。"我想，如果学医的话，我就能明白妈妈是什么病，然后治好她。"

在之后的几年里，每次黛博拉生病去看医生的时候，她的母亲总要抓住机会把女儿往医生道路上推一把。她会说："顺便问问，我的女儿想当一名医生，她该怎么做？您能给她点建议吗?"但是这些话通常都没人睬。几年之后,黛博拉回忆说:"我看到那种表情好像在说'这是不可能的'。"那种"表情",就像她所描述的,告诉她:"你是一个来自皇后区的黑姑娘,一贫如洗,根本不可能进医学院。"这不是她最后一次遇到这样的评价。

黛博拉垂头丧气,另谋他路,十三岁时报名进了布朗克斯理科中学(Bronx High School of Science)。"到学校要两个半小时,所以早上六点钟我就要出发去赶地铁。"她的成绩差强人意。这是她人生当中第一次面对如此艰巨的课程,付出艰辛的努力。文学和数学成为她的灵魂伴侣,她在一次课上发现了罗伯特·弗罗斯特(Robert Frost)写的一首诗《未选择的路》(The Road Not Taken),这首诗给她留下了深刻的印象。"就像诗中的旅人一样,我总是选择'少有人走的路'。"

黛博拉一直都在想办法鞭策自己。她说:"我原本也可以去读一些轻松点的学校,但那样对我自己并没有多少好处。"从布朗克斯理科中学毕业时,她的分数已经有了很大提高,虽然没读成理想中的学校瓦萨(Vassar)学院,但她的成绩也足够优异,可以去读波士顿大学了。在瓦萨学院入学面试的时候,面试官问她,如果她有一百万美元会怎么花。"给我妈妈。"她骄傲地宣布,不过话一说出口,她就知道面试失败了。"他显然想要得到一个响亮的答复,但是对于一个跟着单亲妈妈,跟十个人挤住一间房子的孩子来说,你还能指望得到什么回答呢?"

她在波士顿大学选修任何课程都只有一个标准:进医学院,成为一名内科医生。她主修了社会心理学,认为这门课可以帮助自己成为一个更好的内科医生。社会心理学和数学——当然还有其他很多课程——对她来说意义非比寻常。她的分数得到了大大提高,但她印象最深刻的却是在得到一份漂亮的学习成绩单后辅导老师跟她的一番谈话。"他试着跟我解释为什么我进不了医学院。他一直在说考医学院有多难,说我应该放弃梦想。"

黛博拉没有听他的。她在学校里所做的一切都是为了一个目的:进医学院,做一名内科医生。当年读布朗克斯理科中学是因为这个梦想;学习社会心理学,逼迫自己学习艰深的科学课程,也是为了这个梦想;无视辅导老师的建议,还是为了这个梦想。然而,收到第一份来自医学院的录取通知时,她却拒绝了。

大学毕业前,在一位朋友的安排下,宾夕法尼亚州一所医学院的院长对她进行了面试。当时她已经参加了医学院入学考试(the MCAT),并且成绩"相当优异",论文部分的得分比为99%。尽管她还没有修完所有医学院预科课程,主任仍决定当场录取她。"学校当然很不错,但有个条件却很让人生气。"其他学生秋天才开始上课,但所有的黑人学生却必须在夏天提前开始学习医学课程。"他们没有给我选择的余地,否则我的决定或许会不一样。他们只是告诉我必须这样做。"黛博拉在多年之后谈起这个要求的时候,将其称之为"补课",她依然因这一侮辱感到气愤。

"我拒绝了他们,这让我当时的男友和他父亲十分失望,是他父亲帮我安排了那次面试。但如果接受了,我会一直怀疑,通过自己的努力是不是也可以做到。"黛博拉再三告诉自己,绝无可能做到。为了消除心中的这些疑虑,她必须要感受到自己对教育的掌控,任何暗示她需要特殊帮助的要求都会让

四 如何从失败中获益

她如坐针毡。

第二年,她获得了国内一流大学哥伦比亚大学医学院的入学许可。在医学院的头两年,学生们要学习从神经病学到生理学的所有基础课程,上课、听讲座、参加考试,这些都要求学生记忆大量的信息。但学生们到最后两年以及之后才会进行医学临床操作。"我不认为在那些课程当中的表现能够表明自己将来会成为什么样的医生。"黛博拉说。

一到临床阶段,她的表现就出类拔萃,能力不断得到赞许。她终于实现了十二岁时的梦想。医生必须要根据所掌握的病人症状作出推断,考虑所有可能导致病情的病因,然后作出判断,哪里出了问题,该如何治疗;随后他们还必须说服病人吃药或者接受其他治疗。戈德森医生掌握了"差别诊断"(differential diagnosis)的科学原理和艺术手法,她会排除掉不太可能的解释,将注意力集中到疾病最有可能的某个病因上。"我经常睡觉时都还在继续思考病例,有的时候想到答案了就会在半夜醒来。"她成了一名仔细推敲证据的科学侦探。她的心理学背景对于说服病人按照处方接受治疗有很大的帮助。医学培训结束之后,她在新泽西北部开了一家诊所,成为新泽西州最受尊敬的医生之一。

无论是当初那些盛气凌人的表情,还是来自辅导老师的消极建议,以及她称之为"补课"的侮辱,黛博拉在经历所有这些艰难困苦时,始终坚信自己可以做到。"负面成见从来不曾困扰过我,"她最近说,"那些根本不是我的问题。"至于智商,她相信努力付出必有回报:"我现在对聪明的定义是,看你究竟有多努力。"

五

如何面对棘手问题

Messy Problems

> 生活中的麻烦事无处不在,我们怎样才能做出英明的决策呢?那些卓越的大学生们是如何培养出这一能力的?在商业、科学、人生、政治以及人际关系中面临的选择有时令人抓狂,却又影响深远,大学教育能够帮助我们做出睿智的决定吗?

五　如何面对棘手问题

（一）永无止境地追问

"每个人"都相信一件事情并不意味着它就是真理。必须要分辨出论证何时需要从具体事例到一般结论（归纳），又何时需要从已知的论点推出另外一个观点（演绎），而且还要知道在每种推理中需要提出什么样的问题。

去年某个炎热而慵懒的夏日，我正坐在院子里着手写这本书，一边看着一个六岁大的小男孩和他弟弟一起玩棒球。我把电脑放在膝上，认真地在键盘上敲字，小男孩戴着手套接住飞过来的球。有一次小男孩蹑手蹑脚地凑到我跟前，从我的肩膀上方看着电脑屏幕，问了我一个世界上最难回答的问题："我们死了以后会去哪里？"

我不想深入讨论这个话题，避开了他的询问，回答说："不知道。"

"那你能用谷歌搜一下吗？"他又问。

虽然这个孩子只有六岁，但他的思维方式跟许多大学生如出一辙。按照这种逻辑，每个问题都有答案，关键在于能否找到。你可以问专家，记住答案，进行学习。所有问题都有解题步骤，只要遵循方法就能找到答案。

然而，人们每天都会遇到一些无法用简单答案解释清楚的问题。举例来说，假如你正坐在陪审席上听取某一被告恶劣罪行的证词，对一名受到指控的年轻人的命运做出判决。目击证

如何成为卓越的大学生

人说，21岁的丹尼斯·威廉斯（Dennis Williams）伙同三人一起绑架了一名女子和她的未婚夫，将两人带到汽车旅馆，并对该女子实施了多次强奸，之后将两人杀害，抛尸芝加哥街头。坐在你前方证人席上的是一位17岁的姑娘，她紧张不安而且言辞闪烁地指认自己的朋友，被告律师则不时地闭上眼睛，好像在打盹。听取证词之后，你和其他陪审团成员一起投票宣告丹尼斯有罪，最后法官大人判决以注射方式对丹尼斯执行死刑。[①]

18年后，真凶投案自首，你才得知当年丹尼斯和他朋友并没做过任何伤天害理的事情。威廉斯现在已经年近四十了，他在不足五平方米的牢房里一待就是十几年，每天晚上睡在破铁床的薄棉絮上，常常面临几天甚至几个小时后医生就要将针头扎进他的胳膊，把致命的液体注射到血管，结束他生命的命运。[②]你，还有其他的陪审团成员怎么会犯下如此可怕的错误？你们究竟是怎样被蒙蔽的？

像这类棘手问题并非仅见于陪审团，我们与战争和贫困的根源作斗争，与经济衰退、道德问题以及公正问题的根源作斗争。我们与千变万化的大自然作斗争，想要了解它、征服它。在日常生活中，我们也会面临一系列抉择，这些抉择关乎教育、工作、恋爱、亲戚朋友、健康，还有幸福，有时也拷问着我们的道德感，冲击一些根深蒂固的宗教观念。而现在，这些选择又一次挑战我们坚定不移的人生信念，它们所带来的未知令人不寒而栗，无法直视。有时候，它们扰乱我们平静的心

[①] 注射死刑是死刑的一种执行方式。目前，全美34个保留了死刑的州都允许使用注射方式执行死刑，其中16个州将其作为唯一的方式。我国自1997年修改《刑法》以后，就逐步开始使用注射方式作为死刑的执行方式。

[②] 丹尼斯的律师在十几年里经常提起上诉以延缓死刑执行。

五　如何面对棘手问题

绪，将我们抛入绝望的深渊。

无论是作为陪审员、公民、朋友、父母、子女、学生，还是人生中要扮演的其他角色，我们受过的教育能够帮助我们做出最佳决策吗？哲学家和心理学家常常提到两种类型的问题，一种是系统型，另一种是非系统型。前者见于高中代数题、历史课的标准化选择题或者一年级加法算术题。这些问题都有明确的答案。相比之下，非系统型的问题则没有确定的答案，也无法按照某种套路得出正确的答案。比如，内战是怎样引起的？人口过剩的原因是什么？在一些人对疫苗严重过敏的情况下，应该要求所有人都接种疫苗以预防某种流行病吗？

甚至问题类型本身也可能毫无系统性可言。在丹尼斯·威廉斯的案件中，案件发生18年之后才真相大白。那么，我们目前的司法体系运行正常吗？死刑运行正常吗？怎样改变才能使之更加有效？如何知道这一点？

生活中的麻烦事无处不在，我们怎样才能做出英明的决策呢？那些卓越的大学生们是如何培养出这一能力的？在商业、科学、人生、政治以及人际关系中面临的选择有时令人抓狂，却又影响深远，大学教育能够帮助我们做出睿智的决定吗？

这是我们将要探讨的最为棘手和复杂的话题。我们先从一些宽泛的概括入手。我们从受访的卓越大学生身上以及人们如何解决非系统型问题的相关文献中发现了以下五种模式。

第一种，身边围绕着不同类型而且有趣的人，与他们一起交流一些棘手的非系统型问题。

第二种，不会让反对意见影响自己的情绪，确切地说，是乐于跟持不同意见的人进行交流。这种态度反映出对自己所持观点谦虚谨慎的态度以及对对错的一贯尊重，表明了了解真相的强烈愿望。

第三种，培养并保持对外界的兴趣，凭借孩童时期的经历和兴趣，想要更深入地了解这个世界。

第四种，对一些非系统型的问题寻根究底，不满足于谷歌搜索，而是对问题进行深入的探究。

第五种，得到导师的支持，所谓导师就是帮助树立自信心，相信自己能行的人。

你可以看到，他们在解决问题、获得反馈这一过程中学会了处理非系统型问题，而并不是仅仅通过听别人敲打琴键来学习弹钢琴，也不是通过听别人的高声辩论来学习思考。在学习过程中，我们的研究对象经常与自己进行对话，通过引发自我意识来引导自己的兴趣，制订解决方法。他们能够看到自己的偏见，与自我进行斗争，在证据和充分推理的基础上形成更理性的看法和结论，而不是仅凭社会上的分类做出判断。从受访者的人生里我们清楚地看到，这些方法提高了他们解决问题的能力。

戴维·普罗泰斯（David Protess）小时候生活在布鲁克林，那时他还不是闻名世界的调查记者。他的家人和朋友常常生活在两种恐惧之中：会有人发动核战争吗？会有人得小儿麻痹症吗？他的叔叔确实瘫痪了，而核战争的可能性也还是一如既往地高。在学校里，孩子们学会了闪避和掩护，在警报发出的瞬间钻到课桌下面，双手护头，好像手指和木桌能保护他们免受原子弹或者氢弹的爆炸伤害一样。防空警报常常在清晨玩耍的时候响起。

虽然布鲁克林没有被轰炸，大多数人也都幸免于小儿麻痹症，但恐惧依然存在。戴维七岁时，社区里的人们，包括他的父母和住在楼下的祖父母，经常谈论起朱利叶斯（Julius）和埃

五 如何面对棘手问题

塞尔·罗森堡（Ethel Rosenberg）。这对来自曼哈顿下城（Lower Manhattan）的犹太伉俪被指控向俄罗斯出卖原子武器机密并被处以电刑。在戴维的犹太家庭和邻居们的脑海里，德国的犹太大屠杀仍然记忆犹新，他们时常在门廊和当地的杂货店里议论罗森堡的死是否预示着新一轮针对犹太人的大屠杀。在此之前，美国从未有平民因间谍活动而被处死。即便他们有罪，但是罪至于死吗？况且他们真的犯下罪行了吗？戴维知道这对夫妇有两个年幼的儿子，其中一个跟他年纪相仿，他所思考的是政府怎样有计划地把这些孩子变成了孤儿。他依然记得那个周六的早晨，一觉醒来就看到了报纸的标题——"罗森堡被处以电刑"。这一记忆时常萦绕在他心头，引导着他去解决非系统型的问题。他最近回忆说："罗森堡被处死对我从事调查记者和教育工作者的职业生涯产生了深远影响，也让我立志终生反对死刑。"

在那个全国上下歇斯底里的年代，戴维喜欢上了棒球，也学会了思考自己身处的世界。这项运动帮助他逃离现实。夏天的夜晚，他和祖父一起从收音机里听棒球解说，分析每场比赛。有时，他会溜到布鲁克林的艾伯兹球场（Ebbets Field）看道奇队比赛。对于比赛的分析将他带入初级思辨的第一阶段，这种思维上的训练后来进一步成长和成熟起来。生活不断地将问题和决策强行塞到他年轻的脑袋里。这次警笛是真的空袭还是又一次演练？证据是什么？他们通常就是在这种时候来试放警笛声吗？犹太人还会被杀吗？政府会将他们处死吗？哈罗德叔叔的流感是小儿麻痹症的初期表现吗？

戴维对上学没有多少兴趣，但他读了许多书，也经常和祖父谈论棒球。他想当一名兽医，至于产生这种念头的原因，他

如何成为卓越的大学生

现在也不甚了了，或许是出于对父亲职业的抵触吧，他的父亲在曼哈顿的皮草区剥兽皮。

在 ABC 新闻将他评为"本周人物"，芝加哥把某天作为他的纪念日，以及互联网制作电视剧介绍他的事迹之前，18 岁那年，他进入了中西部一所州立大学。之所以选择这所大学是因为这里的兽医预科很有实力。但是班级太大，而且他所学的科学课程与治疗动物毫不相干，他原本在高中的时候成绩就不怎么样，到了这里更是一落千丈。学了一阵单核细胞增多症之后，他转学到了芝加哥市中心的罗斯福大学并在那里找到了促进他健康成长的氛围。

罗斯福大学的教授们与他进行的是真正的对话，他们在课上提出饶有趣味的问题，引发讨论，请他做出回答，而后对他提出质疑。教授们对他平等相待，请他参与民事讨论，要他反过来质疑他们。让戴维最感兴趣的问题主要是围绕公正以及如何创造和保持公正。始于教室的讨论后来延伸到了走廊、餐厅、教学楼的办公室。"大学变成了没有围墙的教室。"戴维回忆说。

大学之外的世界正在发生着急剧的变化。蓬勃发展的青年文化引发争论，质疑旧的社会传统，同时也渗透到了正在进行智力较量的戴维的课堂里。许多讨论都是以东南亚不断升级的战事以及社会对待有色人种的方式为中心。几十年以来，美国对非裔和西班牙裔实施隔离，将他们驱逐到单独的学校、医院、城镇区、游泳池、餐馆、宾馆等生活中涉及的各个机构。越来越多的人开始质疑这些法律和行为上的歧视，他们到街上游行，一点点地打破隔离条令，致力于法律条文的修改，组织公众会议进行质疑和讨论，有时因为争议分为两派，或者，更多的是直面那些赞成隔离与种族主义者的暴力对抗。随着东南

五　如何面对棘手问题

亚战事的升级，社会上反对的呼声也随之高涨。对越战争引起的抵触进一步激化，不仅在全国的大学校园里，而且还蔓延到了董事会会议室、劳动厅、主日学校①（Sunday School）的课堂、聚会以及野餐中。国内新闻也屡次提及公民权利和反战运动。

对于戴维以及他的教授和同学们来说，这类问题成为他们思想交流的谈资。如果把一些人驱逐到隔离区，还如何坚持社会民主？是什么因素导致社会最初采取隔离政策？哪种形式的抵制会更有效？多年来歧视行为是如何被粉饰的？东南亚的战争是为了越南人民的民主还是为了保护美帝国的利益而在越南南部扶持一个不得人心的专制政府？当世界上一些民族所选择的未来与美国的意愿相冲突时，美国政府和人民是否支持他们的民族自决？

戴维的家庭作业是围绕童年与母亲一起参与政治活动的回忆展开的。他们站在大街上散发传单，为心目中可以为世界带来和平和公正的候选人拉票，与反对者们打口水仗。他们也围绕战争、疾病、死刑的危害等在他孩提时就强行塞到他生命中的这些内容进行简单的辩论。如今这种辩论上升到更高的文化修养层面上。戴维必须对自己的假设和价值观进行剖析，调动所有学过的知识，谨慎地推论出结果。

罗斯福大学有个房间供学生们下棋。戴维是那里的常客，他喜欢通过猜测对手的举动和推理努力抢占先机，揣测下一步棋该怎么走，整盘棋局态势如何。他发现了课堂辩论和讨论与

---

① 可译为主日学校或星期日学校，是指基督教教会为了对儿童进行宗教教育，在星期天开办的儿童班。——译者注

对弈的相似之处。他不断地思索自己的推理，回应对手的反击，想象着各种可能性。但在教室或者教授办公室里，他并不只是玩一场以输赢为目的的游戏，他想要更好地理解那些问题，建立一个模型，帮助他审视然后提出自己的问题。我们如何知道这一点？证据是什么？这是什么意思？教师已经不仅仅是授课者，他们变成了良师益友，对他的假设、证据和推理提出许多质疑，挑战他的思维。戴维时常顺路到他们的办公室去，继续进行思想上的交流。

随着对推理学习的深入，上千个新问题涌到他的脑海里。我为什么要相信自己所做的事情？有哪些事情我不知道？我无条件相信的是什么？我能够容忍模棱两可和游移不定吗？有时，戴维会特意尝试一种"极端推理路线"（wild line of reasoning），只为听取反应，审视自己的思路，建立新的模型，然后去质疑那些体系。我想要假设什么？我还能进一步挖掘自己的想法，找出那些从未思考过的假设，将它们暴露在光天化日之下吗？如果它们在我眼皮底下突然被推翻，我还能继续推理、探究、寻找另外一个角度吗？我能够接受自己想法的夭折或者不确定性吗？我能够在解开谜团的同时，容忍生活的混乱无序吗？我能够根据观察和推理得到什么认识和结论？我所说的话有什么含义？如何运用到实践中去？戴维逐渐认识到，之前形成的那些概念，对现在的推理和确认那些先入为主的概念有着巨大的影响。

戴维在布鲁克林长大，在这里智商像土豆一样论斤称两。学校和测验分数宣称一些人聪明而另一些人愚钝。所有当前的传统观点都认为，智力从出生之日起就已经定型了，之后再也不会有所改变。而他在罗斯福大学经历的大多数事情都在挑战这种观念。每个走廊都拥满了像戴维一样因为在其他学院成绩

五　如何面对棘手问题

不好而转过来的人。"然而，事实证明他们是聪明、富有想象力、有见地、具有出色推理能力的人。"他回忆道。他们在合适的条件下成长为具有好奇心、爱刨根究底的学生，颠覆了那些关于智商的陈旧观念。

有时候，戴维会就感兴趣的话题进行几个小时的阅读。他尤其喜欢政治学课程，或许因为生物学教授向他介绍过围绕科学展开的社会激辩，所以生物学对他来说也越来越有意思。他的导师教达尔文学说，对于生物学持进化论的态度，同时也对于生命起源的传统解释有着难以割舍的个人情怀。

对于戴维来说，图书馆变得很重要，城市也是如此。"芝加哥变成了我们的实验室。"他回忆道。他参加公民权利和反战游行，忧心政治。他学会以更加有条不紊的方式处理问题，搜寻证据，推想猜测，然后问自己哪些证据有助于支持或反驳自己的观点。他一直都有一种社会责任感和正义的信念。在学生时代，他的自信心随着分数的增长而增长，但相较现在充满智慧的人生来说，分数变得微不足道了。找到证据之后，他觉得自己不能再仅仅纸上谈兵了，而要付诸行动。袖手旁观似乎越来越让人无法接受。

从罗斯福大学毕业之后，戴维加入了芝加哥大学的一个涉及政治学、社区组织和社会政策的毕业生联合项目。之前的对话交流①在这个项目中得以延续，"不过现在站在了更高一级的台阶上"。他之前辛苦学到的分析、推理和辩护技能每天都经受考验，进而得以提升。"我在小圈子当中学到的最多，因为

---

① 前文提到，"罗斯福大学的教授们与他进行的是真正的对话"，"始于教室的讨论后来延伸到了走廊、餐厅、教学楼的办公室"，此处的对话指的是广泛的、真正的交流。——译者注

大家都有互动的机会",而且即便犯错也不会觉得尴尬。"新的推论引出更加理性的讨论,也给我提供了机会,进一步改善思维方式,得出更好的结论。"戴维开始认识到,词语是思想的符号,而事实则潜藏在语言背后。对思想的每次质疑都帮助他厘清常见的推理错误。他不再单纯地把权威视为某一主张不容置疑的依据,或者因为不喜欢某人对于人生或者政治的观点而对他的结论和证据不置可否。"所有人"都深信不疑的事情并不一定就是真理。这位未来的记者和教育者必须要分辨出论证何时需要从具体事例到一般结论(归纳),又何时需要从已知的论点推论出另外一个观点(演绎),而且还要知道在每种推理中需要提出什么样的问题。为了内部的连贯性,他必须要不时地对自己的推理进行评估。

四年之后,从芝加哥大学公共政策专业博士毕业,戴维成了一名调查记者,最后获得了西北大学梅迪尔新闻学院的教职。在这个位置上,多年的质疑和理性对话进入了实战。根据自己的学习经验,他对如何进行深层次学习有了初步的想法。按照他的想法,从经验中进行学习的效果最好,当然他也认可美国教育哲学家约翰·杜威(John Dewey)的说法:"人们并不是从经验中直接学习,而是从对经验的思考中进行学习。"

学生们在还不知道调查新闻为何物的时候就已经开始参与其中,首先就是从那些犯下死罪,并在州政府手里被判处死刑的人开始,探讨他们是否被误判。戴维的一些本科生组成了一个记者团队,挖掘证据,重新追问什么样的证据是有价值的,顺着别人没有考虑过的线索继续深挖,推翻不堪一击的证词。在一系列令人瞩目的调查之后,一些被判死刑的人被无罪释放。这些被释放的人许多都是穷人和黑人。丹尼斯·威廉斯和

五　如何面对棘手问题

他的朋友之所以能免于一死正是因为戴维和学生们所做的报道。戴维的这项工作为他赢得了负有盛名的"普芬创意公民奖"（Puffin Prize for Creative Citizenship）。更重要的是，这一报道直接导致死刑暂停执行，最终伊利诺伊州终止了死刑。

2011 年，在西北大学任教三十年之后，戴维离开了教师岗位，创建了"芝加哥无罪项目"（Chicago Innocence Project）。作为项目的负责人，他为实习生提供机会"调查监狱里的冤假错案"。正如网站上所描述的那样，"我们的宗旨是曝光和纠正刑事司法制度中的错误行为"。在不到一年的时间里，这一项目就吸纳了来自四所大学的八名实习生，他们曾经对错误定罪做过调查，并且赢了第一场官司。而那些之前因莫须有的罪名而遭到指控，之后又从监狱里重获自由的人，现在和他们一起并肩作战。"要从经验当中进行学习，"戴维最近这样说道，"我们也证明了，在西北大学开展的这种经验型学习模式同样也适用于其他地方。"①

（二）把追求公平正义作为毕生价值观

> 她广泛阅读，目睹了世界上其他人所遭遇的不公正、机会不平等以及残酷的命运，这些对于她投身正义事业产生了极大的影响。

肖恩·安布拉斯特（Shawn Armbrust）出生在一个特殊的

---

① 芝加哥无罪项目的使命宣言，请参见网址 http://chicagoinnocenceproject.org/mission。

环境当中，而她自己也知道这一点。她说："因为出生时的那次事故，我享受了其他人所没有的有利条件。"经过一段时间之后，她开始客观地看待这一事实。生活多次向她伸出橄榄枝，但她却不满足于循规蹈矩的人生。相反的，人生中的许多事情在她的心里渐渐生发出一种公民的责任感。父母对她的观点和态度十分赞赏，而且她小时候在接受天主教教育的同时也吸收了关于社会公正方面的教导。她广泛阅读，目睹了世界上其他人所遭遇的不公正、机会不平等以及残酷的命运，这些对于她投身正义事业产生了极大的影响。

犹太人大屠杀对于美国人的思想产生了深远的影响，暴露了种族思想的丑陋和破坏性。许多美国人目睹了纳粹的暴行，也看到了这场灾难背后的种族思想和运动是怎样顺理成章地蔓延到了自己的国家。他们对于它的可能后果深感恐惧。屠杀结束的几十年后，肖恩的反应也是如此。高中第三年之后的暑假，她花了几个月到柏林去阅读希特勒统治下的法西斯的暴虐罪行。这一经历让她终生难忘。

那个暑假是她在思想和人生目标上的又一次重要的转变时期。她曾经无意中看到过一部名为《总统班底》(All the Presidents' Men) 的老电影，影片讲述了关于两名年轻的调查记者鲍勃·伍德沃德（Bob Woodward）和卡尔·伯恩斯坦（Carl Bernstein）向《华盛顿邮报》披露水门事件丑闻，从而迫使总统理查德·尼克松下台的故事。肖恩到德国参加一个海外学习项目的时候，就带着这两名记者写的书去了欧洲。回来之后，她决心要做一名调查记者。她上大学就是为了追逐这一梦想，所以报名进入了西北大学梅迪尔新闻学院。

在伊利诺伊州的埃文斯顿（Evanston）校园的前三年，她

五　如何面对棘手问题

的知识增长一方面来自课堂，另一方面来自志愿者工作。她选了一门讲冷战的课程，后来对她关于外交政策的观点产生了很大影响。她同时还照顾那些父母正忙于考取高中同等学力的孩子们。这段经历影响了她对政治和贫穷的看法。① 在西北大学就读高年级的前一个夏天，她在白宫联系办公室做临时工。这份工作使她开始关注政策而不是候选人。

肖恩读大四那年，一个朋友建议她选修戴维·普罗泰斯的"调查报道课程"。"我不想上杂志写作课，"她后来解释说，"另外，我从17岁起就想当一名调查记者。"她并没有给这个目标"赋予多么重要的意义，只是看起来好玩而已"。但这门课程却将改变她的命运，影响一群与她素未谋面的人的生活。她将帮助改变伊利诺伊州的犯罪与刑罚体系。

课程开始之前，肖恩读了《正义的承诺》（Promise of Justice）。这本书是关于丹尼斯·威廉斯（Dennis Williams）和他三个朋友的故事的，由戴维·普罗泰斯和罗布·沃登（Rob Warden）合写。她被记者所能够产生的影响力深深吸引了。九月初，戴维跟学生讲述了安东尼·波特（Anthony Porter）的故事。安东尼·波特是一名来自芝加哥南部的穷苦黑人，被指控在华盛顿公园附近的游泳池杀害了一对年轻夫妇。在之前的课上，学生们发掘出了一些证据，对安东尼的指控提出了质疑，但这并不足以使他免罪。波特通过一次又一次的上诉来延缓死刑的执

---

① 肖恩·安布拉斯特说："绝大多数的政治都与我们对待贫穷的态度有关。"肖恩参加的那个项目就是围绕穷人能否完成高中学业、找到工作、不依赖福利这一观点。许多黑人为了赚钱而辍学，却发现没有学位根本无法赚到足够的钱来维持生计。有这么一群人"不顾一切想要改变人生命运"，然而前途却不容乐观，她回忆道。"一旦他们拿到了学位，找到了相应的工作，社区活动中心的婴幼儿托管服务就停止了，他们就没法照料自己的孩子，这也就意味着要么得放弃工作，要么放弃家庭。"

行。他在死囚室待了15年以上，在法庭赢得又一次延期之前，他不止一次听到了死神的耳语。最后一次幸免是因为监狱官测了他的智商，结果得分仅为51。伊利诺伊州的法律没有规定不能处死智障者，所以这最后一次延迟执行随时可能失效。鉴于案件的紧迫性，肖恩决定参与进来。她说："要知道，在我们上课的时候，他随时可能因为从未犯过的罪行而被处死。"然而，她也知道，对他的指控虽然有疑点但并不意味着他就是清白无辜的。

十一月的一个周六，狂风大作，肖恩和其他几个学生到华盛顿公园去再现犯罪场景。几年之后，她回忆说："我们都很疲倦，也不清楚戴维为什么要我们这做。"州政府方面说，受害者当时正在游泳池边的看台上坐着，安东尼抢劫未遂，就开枪射杀了19岁的玛丽莲·格林（Marilyn Green）和她18岁的未婚夫杰里·希拉德（Jerry Hillard）。所有的细节都吻合。因为27岁的波特之前曾在同一个公园实施过一起抢劫，所以目击者言之凿凿地声称他亲眼看到凶手杀害了格林和希拉德。波特到警察局去证明自己的清白，却因此而被捕。简短的审讯过后，就被定罪，判处死刑。

当西北大学的学生们试图再现当时的事件时，他们发现了一些极其不合常理的地方。肖恩回忆道："我站在凶手当时所站的位置，其他人站在目击者声称的他们当时所在的位置。这中间的距离实在太离谱。我的同事看到了我的红头发，但也只能看到头发而已。"她解释说："即便是在光天化日之下，你也没法在那样的距离之下分辨出凶手，更何况凶案发生的时间是在夜里一点钟。"但这一观察结果并不能证明安东尼被错判，热心的记者们也知道这一点。在美国的司法体系中，任何人在未经依法判决有罪之前都被视为无罪。举证责任在检方。但是

五　如何面对棘手问题

一旦陪审团认为某人有罪，那么辩护律师必须提供令人信服的证据推翻审判。举证责任倒置。

当年指认安东尼为凶手的目击证人有两个，其中一个已经去世了，肖恩和她的同学想要去找另外一个人谈谈。肖恩的同学最终采访到这位目击证人时，却听到他讲了一个令人不安的故事。他告诉这位新闻专业的学生，自己当年撒了谎，迫于警方的压力作了伪证。如果此事属实的话，这一供词将推翻整个案件。但是，这个家伙是不是在胡编乱造呢？

会不会因为没人会关心一个贫穷的黑人杀了两个倒霉的黑人夫妇这种事，所以法院想尽快结案？鉴于美国社会对于黑人的歧视程度，这种解释不无合理之处，但一件事有可能存在，并不代表它真的存在。唯一的证据来自这个证人，而他要么过去在撒谎，要么现在在撒谎，会有人相信他说的话吗？

正当肖恩在案件的卷宗里埋头苦苦寻觅时，她获悉了一件事情。警方在锁定波特之前，曾经怀疑过另外一个犯罪嫌疑人埃斯托瑞·西蒙（Alstory Simon）。肖恩想和西蒙分居的妻子谈一谈，但是要找到她却如同大海捞针。肖恩回忆说："圣诞节假期的时候，我挨家挨户去找跟她同名的人。"到了一月底，这个学生记者终于找了真正的伊内兹·杰克逊（Inez Jackson）。"我们带她出去吃了饭，聊了上百个无关的话题，最后才小心翼翼地提到那次犯罪，"几年之后，肖恩写道，"她直勾勾地盯着我，告诉我们说西蒙过去常常打她，有一次还拿着衣架向她扑过来。她觉得自己总有一天会被他杀掉。"[1] 这个瘦小的黑皮肤

---

[1] S. Armbrust, "Chance and the Exoneration of Anthony Porter," in *The Machinery of Death*, ed. D. Dow and M. Dow, 157 – 166（New York：Routledge, 2002）, 163.

女人越说越气愤。就在这时，戴维突然问她："伊内兹，我们知道那天晚上在华盛顿公园发生了什么事情，你不如直接告诉我们吧！"

伊内兹立刻将一切事情都抖了出来。那天晚上，她和前夫埃斯托瑞·西蒙坐在游泳池旁边，后来不知怎么就听到他和杰里·希拉德争吵起来。她听到六声枪响，然后看到埃斯托瑞把枪往自己的裤子里塞。他抓住伊内兹的手，把她拽出公园，"告诉她闭上嘴巴，否则连她也一起杀掉"。

"然后，我们把她带到她母亲的房子里，录下了她的陈述，然后送到哥伦比亚广播公司（CBS）的新闻工作人员手里。"肖恩后来说。四天之后，伊内兹·杰克逊的故事和录像就出现在了晚间新闻上。次日早晨，新闻界的私人调查员采访了埃斯托瑞·西蒙。"哥伦比亚广播公司那天早上碰巧又播了一次伊内兹的录像，"肖恩回忆道，"埃斯托瑞在接受调查员的采访时，碰巧开着电视机，电视里播着的正是哥伦比亚台。不到十分钟，他就在录像带中坦白了自己的罪行，声称自己是出于正当防卫。"

一切都发生得如此迅速，而有些事情的转折则纯属巧合。两天之后，伊利诺伊释放了波特，一个月左右，谋杀罪名的指控被正式撤销。21岁的肖恩·安布拉斯特和同学们被狂热的媒体团团围住，他们登上了《早安美国报》（*Good Morning America*），故事传遍了整个美国新闻界。然而，人们关注的核心并非司法体制，也不是在让一个无辜的人免遭死刑时，机遇所发挥的作用，而是一个中产阶级的白人大学生将一个可怜的黑人从死神手中拯救下来的新奇故事。对于肖恩来说，新闻媒体的宣传风暴既令人兴奋，又让人不安。她意识到，"西蒙的坦白是源于离奇的巧合"。伊内兹的录像在哥伦比亚电视台只放了五场，

五　如何面对棘手问题

而埃斯托瑞·西蒙碰巧把他的电视机调到了那个频道，当时正在放其中一场。她总结说："要不是因为调查中发生了一些万幸的突发状况，波特可能已经被处死了。"①

那天，成为自由人的波特走出了铁门。这位之前被关在死囚室里的犯人跑向戴维、肖恩和她的同学西安迪恩·罗兹-皮茨（Syandene Rhodes-Pitts）以及汤姆·麦卡恩（Tom McCann），欢欣鼓舞地将对方举在半空表示庆祝和感谢，此时，伊利诺伊州州长乔治·瑞安（George Ryan）正好在电视上看到这一幕。这位州行政长官感到十分诧异，他不明白几个本科生、一位教授，还有一名私人调查员是怎么找到那些无人知晓的线索的。这件事引起了他对死刑公正性的严肃思考。"怎么会发生这种事情？"他问妻子，"一个无辜的人怎么会被关在死囚室里15年得不到解脱？"一年之后，瑞安宣布暂停死刑的执行。10年之后，伊利诺伊州正式废除了死刑。

经历了这次考验的肖恩发生了巨大的变化。"司法体制并没有按照预先设定的目标运行。一份不堪一击的证词就毁掉了一个人18年的青春，"她向我说道，"解救监狱里无辜的人，这不该是一个21岁的年轻人做的事情。"这位年轻的姑娘一直这么告诉新闻记者。"警察、律师、检方、上诉法庭，都没有尽到自己的职责，去保护被告的权利"或者"给真正的罪犯定罪"，她后来写道。

毕业之后，她在西北大学新成立的错误定罪中心工作了两年，为一名联邦法官做了一段时间的书记员，之后到乔治城大

---

① S. Armbrust, "Chance and the Exoneration of Anthony Porter," in *The Machinery of Death*, ed. D. Dow and M. Dow, 157–166 (New York: Routledge, 2002), 165.

学法学院读书。肖恩追忆道:"我人生当中最重大的一件事情就是被解聘。我难过了大概15个小时,然后才意识到自己多么厌恶书记员的工作。这下好了,我可以做自己真正想做的事情了。"和伙伴们一起帮助安东尼·波特平冤昭雪六年之后,她成为了大西洋中部无罪项目(the Mid Atlantic Innocence Project)的执行理事,为哥伦比亚、马里兰和弗吉尼亚地区提供法律服务。

(三)解决棘手问题必须具备的思维方式

卓越大学生在解决问题、获得反馈这一过程中学会了处理非系统型问题。在学习过程中,他们经常与自己进行对话,通过引发自我意识来引导自己的兴趣,找出解决方法。他们能够看到自己的偏见,与自我进行斗争,在证据和充分推理的基础上形成更理性的看法和结论。他们并不是从经验中直接学习,而是从对经验的思考中进行学习。那些最具有创造力和生产力的学生的确通常都在用最高方式思考,但是他们并非天生就会如此思考,而是在生活过程中逐步培养出来这种能力。

如何才能更好地理解人们在尝试解决棘手问题时思维方式上的变化?他们的思维方式发生了怎样的变化?帕特里夏·金(Patricia King)和她的朋友卡伦·基奇纳(Karen Kitchener)一起在明尼苏达大学(University of Minnesota)进修研究生课程

五　如何面对棘手问题

时，构建出一个模型来捕捉人们在运用"反思性判断"[①] 解决非系统型难题时思维方式发生的变化，不过，她们给出的答案并不简单。

在调查了成百上千的学生后，帕特里夏和卡伦发现了七种常见的思维方式，她们将其称为发展阶段（stages of development），也就是说，人们通常会按照顺序依次尝试所有阶段，就如攀登阶梯一样，从低层向更加复杂精密的思维和解决问题的方式发展。不止如此，她们还认为，我们就像杂技演员一样，能够同时悬挂在梯子的三四个梯级上。某一天，在某一领域，我们在某个水平上思考；而在其他时候，也许爬得高一点——或者滑下来一两级。为了便于我们能够理解不同的思维方式，金和她的朋友把这些梯级描述成阶段。但是，他们认为我们可以而且或许正在同时用几种方式思考。她们写道："实际上，大多数人似乎是用两个，偶尔也会用三个（通常是相邻的）阶段。"当然，有些人从来没有到达思维的最高层次。

我采访的那些最具有创造力和生产力的学生的确通常都是用最高层次进行思考，但是他们并非天生就会如此思考，而是在生活过程中逐步培养出来的。仔细审视这几个阶段，我们就可以理解自己解决问题的方式，从而向更加理性的目标/方向发展。

在审视这些阶段时，必须要警惕一点：如果你发现自己处在梯子的底层时，千万不要绝望。每个人都是从这里开始的。试着像一个面对新挑战的学生一样思考，不要轻易放弃。同时

[①] 金和基奇纳的所有资料都来源于他们的网站，有关反思性判断的内容请参见 http://www.umich.edu/~refjudg/index.html。

也要记住保罗对他的学生们所说的,"在你为自己构建新的人生时,发现的过程才是成长的关键"。这是需要时间的。

在金和基奇纳所谓的阶梯的最底层,人们认为知识是"绝对存在的",而且永葆新鲜,我们只要遵守就可以了。孩子告诉自己的奶奶:"你死的时候给我打个电话,告诉我死是什么感觉。"一个大学生自信满满地说:"我知道自己看到的是什么,不要质疑我。"在这一思维方式中,抽象概念是不存在的,孩子们之所以这样思考问题,是因为这样对他们来说更加容易理解。

第二阶段,我们以为一切都是可知的,只需要去问正确的人。我们不对事物进行深入思考,认为所有的知识都来自权威,更不会去追问权威如何以及在哪里获取知识。就像城市里的孩子说食物来自杂货店一样,我们也从来都看不到隐藏在"事实"或观点背后的耕耘劳作。这一阶段通常见于这样的语句:"这是真的,是我从网上看到的。"

在第三阶段,我们还是倾向于权威,但是开始意识到权威的局限性。有些事情权威也是不知道的,而我们可以通过自己的信念来弥补。"如果有人用一些证据来说服其他人,那么这种证据就变成了知识,而在此之前,它只是个猜想。"一位学生这么告诉研究者。

你应该可以注意到前面三个阶段的共同之处。金和基奇纳称之为"预反思性思考"(pre-reflective thinking)。在这几个阶段中,人们相信来自权威的知识。就像老师——或者你的奶奶——告诉你某件事情是对的——或者你"亲眼所见"。你记住了,然后学到了,没有问题,也没有怀疑。看到什么就得到什么。

五　如何面对棘手问题

到第四阶段时，我们像昨晚那位送我去宾大车站（Penn Station）的出租车司机一样地思考。"没有什么事情是绝对的，"车子拐弯时，他跟我说，"这取决于你如何看待问题。你当然得要有证据，但不同的人看待这些证据的方式也完全不同。"帕特里夏和卡伦曾经听到一个学生说："如果有证据的话，我还是倾向于相信进化论的。就像金字塔一样——我觉得我们可能永远都不会知道真相。你去问谁呢？没人可问。"对于出租车司机和学生来说，知识是不确定的，你是谁决定了你怎么想。根据某一层次人们的说法，通过提供有力的证据，或者根据掌握的证据，你可以为一切事情作出解释。但选择什么样的证据完全取决于自己。处在这一阶段的学生通常只是寻找证据来支撑自己最深信不疑的观点。一位研究批判性思维的哲学家理查德·保罗（Richard Paul）把这种类型的思维方式称作"弱批判性思考"（critical thinking in the weak sense）。

很少有人能够爬到第五层，但如果到了这一层的话，我们会依据某个人对证据的诠释来看待一切事物。我们会说，我们知道这些解释，但不打算对其进行判断。一个哲学家可能这样理解，而另一个哲学家又有可能那样理解。"我读过所有这些不同的解释，而且我知道你想让我进行怎样的评估，"一个学生曾经告诉我，"但是你能说一种解释就比另外一种好一些吗？这太令人费解了。"帕特里夏和卡伦听到一个学生说："人们的思维方式不同，所以对问题的理解也不同。别人的观点和我的观点也许都是对的，只是基于不同的证据而已。"这个阶段的学生发现自己淹没在各种证据的海洋之中，无法得出任何结论。

第四阶段和第五阶段同样也有一些相似之处。就像密歇根

如何成为卓越的大学生

大学的心理学家们所说的那样，在这一"类反思性思考"（quasi-reflective thinking）阶段，证据很重要，但是如何利用证据得出结论则完全取决于你自己。在到达这一阶段的学生看来，解释多得像一团乱麻。他们尝试理解每一种解释，但无法对它们作出比较。帕特里夏和卡伦写道："虽然他们会用证据，但不理解证据如何能够引出结论（特别是在公认的未知面前）。"

能够到达第六阶段和第七阶段也即金和基奇纳所说的"反思性思考"（reflective thinking）的人更少。我们一旦抵达上述阶段，就会意识到有些问题真的太复杂了。我们脑子里有许多观点，试图通过一些证据来寻找解释。我们在不同的语境下从不同的角度来比较证据和观点。为了得到一个复杂问题的答案，我们会权衡证据的分量，但同时也会问："这究竟是否有用？我要得出结论还是就在不确定性中生活？我得出的结论究竟是解决了一些问题，还是带来更多的问题？"一个学生这么跟研究者说："在生活当中很难做到十分确定。确定也要分程度的。你对事情不过是达到一个自认为很确定的地步。"

我们马上要到最顶层了，先暂停片刻，想想第六层和最后一层有什么区别。在第六层，对任何一个问题我们都会广泛地进行各种调查，仔细权衡证据，再得出结论。我们从不同角度去比较证据和观点，考虑它们的权重，决定这些结论是否有用，最后确定是否有足够的理由在此刻得出结论。

只有在第七阶段也就是最高层次，戴维和肖恩这样的学生到达的这一层次，我们才会清楚地意识到，必须通过金和基奇纳所谓的"理性探究"过程去构建对非系统型问题的认知，进而作出决定。我们不能把信息拼凑到一起，也不能相信自己所愿意相信的，相反，我们从现有的证据中得出最合理或者说最

五　如何面对棘手问题

可能的结论，出现新的证据时，对待数据的更好方式也随之产生，新的看法随之而来；或者当新的探究方式产生时，我们重新评价。对现象进行审视时，我们问什么事情会有可能发生，在什么样的情形下，我们可能是错的，事情是如何彼此相关的。一个学生是这样总结的："有人会根据对情况的分析程度、用什么样的推理和证据来支撑，以及和其他话题相比一个人针对某个话题辩论的连贯程度，来对某种观点进行判断。"

我之前认为，首先要有深层次学习的意愿，然后才能够做到，但我也曾说过要回到学习本身，去思考深层次学习的含义是什么。这是最重要的部分。最高阶段的理性探究反映了对知识的深度理解，正是这种深层次的理解影响你对生活中的那些困难问题作出判断。作出什么样决定会影响你成为什么样的学生和什么样的人。如果你还停留在低层次的思维模式，那么"什么是知识"这个问题就显得很愚蠢。知识，也许你会说，就是知道的事情，但是我希望你认识到，什么事情都不会那么简单。

澳大利亚研究者和思想家约翰·比格斯（John Biggs）提出了界定深层次思考的其他补充方法。在他看来，处于最高阶段的学生可以从宏观的角度来看待问题。他们能够区分问题和论据，运用一般原则来解决自己的问题，能比较和对比不同观点，解释原因，对观点进行整合，但是，他们也能够，在恰当的时候，将一门学科的观点和证据应用到完全不同的地方。他们能根据自己已知的东西形成新的理论，然后想出办法来检验自己的假设。

几年之前，有个纪录片制作团队对比格斯教授的观点很感兴趣，他们与丹麦一所大学合作拍摄了一部纪录短片。名为《关于教学的教学和关于理解的理解》（Teaching Teaching &

Understanding Understanding）的纪录片中，他们要求学生根据"牛"这一知识进行不同的阐述。浅层次学习者可能会说："牛给我们提供牛奶，被屠宰之后，它们还可以提供牛油、牛肉、脂肪和骨头。"而深层次学习者则不满足于简单地列举几条信息。他会进行更深入的调查，也许还会拓展到关于牛的不同品种的理论学说。他也许会这样解释："牛，是一种有蹄类家畜——牛亚科的一种。我想，人类应当是牛的品种多样化的根本原因，因为人类会根据不同的基因特征，如奶、肉、大小、颜色和行为等等对牛进行选择性的使用。"① 澳大利亚昆士兰大学指出，浅层次学习者只要"列出四个种类的蚊子"就已经达到了他们的预期，而深层次学习者则可能会这样回答这一问题——"以不同种类的热带蚊子为例，讨论如何判断相似危害对公共健康的相对意义"。②

（四）追随自己的好奇心

我认为大学并不是一种职业训练，而是一次探索和学习的机会。我只是想追随自己的好奇心。这种学习意味着培养批判性思维和创新能力，拓展写作和演讲技能，理解从全局来看待知识，知道在哪里以及怎

---

① 见《关于教学的教学和关于理解的理解》（一部反映高校教学方式的短片）第3部分；视频和文本参见 http://www.daimi.au.dk/~brabrand/short-film/part-3.html。

② "Biggs' Structure of the Observed Learning Outcome (SOLO) Taxonomy," pamphlet, University of Queensland, n. d.; See also J. B. Biggs and K. F. Collis, *Evaluating the Quality of Learning: The SOLO Taxonomy (Structure of the Observed Learning Outcome)* (New York: Academic Press, 1982).

五 如何面对棘手问题

样可以找到信息。

在耶鲁大学读大四的时候,谢里尔·林(Cheryl Hayashi)找了一份养蜘蛛的工作。蜘蛛房看起来就像是工业步入式冷库,她每天打开房间的门,匍匐爬进去,把果蝇和蟋蟀喂给那些八只脚的动物。蜘蛛在湿热的房间里到处游走,她小心翼翼地把美味佳肴缠在蜘蛛网上。因其开创性研究获得麦克阿瑟天才奖的谢里尔后来告诉记者,那种感觉就像是在"巴拿马雨林"里。

据谢里尔自己说,她从未有过跟肖恩和戴维相似的大学经历。她从小在夏威夷长大,之所以到耶鲁读书,有一部分原因是因为她想见识一下各式各样的人,"离开那个被高速公路环绕的小岛"。她的确遇到了来自各个州、各种社会阶层乃至各个国家的学生。回忆起那几年的生活,她谈论的大都是多样性的宝贵之处,以及如织锦般丰富的思想和多样的视角如何影响了她的思维方式。学校的社团也给她提供了足够的机会与同学们交流思想,她十分珍视这种交流。几年之后,她坦白地说:"读耶鲁这种大学的好处之一就是,周围都是一些造诣很高的人,他们不断挑战你的思维方式,而你会被他们那种好奇心传染。"

在那种环境当中,她对于"生活的多义性"(ambiguity of life)产生了深刻的领悟,即相信世上的事并非总有最终答案。最初产生这样的想法时,是当她注意到自己和同学们对艺术作品的反应千差万别的时候,后来她逐渐开始用这种观点来理解自己以及自己所涉足的领域。"我意识到自己是历史偶然性的产物,正是这种偶然性影响了我做的事情以及如何看待世界,"

她最近若有所思地说道,"我们每个人都是独一无二的,都是自己过去的产物。"她既领会到了个人背景的作用,也理解了他人的经历和观点的力量。

谢里尔带着强烈的求知欲来到耶鲁。"我和朋友们翻遍了课程表,去蹭了课程表上标注的每一门想听的课,"她回忆说,"我认为大学并不是一种职业训练,而是一次探索和学习的机会。"她对读医学院不感兴趣,"但绝不是对人生毫无规划,我只是想追随自己的好奇心"。对这个未来的麦克阿瑟天才奖的获得者,那种学习意味着"培养批判性思维和创新能力,拓展写作和演讲技能,懂得从全局来看待知识,知道在哪里以及怎样可以找到信息"。这并不仅仅意味着"死记硬背"。

谢里尔对外语和化学略微感到吃力,但她一直都在努力。这位崭露头角的科学家从失败的经历中学习到了许多,她一直想弄明白哪里出了差错,怎样才能避免再次犯错。"失败在做实验的时候显得极其重要,"她说,"即使得不到预期的实验结果,但每次你都有机会从中学到一点东西。"

大一时,她选修了一门"头脑风暴"课程,这是针对几个一年级新生开设的经验交流课。在典型的大学导论课上,大多数人都不会接触到多少真正需要思考的内容。教授们端出一盘事实记忆的美味大餐,却不告诉他们烹饪美食的方法,也没有向他们说明别人为什么相信他们,如何处理非系统型的问题。导论课极少提供解谜题、作推理的机会,除了考试前往脑袋里塞满信息,没有任何挑战性。学生们也基本上培养不出任何理解力,不明白这些学科如何提出问题,并且进行解答。他们很少思考那些错综复杂的问题,也没听到有谁这样做过。谢里尔侥幸逃脱了。她选了一门通常只有高年级学生才上的生物进化

五　如何面对棘手问题

论课程。

她回忆说:"我们探讨的是一个核心问题,生命起源于哪里,如何在历史长河里逐渐演变,为什么演变。"谢里尔一向是一个好奇心超强的孩子——父母叫她"大象的耳朵",因为她经常想要努力听懂大人们之间的谈话。不管是老家夏威夷野外还是她自己搜集的各种毛绒玩具动物,世界上种类繁多难以计数的动物都让她感到疑惑不解。她回忆道:"我和布熊、布老虎,还有其他的动物一起开茶话会,我还告诉父母想要窗外的那只食蚁兽。"不出意料,这门探索生命起源和进化史的课程吸引了她。她说:"我小时候就问过相同的问题,为什么树要长成那种样子?我们来自哪里?"

在这有趣的15周里,她认真聆听着科学家们作的一系列讲座,介绍他们通过化石记录、DNA研究及其他资料分析得出的证据和结论。"我们没有时光机,怎么能知道发生了什么事情呢?"科学依据是什么?从一个推理到另外一个推理,教授们向着最合理的解释不断迈进。如果有了化石标本,那么我们能得出什么结论?又如何对这种证据进行解读?最后的几节课就像玛丽·安·霍普金斯、肖恩·安布拉斯特、黛博拉·戈德森最感兴趣的谋杀谜团的高潮部分一样,足智多谋的侦探揭秘证据,直指犯罪团伙。之后的每一堂生物课,谢里尔都会问自己手上有什么证据,怎样得到这些证据。"我用历史的视角去研究生物学,"她说,"试着去理解生物的进化和改变。"

虽然谢里尔受益很多,但在耶鲁大学的本科学习中,没有任何一门课程,也没有任何东西给过她足够的经验去应对非系统型问题。大三之前,她一直没有机会去深入到学科当中寻找证据并对其作出衡量,哪怕只是有限的范围之内。她在喂养蜘蛛的那段时间里，对它们进行了深入的研究，完成了一篇关于蜘蛛的论文。"但那不过是一篇稍微像样点的学期论文，"她回忆道，"我仍然不知道科研为何物。"

她在图书馆里查找到了数百万本关于生物学各个方面的书籍和论文。她还记得自己的疑问："我该怎么做研究？怎样才能有新发现？过去有那么多的聪明人写了那么多的东西，而所有这些聪明的人仍然在继续研究这些问题。我能贡献出什么呢？"她最后决定："我得走出图书馆，到野外去。"

就在她从耶鲁大学毕业的那年夏天，机会来了。她跑到巴拿马去工作，给一位研究蜘蛛的教授做助理。她第一次看到研究人员在野外观察，提出问题，根据推理将所有的证据整合到一起，然后提出更多的问题，再继续做更多的观察。"我开始意识到，我们对于这个世界知道得太少。"

谢里尔开始把她对于基础研究的理解整合到一起。她说："你肯定不愿意重新发明一次车轮，所以你必须要知道前人都做了哪些研究。而且关键也不在于我们已经知道了什么，而在于如何提出新的问题，如何搜集数据，更好地理解这个世界以及它的规律。"你要提出问题，做出计划，搜集数据。"然后调整所有可能出错的地方。"谢里尔意识到自己正在加入一个新的知识团体，而来自这一群体的帮助和支持对她之后的工作大有裨益。她曾经与研究者进行过对话，而现在可以继续就搜集到的证据与他们进行交流。她可以对照不同的记录重新构思问题。与学术同伴的交流成为她解决棘手、复杂问题的必要步骤。

作为一名本科生，谢里尔的兴趣从她大一时旁听的广泛的课程，逐渐缩小到人生中的某个具体话题，但也更加专注，穿

五　如何面对棘手问题

透到没人到达过的自然的更深层。她说："我提出了许多问题，这是我大一时不敢想象的。"在这一过程当中，这名来自夏威夷的女生破解了这种八只脚生物的秘密，展示了蜘蛛身上意想不到的丰富资源以及历经千百年演化逐渐形成的多样化系统。然而，在对一种节肢动物进行专门研究的同时，这位崭露头角的科学家也广泛关注各个学科和各种观点，从而在自己的工作中提出问题、构建模型。"我所学的一切都影响了我对蜘蛛的研究方式。"她总结说。她成了工程师、科学家、艺术家、历史学家，而这种结合帮助她以前人所想象不到的方式去研究蜘蛛以及它的织网能力。

她完成了耶鲁大学的博士课程，之后又在怀俄明州做博士后研究，在加利福尼亚大学建立了自己的实验室，开始将生物学、系统发生学、生物力学、材料学结合在一起，研究蛛丝的历史、设计、结构及功能。

她在耶鲁大学第一堂生物课上遇到的问题是生命的起源和进化，这个问题始终吸引着她，而她的大多数研究都是围绕着蜘蛛的进化及其神奇的织网能力。在研究蜘蛛的过程中，她发现了一种强度惊人的材料。"丝线的直径是人类头发的十分之一，然而每盎司的丝线比同样重量的钢铁强度大五倍。我们可以用这种材料来做什么呢？"也许可以用来做防弹背心、可生物降解的外科手术线，或者超轻但结实的运动服。她对蜘蛛的研究注定要给整个世界带来一场革命。

"我一直运气都很好，"她说，"我很幸运，我的老师们在我身上付出了他们的时间，给了我与他们共事的机会。我不断地从他人身上进行学习。如果当初遇到的是一些消极的人，不愿意在我身上花费时间和精力，那么我的今天可能会完全不同。"但还是有遗憾的,她承认说:"我太固执了。"

  我们在本章中所讨论的深层次学习者们学会了通过作决定、获得思想的反馈来作出正确的决策。他们进行了基本的调研、质疑、搜集论据,进而得出结论。他们与朋友、教授以及自我进行深入的交流,设想其他人所没有考虑过的事情,用严苛的标准考查自己的思想。而他们所取得的进步更多地取决于那些经历或者交流。他们原本需要付出长久的努力,而如果不是改变了对于知识的理解方式,他们极有可能徒劳无获。人们并不是从经验中直接学习,而是从对经验的思考中进行学习。

六

如何进行自我激励

Encouragement

> 近年来,许多大学生都有严重的焦虑、抑郁以及饮食失调。而卓越的大学生都能从发现和追求人生目标中得到极大的愉悦。正是这种自我认识,使他们能轻松接受批评,直面生活,并寻找方法来认识、刺激、激励和指导自己。

六 如何进行自我激励

（一）过于"自尊"会带来负面作用

尊重自己没什么坏处，得高分也没有什么坏处。但是过于关注分数可能会引起一系列的不良反应，尤其是当你认为班级排名代表了自己的真实价值时。仅仅尊重自己并不能保证良好的结果，它甚至会蒙蔽你，让你对该改正的地方视而不见。自我感觉过于良好，会使人认识不到自己还需要进行多少学习。

克里斯汀·内夫（Kristin Neff）遇到问题了。这位来自得克萨斯州的年轻心理学家正处在个人生活的困难时期，难免有些焦虑和消沉。[①] 或许，在人生的这种时刻，她会对自己的学科领域产生全新的兴趣，去阅读和了解近期出现的这场争论。几十年以来，美国人都认为自尊是开启成功和幸福之门的钥匙。心理学家通过一次次研究证明自爱和自尊为我们提供了追寻幸福和快乐的有利条件。咨询师和学者们一直强调，自尊催生自信，自信的人愿意尝试新事物，能够取得更大的成功。相反，自我否定和自我怀疑的学生则经常辍学，大都承受着焦虑和抑郁的折磨，而且一般情况下都严重缺乏积极向上的动力。

---

① Kristin Neff,"Epiphany," 采访录像参见 http://www.youtube.com/watch? v = LfMDhZxXSV8&feature = related; 也可参见 Kristin Neff, "Epiphany," in *Epiphany: True Stories of Sudden Insight to Inspire, Encourage, and Transform*, ed. E. Ballard, 114 – 118 (New York: Random House, 2011)。

如何成为卓越的大学生

美国文化弘扬自信自爱的价值观。倡导这一运动的某位精神领袖说:"自尊对我们人生的方方面面都有深远的影响。"能言善辩的纳撒尼尔·布兰登(Nathaniel Branden)断言:"从焦虑抑郁,到害怕亲密关系或者畏惧成功,再到家庭暴力和性侵儿童——没有哪一种心理问题不是起源于低自尊的。"这一价值观的另一位推广者明确地说,我们对自己爱得还不够。①

为了提升学生的自尊这一宝贵品质,学校开展了各种项目。大学里的成功指南一般都包含一个部分——或者至少一两个词——讲解学生为何要爱自己。这在许多方面都有所体现。对于自我的崇拜暴露了流动在西方文化血液里的精神,体现了对个人主义的推崇,也反映出自我感觉良好的重要性。一些心理学家称:"北美社会尤其热衷于这一类观点,认为从本质上来讲自尊不只是可取的,而且还是所有积极行为和成果的重要源泉。"②

然而一小拨研究者却开始质疑这一传统观点,克里斯汀正满怀兴趣地读着他们的著作。这种关于自我的神奇观念是不是总能带来丰厚的回报呢?它是不是改变了人生呢?追求强烈的自我价值感需要付出什么代价?这种追求会不会对人的其他方面带来损害,弊大于利?人生中有些时候越是追求某种东西,它就越是不可捉摸。比如说,哲学上的享乐主义悖论认为,如

---

① N. Branden, *The Six Pillars of Self-Esteem* (New York: Bantam Books, 1994), 5; 引自 R. F. Baumeister, J. D. Campbell, J. I. Krueger, and K. D. Vohs, "Does High-Esteem Cause Better Performance, Interpersonal Success, Happiness, or Healthier Lifestyles?" *Psychological Science in the Public Interest* 4, no. 1 (2003): 1–44, 3.

② N. Branden, *The Six Pillars of Self-Esteem* (New York: Bantam Books, 1994), 5; 引自 R. F. Baumeister, J. D. Campbell, J. I. Krueger, and K. D. Vohs, "Does High-Esteem Cause Better Performance, Interpersonal Success, Happiness, or Healthier Lifestyles?" *Psychological Science in the Public Interest* 4, no. 1 (2003): 1–44, 3.

六　如何进行自我激励

果你直接地追求快乐（只做那些感到愉快的事情），那么你可能永远也得不到快乐。就像在海滨游泳被卷入激流的人，每一次游往岸边的尝试都使他被冲到海的更深处。自尊是不是也会产生这种反面的效果呢？甚至说是否每个人都有可能增强自己的这种神奇能力？许多现有的研究和评估结果都不太乐观。克里斯汀凝视着围绕这些问题出现的各种文献资料，开始寻找增强这一矛盾特质各种可能性，这时她发现了一些观点，这些观点不仅仅与她自己的观点不谋而合，而且还反映了我们在那些高度有创造力的人身上所看到的思想和态度。克里斯汀从研究文献中所提炼出来的信息将根本改变我们对成功和幸福之路的理解，重塑我们对高度有创造力的大学生行为方式的看法。

　　是不是每个人都有可能增强自己的这种神奇的能力？许多现有的研究和评估结果都不太乐观。克里斯汀凝视着围绕这一问题的各种新出现的文献资料，开始寻找增强这一有争议的能力的各种可能性，这时她发现了一些观点，这些观点不只是满足了她自己的个人需求，同时也反映了我们在那些高度有创造力的人身上所看到的思维和态度。克里斯汀从研究文献中所拼凑出来的信息也许会对我们对成功和幸福之路的理解、对高度有创造力的大学生在校园里的所作所为的认识带来根本的变化。

　　我们也许会认为，如果学生通过学习成绩建立了高度自尊，那么他们就会学得更多，然而，事情并不总是如此。事实上，越来越多的研究发现，那些主要通过学习成绩获得价值感的学生，对于他们的学习更可能会采取表现方法，而不是学习方法。你可以回顾一下第二章的讨论，基于表现的（或者策略型）学习者关注的是在他们的功课上获得认可（高分数），而基于学习方法的（深层次）学习者想要理解更多，他们会深入思考意义和应用。后者正是推动高度有创造力的人的动力。如果学生们为了提升自尊而关注提高分数，那么他们为什么还要费神去理解材料及其应用呢？所以，研究者们认为，这些策略型学习者通常都一门心思地追求高分数，牺牲了所有其他东西。[①]

但是，他们的问题并不止于此。因分数而建立的自我价值也许会使他们学习不够深入，甚至得不到他们梦寐以求的高分，这就是问题所在。如果我对自己的认识依赖于取得好的学习名次，那么任何一种对成绩有重要影响的测验、论文、实验或者作业都有可能带来极大的焦虑和紧张。因为我的自我价值认同来自这些功课的好坏。谁能不对这样的压力感到紧张呢？分数已经不仅仅是一个打印出来的符号，而是变成了我对自己的评价。如果自尊心很强，并且根据学习成绩来评判自己是否达到了这一标准，那么任何不及格或者中等偏下的分数都成了对自我评价的威胁。越努力，越紧张，害怕哪怕一次小小的失败都会显示出自己不是一个优秀的人。[②]

这并不是说高自尊会有损于你的分数和学习。而是说，正是通过高分数而不是学习的方式，对这一品质进行追求，成了点燃焦虑这根蜡烛的火柴，尤其是当押在学业上的赌注太大的时候。换句话说，如果你对自己的评价是基于分数多少，而不

---

① 参见 J. Crocker and L. E. Park, "The Costly Pursuit of Self-Esteem," Psychological Bulletin 130, no. 3 (2004): 392 – 414。

② J. S. Lawrence and J. Crocker, "Academic Contingencies of Self-Worth Impair Positively and Negatively Stereotyped Students' Performance in Performance-Goal Settings," Journal of Research in Personality 43, no. 5 (2009): 868 – 874.

六　如何进行自我激励

是友善与否，或者知识的多少，努力程度的大小，甚至是对社会的贡献有多少，那么可以说在你面前一定麻烦多多。对学习效果的担心往往会使得学生关注分数多过关注学习本身，而且如果他们以表现型方法对待他们所有的功课，并且相信他们生而为人的价值取决于能否得到高分数，那么这种压力很可能越来越大，以至于他们再也不会得到好成绩了。

尊重自己没什么坏处，而且我们也知道，如果你对自己不够尊重的话，就不可能有足够的动机。得高分也没有什么坏处，当然，最理想的情况是，A 和 100 分确实能够反映出你学了多少知识。但是过于关注分数可能会引起一系列的不良反应，尤其是当你认为班级排名代表了自己的真实价值时。

我们在前面谈论过人们如何变成负面社会成见的受害者。如果你所属的集体被贴上没有学术造诣的标签，而你的自我价值感都是基于自己在这一领域的表现，那么一旦其他人认为你表现糟糕的话，你就会十分郁闷。它会严重干扰你，继而你就会对偏见深信不疑，在压力之下难以施展拳脚，哪怕你努力抵制这些广为流传的观点都无济于事。如果你还担心自己差劲的成绩会给他人留下坏印象，那么你的压力就会过于强烈了。事实上，你越是担心能不能做好——因为成绩好坏限定了你和其他一大群人——你就越不可能做好，因为压力和焦虑也越来越大。

然而，这样的反作用力不只是出现在负面成见的受害者身上。在美国文化当中，通常是指有色人种、女性，当然也包括胖子、穷人、"头脑简单、四肢发达的运动员"、长相不漂亮的人，甚至可以包括每一个人，这样的反作用力甚至出现在那些不受关注的美国白人男性身上。珍妮弗·克罗克（Jennifer

Crocker)以及她的同事在大学生之间作了许多调查,同样也作了许多演示。告诉一组欧裔美国学生,他们将要进行的这次测验是要对他们的基本能力进行评估。如果他们对于自己的喜爱是基于在学校的功课表现,那么这样的考试看起来就像是检验他们的人生价值。赌注太大了,许多学生都会喘不过气来。还是这组学生,如果你告诉他们只是想看一下他们的"问题解决的风格和方式,而不是答对题目的数量",他们的成绩反而会上升。[①]

社会科学家们曾多次发现,如果给学生一份难度较大的考试题,告诉他们考试的主要目的是评测他们的智商或者他们将来成功的可能性,那么他们的表现通常要比那些将测验看作是挑战、游戏或者学习新知识的机会的学生表现得差一些。[②] 如果这些学生把他们的自我价值感与学习成绩或者"看起来聪明"绑定在一起的话,那么一想到有东西在评估他们的天赋能力,他们往往就会感到极大的压力,然后就会感到窒息,哪怕只有一点。一旦他们相信人们不可能拓展自己的智商,那么在面对难度大的考试时,压力就会成倍增长,因为有太多的东西取决于这一结果。

近年来,研究发现,许多大学生都有严重的焦虑、抑郁以及饮食失调。一所大型公立大学的研究发现,超过半数的学生

[①] J. S. Lawrence and J. Crocker, "Academic Contingencies of Self-Worth Impair Positively and Negatively Stereotyped Students' Performance in Performance-Goal Settings," *Journal of Research in Personality* 43, no. 5(2009):870.

[②] C. M. Steele and J. Aronson, "Stereotype Threat and the Test Performance of Academically Successful African Americans," in *The Black-White Test Score Gap*, ed. C. Jencks and M. Phillips(Washington, DC: Brooking Institution Press, 1998), 401–427. C. M. Steele, "Thin Ice: Stereotype Threat and Black College Students," *Atlantic* 284(1999):44–54.

六　如何进行自我激励

正在忍受以上问题的困扰[①]，却找不到直接原因，而学者们开始怀疑因保持自我形象而引起的非理性情绪可能占了很大因素。文献当中出现了一个令人沮丧的矛盾——低自尊显然会导致抑郁，但对自己过于猛烈狂热的爱同样也会引起抑郁，这种情况当然并不常见，却可能引起情绪崩溃。你只是把分数看得很重，你认为这些高分定义了你生而为人的价值，学校里竞争日益激烈，而且似乎很难入围优秀学生名单（the dean's list），你摇摇欲坠，焦虑与日俱增，越来越害怕失败。谁在担心的时候能够正常思考呢？负面情绪会引发一连串的糟糕分数（或者至少比你的预期分数低一些）。焦虑和抑郁随之而来。越在乎，越糟糕。

克里斯汀知道过度关注自己带来的麻烦还不止于此。随着对这种所谓的重要品质的追求，人们越来越关注第一名，变成了让人讨厌的自大狂，总是希望得到别人的表扬，只在乎自己。他们的行为通常很自私傲慢，而这些都是在那些高度有创造力的人身上所找不到的。他们甚至会变得更加暴力。相关研究揭示了自尊和暴力二者的复杂模式和关系。关注自我的人并

[①] See S. J. Garlow et al., "Depression, Desperation, and Suicidal Ideation in College Students: Results from the American Foundation for Suicide Prevention College Screening Project at Emory University," *Depression and Anxiety* 25, no. 6(2008):482–488; D. Eisenberg et al., "Prevalence and Correlates of Depression, Anxiety, and Suicidality among University Students," *American Journal of Orthopsychiatry* 77, no. 4(2007):534542; D. Eisenberg, E. Golberstein, and J. B. Hunt, "Mental Health and Academic Success in College," *BE Journal of Economic Analysis and Policy* 9, no. 1(2009), article 40; J. Crocker, A. Canevello, J. G. Breines, and H. Flynn, "Interpersonal Goals and Change in Anxiety and Dysphoria in First-Semester College Students," *Journal of Personality and Social Psychology* 98, no. 6(2010):1009–1024; L. N. Dyrbye, M. R. Thomas, and T. D. Shanafelt, "Systematic Review of Depression, Anxiety, and Other indicators of Psychological Distress among US and Canadian Medical Students," *Academic Medicine* 81, no. 4(2006):354–373; J. Klibert et al., "Suicide Proneness in College Students: Relationships with Gender, Procrastination, and Achievement Motivation," *Death Studies* 35, no. 7(2011):625–645.

如何成为卓越的大学生

不一定比别人暴力,但如果这种自爱滑向了极端自恋,那么他们通常就会变得很暴力。暴徒们通常都自认为很了不起,与他们对抗的人也是如此。这一重要品质并不能确保积极的结果。①

仅仅自我感觉良好并不能带来良好的结果,它甚至会蒙蔽你,让你对该改正的地方视而不见。自我感觉过于良好,会使人认识不到自己还需要进行多少学习。掌握知识少的学生往往对他们不懂的东西表现出极大的自信。或许在他们言过其实的自信背后,有一丝不安的质疑,因为害怕自己小心翼翼建立起来的自尊假象会受到危害而不敢直面缺点。

成绩有可能引起良好的情绪,但那些不在乎结果而只专注感觉的人们往往感到十分苦恼。他们在无法承认弱点的世界里泥足深陷,在黑暗和无法接受指导与批评中步履蹒跚。没有反应能力,失去与世界的联系,成为自我的奴隶。

他们甚至可能蓄意破坏自己的成功机会。失败使人们怀疑自己的价值,感到焦虑。为了确保自己对任何形式的失败都不承担责任,他们在事情完成之前就开始寻找借口。这时,人们有时候会拖延,甚至暗中破坏自己的工作好去责备其他人或其他事,而不是归咎于自己。因为把失败看做是对自身价值的攻击,所以他们必须保护自己不受失败的伤害,甚至根本不愿去尝试。像这种"自我妨碍"(self-handicapping)毁掉了主动精神和创造力,而这通常源于对自尊不计代价的盲目追求。

---

① 事实上,克里斯汀·内夫在她最近的一篇文章中指出:"过去几十年中,自尊行为的一个最不明显的后果就是自恋传染病。"近来有一篇研究发现,在美国的一万五千名大学生中,有65%的人在自恋评测中得分高于上一辈的同龄人。她说:"不巧的是,学生的平均自尊水平也在同时期涨了不少。" Kristin Neff, "Why We Should Stop Chasing Self-Esteem and Start Developing Self-Compassion," *Huffington Post*, April 6, 2011. See http://www.huffingtonpost.com/kristin-neff/self-compassion_b_843721.html.

六　如何进行自我激励

一些极端的自爱者或许对自己过于关注，从而忽略甚至不能正确对待其他人。研究发现，出于自我保护，有些人为了使自己心里舒服一点会去挑别人的刺，所以他们的想法往往变得更加偏颇。举个例子，在最近的一个实验中，来自亚利桑那州立大学的白人学生收到了一些关于成绩的负面反馈。如果这些学生的自尊是建立在高分数上，那么这些苛刻的负面评价足以影响到他们对自己的看法。另外一组学生没有收到任何形式的反馈。然后研究者分别要求这两组学生根据学历成绩对前来应聘工作的黑人进行排名。按理说，两组的排名总体上应该差不多，然而刚刚因成绩遭到无情攻击的学生给黑人候选者的评价更低一些。同样，黑人学生在遭遇了苛刻的评价之后，在评价白人候选者时也出现了类似的情况。研究者们总结说："对另外一个群体的成员表示歧视，可以缓冲因失败和其他个人形象受到的威胁带来的自尊损害。"[1]

真正的问题在于，自尊的意义通常是模糊不清的。这一看似神奇的品质其呈现形式太多样了，很难将其定性为一个可以解除一切人间疾苦的灵丹妙药。有时候它好像源自真才实学，而有些时候又似乎出自人为因素。那些成就斐然的人通常拥有它，而有些人，虽然没什么可骄傲的资本，却也信心满满。它让你自我感觉良好，带来巨大的动力，但如果你像一个瘾君子一样，紧紧尾随其后，那么可能会掉到陷阱当中，为凸显自己的价值而不停地努力证明自己。

事实上，似乎正是对这种神奇的灵丹妙药的孜孜追求才导

---

[1] J. R. Shapiro, S. A. Mistler, and S. L. Neuberg, "Threatened Selves and Differential Prejudice Expression by White and Black Perceivers," *Journal of Experimental Social Psychology* 46, no. 2(2010):469-473, 469.

致了所有的问题。珍妮弗·克罗克和洛拉·帕克（Lora Park）两位密歇根大学的心理学家这样说道："对于自尊的追求，如果成功的话，从情绪和动机上都会受益，但同时也会有一些短期和长期的代价——人们的精力从满足工作能力、相互关系和独立自主等根本需求转移到穷于应付自我调节和心理生理健康上去。"[①]

（二）学会"自我同情"，免于焦虑和抑郁

> 自我同情……包括被自己的痛苦所感动，去拥抱它，不逃避、不退缩，以善意来减轻这种痛苦，抚慰它。这也意味着，对自己的痛苦、缺点、失败，要有不带任何判断的理解和接纳。卓越大学生的这种自我同情的能力使得他们战胜遇到的风风雨雨，使得创造力得以茁壮成长，不受拖累，免于焦虑和抑郁这些折磨人类的妨害和干扰。

该怎么办呢？经过一系列的实证研究，克里斯汀·内夫列出了以下三种主要方法。第一种方法，善待自我。在经历困难的时候，无论失败还是失落，抑或是痛苦，你都能够善待自己、理解自己。善待自我的人不会对自己"过分苛责"。第二种，共同属性法。意思是无论面对什么样的痛苦和失败，你都要明白，其他人也曾经历过类似的事情，这是人类共有的体

[①] J. Crocker and L. E. Park, "The Costly Pursuit of Self-Esteem," *Psychological Bulletin* 130, no.3 (2004): 392–414, 393.

六　如何进行自我激励

验。斯蒂芬·科尔伯特曾经说过:"每当我心碎欲绝的时候,母亲常常会说'即便在永恒之光里也能看到一时的失意'。"最后一种是正念练习。认可"痛苦的思想和情感"的存在,但不要对其"过度认同"。克里斯汀把这些方法统称为"自我同情"。

想象一下你对别人产生怜悯心的情景,例如,某个朋友失去了亲人、受到了伤害、一败涂地或者是犯了严重错误。你在同情他们的时候,会很善解人意,会接纳他们的失败和错误,甚至不假思索地对他的痛苦感同身受。你在乎这个人,非但不会计较他的过去,反而想要解除他的痛苦。如果他做错了事情,虽然他本人应该为自己的行动负责,虽然他原本可以做得更好,但你却不会百般指责,反而会倾情相助,因为你觉得人无完人,那么你也要以这样的怜悯心对待自己。克里斯汀这样说道:"自我同情……包括被自己的痛苦所感动,去拥抱它,不逃避、不退缩,以善意来减轻这种痛苦,抚慰它。"她又说,这也意味着,"对自己的痛苦、缺点、失败,要有不带任何判断的理解和接纳,这样,一个人的小经历才会被看做大的人类共同经历"。[①]

自我同情并不是一种愧疚感,如果真是如此,那么你就会被困在自己的问题当中无法理性思考。相反,自我同情是让你从问题当中抽离出来,客观地看待它。当你进行自我同情训练时,对其他人的怜悯也会相应增长,因为你知道每个人,包括你自己都承受着痛苦,都会有缺点,也都会不时地犯些错误。原谅自己并不是让你继续犯同样的错误。如果你不断地痛打镜子里的那个人,以为这样做就可以让你步入正轨,那么可能你

---

① K. Neff, "Self-Compassion: An Alternative Conceptualization of a Healthy Attitude toward Oneself," *Self and Identity* 2, no. (2003): 85 – 101, 87.

只是进行自我保护而已,通过不去想起那些恶劣的行为让自己免受虐待。只有当你以同情和理解来直面自己的行为时,你才能够改变它们。要达到任何一点,克里斯汀相信,你必须做一个清醒的人——一个有意识但不过度关注自我的人。她总结说,"清醒是意识的一种平衡状态"。你很清楚地看到自己的问题,接纳"心理和情绪上的现象"。你不会畏缩不前,也不会落荒而逃。[1]

最后,克里斯汀所说的自我同情并不意味着自我纵容,这并不是你屡错不改的借口,它的意思是,要为自己的行为负责,清醒地面对它们所带来的一切后果。自我同情要求对自己及他人有责任感。

所有这些能够给你带来什么呢?通过一系列的研究,克里斯汀和她的同事们发现,学着安慰自己不仅可以享受高自尊所带来的丰厚回报而且避免了它的消极面。知道如何进行自我安慰的人通常较少焦虑。他们对自己的人生更加负责任。他们更加平和,思维更加开阔,不太容易参与那些会产生歧视的社会比较。善于自我同情的大学生也较少焦虑和忧郁,他们对自己和自己的人生的满意度更高,在单纯的学习中找到了更多的乐趣,避免掉入高分崇拜的陷阱。他们知道如何在追求目标的同时保持精力和活力,也知道在没有进展的时候毫不遗憾地掉头走开。因为他们接纳新的目的,知道如何去应对失败,从失败中进行学习,而不是对其视而不见或者惊慌失措。[2]

---

[1] K. D. Neff, K. L. Kirkpatrick, and S. S. Rude, "Self-Compassion and Adaptive Psychological Functioning," *Journal of Research in Personality* 41, no. 1(2007):139 - 154, 146.

[2] K. D. Neff, Y. P. Hsieh, and K. Dejitterat, "Self-Compassion, Achievement Goals, and Coping with Academic Failure," *Self and Identity* 4, no. 3(2005):263 - 287; K. D. Neff and R. Vonk, "Self-Compassion versus Global Self-Esteem: Two Different Ways of Relating to Oneself," *Journal of Personality* 77, no. 1(2009):23 - 50; K. Neff, *Self-Compassion: Stop Beating Yourself Up and Leave Insecurity Behind* (New York: William Morrow, 2011).

六　如何进行自我激励

克里斯汀在那些心满意足的人们身上发现的特质,我在高度有创造力的调查对象身上也发现了。实际上,你可以在这些受访者的传记里看到自我同情的方方面面。他们通过语言和生活展示出一种非凡的能力,能自我调节、理解自己和大群体之间的联系,能诚实面对生活。这种被称之为自我同情的能力使得他们战胜遇到的风风雨雨,使得创造力得以茁壮成长,免于焦虑和抑郁等负面情绪的妨害和干扰。我调查了一些有群众基础的人,他们在更广泛的相互关系中找到了人生目标。他们既能意识到自己的独立性,又能乐于建立和维持关系。

他们设定了很高的个人发展目标,但不是以一种忧心忡忡的疯狂方式去超越他人。我所调查的人都能从发现和追求人生目标中得到极大的愉悦。正是因为这种自我认知,他们能轻松地接受批评,并用于促进个人发展。他们能够直面自己的生活,即使是不幸,并寻找方法来认识、刺激、激励和指导自己。我惊讶于他们中的一些人在谈论自己的痛苦时所表现出来的严肃和清醒。有时,他们会通过宗教的文化传统和表达形式洗涤个人的情感、态度和方法;有时则不会。"不断尝试,"斯蒂芬·科尔伯特建议道,"但是不要焦虑。"他还补充说:"焦虑能让谁的人生延长一个小时,身高增长一厘米呢?"他们追求的不是自我尊重,而是超越自己、关注他人。尽管在此过程中产生了自我价值感,那也绝非他们的目标。

(三) 抛开分数,追求人生更高目标

之前,他太专注于当第一名。现在,学习对他来

说已经不再是成功与失败的问题。它其实是一种过程，关键在于继续学习和成长，而不是通过不断的测验看自己是成功还是失败。她从学习和批判性思考的过程中发现的乐趣压倒了所有"得高分"的外在动机，这使得她摆脱了那些令人窒息的压力。她找到了让她平静的内在愉悦。

"我的姐姐在我读大学的时候自杀了。"一天下午，伊丽莎·诺（Eliza Noh）平静地说道，"她是休斯敦一所大学的学生，我当时在哥伦比亚大学读大三。"伊丽莎和姐姐在休斯敦西南部的繁华市郊长大，家里文化氛围十分浓厚。父亲来自韩国，母亲来自越南，夫妻二人在女儿出生之前移民来到美国。伊丽莎的父亲后来成为得克萨斯州舒格兰市（Sugarland）的一名内科医生，家庭条件还算不错，不过在那个亚裔美国人的圈子里，越来越多的父母开始关注子女的学习成绩。

"要想成绩名列前茅，压力是很大的。"伊丽莎回忆道，"姐姐是家里的老大，所以大部分的压力都落在她身上。"高中时，伊丽莎的姐姐一心要得最高分，但最终以第二名的成绩毕业。伊丽莎说："我还记得姐姐和父亲因成绩引起的父女大战，我只能经常努力去控制身边的混乱局面，而为了做到这一点，我学会了避免过多的情感投入。"

父母希望女儿什么都做到最好，这意味着她们要上光荣榜，要读名牌大学，最后再去读医学院，在医疗行业拿高薪，维持良好的经济条件。"我逐渐被高分耗得筋疲力尽，"她坦陈，"作为亚裔美国人，我们被视为模范少数族裔，成功人士。"她确实成功了——至少在成绩上。一年又一年，伊丽莎在高分数、

六　如何进行自我激励

荣誉、学分的比赛中一次又一次取得成功，迎来了所有优秀高中学生一直追求的作为学生代表在毕业领奖台上致辞的光荣时刻。

伊丽莎同样具有强烈的好奇心，她的朋友和家人有时叫她"会走路的问号"，因为她总是到处提问。不过她后来意识到，整个高中时期，自己从来没有因为纯粹的愉悦去发现新事物。"我想，过于关注分数而不是学习本身让自己错过了很多东西。"她总结说。她读过的东西没有一本是跟作业无关的。

高中毕业后，她去纽约读哥伦比亚大学。选择哥伦比亚大学"很大程度上是为了逃离"，她说。大一时，她发现了一个完全不同的教育环境，充满了激动人心的观点而且竞争更少，然而，旧的习惯和方法依然在持续，像重感冒一样与她如影随形。她很久以前就知道如何得到高分，整个大一期间她采用的就是这种方法。但是哥伦比亚大学是一个完全不同的地方，那里的校园文化逐渐弱化了她的策略型学习风格。"在高中，每个人都全力以赴要考进好大学，"她回忆道，"但在哥伦比亚大学，我来到了一个新观念的世界，大家只对学习本身感兴趣。"

大二时她选修了一门课，正是这门课最终粉碎了她观念中固有的策略型意图的最后城墙。这门选修课原本只是为了满足学校的选课要求，最终却成为引导她通向深层次学习的道路。这门课提出了一些她认为十分重要而且有趣，有的时候甚至很美好的问题。"这门课的确让我大开眼界，"伊丽莎追忆道，"我生平第一次认识到，学习是关乎我和我自己的兴趣以及我是谁的。"这门课探讨的是社会权力：谁拥有权力？权力如何被运用？你在生活中的不同角色如何影响你的权力？你的性别、职业、种族、性取向或者社会阶层、经济阶层如何影响你的既有权力？当你的角色发生转变时，权力又会发生怎样的变化？

在探讨这些问题时，伊丽莎脑中的观点不停地转变，引发出更多问题。如果有些人拥有更多权力，人和人之间就不平等，那么如何维持民主社会？人们如何使用他们的权力？那些权力缺失的人又会怎样呢？她意识到，在某些情形中，一些人的观点让她左右摇摆很大，而在另外的情形中却毫无影响。

伊丽莎经常在课堂上发表看法，提出问题，作出评论，这一习惯也被带到了其他的课堂和科目上，将她变成了一个有着深层次学习意图的学生，改变了她学习一切知识的方式。阅读时，她专注于文字，在空白处做笔记，她会提出更多的问题，或者进行反驳。她不会去模仿他人良好的学习习惯。所有一切都源自她对世界日益增长的好奇心。"对于性别等级制度的看法促使我去研究不同族群之间的多种多样的等级体系。"她注意到，她几乎所有的研究对象和人群都是男性（从柏拉图到总统），而且几乎所有人都具有欧洲背景，而亚洲人、亚裔美国人和女性都未被提及。这不禁让她思考为什么。

她的全套学习方法都开始改变了。"我总是问很多问题，"她说，"但在高中，我太关注分数了，所以几乎从来没有意识到自己多么喜欢进行批判性思考、寻根问底以及深入的探讨。"从跻身排行榜的压力中解放出来之后，学习更多地变成了智力上的满足。"高中时，我从未觉得学习是自己的事情。"那只不过是她玩的一种高分游戏。但在那堂讨论权力的课上，以及在之后的学习中，"我不只是听课，还开始利用自己的经历作为跳板，来提出问题，想要去追寻某种观念"。

这门选修课将她引入一个从未听说的世界，在这座现代意

六 如何进行自我激励

义的血汗工厂里,男男女女辛苦工作的条件在她看来还属于19世纪最黑暗的时期。当她开始把教育视为一种高度自我的行为,在坚持自己的想法时开始关注自己所相信的事物及原因、自己秉持的价值观、能够采取的行动以及遇到的问题时,这引起了她对政治和社会观点的审视。

伊丽莎积极地追求自我教育,她开始寻求意义,思考内涵、应用及意义的多种可能。这位来自得克萨斯州舒格兰市的年轻姑娘提出了一些重大问题,寻找需要整合各学科才能得出的答案。她大量阅读,提出关于辩论和证据的问题,然后寻找与个人之间的关联。她和朋友们游说哥伦比亚大学的行政部门开设针对亚裔美国人问题的课程。长期以来,学校一直十分关注西方的欧洲传统,要求每位学生都要完成西方政治、社会、知识、艺术发展等核心课程,从古希腊哲学家到现代思想家及演员。学生们每周都要读五六本书,然后到课堂上讨论他们的想法,但没有一本书涉及亚裔美国人的传统和经历。伊丽莎想要的不止这些,传统教育当中所缺失的内容不断推动着她向前。她和同伴们成功地说服了女性研究部门,聘请了一位兼职讲师来开设亚裔美国人历史课程。她掌控了自己的教育,找到了最强大的内在动机。

之后姐姐离开的那个夜晚到来了。伊丽莎在电话里跟姐姐聊天,并且还给她写了一封信。她很关心姐姐持续发作的抑郁症。"我告诉她,我永远支持她、鼓励她。"伊丽莎后来告诉一位记者。[①] 但是所有这些鼓励的话语并没有起到多少作用。姐

[①] E. Cohen, "Push to Achieve Tied to Suicide in Asian-American Women," CNN, May 16, 2007. 参见 http://edition.cnn.com/2007/HEALTH/05/16/asian.suicides/index.html。

姐感染了一种流行病，那时候越来越多的年轻亚裔美国女性流行自杀，姐姐也加入了其中。① "很长一段时间里，我都处于拒绝接受和震惊的状态中。"她承认说。葬礼之后她回到了课堂，好像一切都没有发生过一样。"我试着往前看，让自己在情感上疏离，就像之前爸爸和姐姐争吵时我做的一样。"但是要消除这段记忆并不是那么容易。

第二年，当她开始准备大四论文的时候，伊丽莎决定研究年轻亚裔美国女性自杀的原因和影响，然而这一研究引起了她对之前记忆深深的伤痛。"这段痛苦的回忆让我精神崩溃，根本无法完成论文。"她告诉我。期间，一直都有高中和大学的几个老师对她表示过关心，其中一个就出现在她人生的这个关键时刻。"她认可我所写的东西，之后我发表了那篇论文，那篇文章后来成为我在这一领域研究的基础。当我无法完成论文拿到学分时，有一位关心爱护我的教授，她理解我当时所遭遇的情感障碍，没有抛弃我。"

在听她的故事时，我发现了两个有影响力的因素。首先，正如她所讲述的，当她不再将姐姐的自杀看做个人悲剧，而是将其放置在更大的社会和政治环境中，才最终从情感上接受了姐姐的死亡。一旦她能够把这件事作为"人类的共有体验"来理解之后，也即克里斯汀·内夫所提到的自我同情三部曲的其中之一，她就能够认清"模范少数族裔"这一观念在她家庭的悲剧时刻扮演的重要角色。社会构建了一种积极的成见，认为亚裔美国人都十分聪明，数学成绩很好，这种想法对亚裔美国

---

① 更多讨论请参见 D. Lester, "Differences in the Epidemiology of Suicide in Asian Americans by Nation of Origin," *OMEGA-Journal of Death and Dying* 29, no.2(1994):89–93。

六　如何进行自我激励

人而言既是一种外在动机,具有削弱内在动机的可能性,同时又给他们带来难以承受的巨大压力。跟许多其他亚裔美国人的家庭一样,她的父母无意之中成了这种社会偏见的工具。

她也能够理解那种驱使姐姐憎恨自己长相的更大的社会因素,这种因素使得她一味追求整形手术,拼命想要符合一些流行的社会审美观,而这种审美观根植于欧洲的模式和外形。"她想模仿的所谓美的标准就是白人女性的长相。"伊丽莎告诉记者。渐渐了解了那种更大的力量之后,伊丽莎就能够有意识地去承认和接受自己的痛苦思想和情感,而不是对其过度认同或者极力压制。"在开始研究亚裔美国女性自杀的社会基础之前,我一直都拒绝接受发生的事情。"

她从学习和批判性思考的过程中发现的乐趣压倒了所有"得高分"的外在动机,这使得她摆脱了那些令人窒息的压力,这种压力曾消除而非增加了她生活的乐趣。她找到了让她平静的内在愉悦,这种内在的宁静反过来又帮助她,给她力量去善意地对待自己和他人。她所培养出来的对社会和人们的理解不是来自某个学科,而是来自多种观念,这一理解使她能够领悟和应对人生的艰难时刻。

在那次情绪崩溃之后,伊丽莎从哥伦比亚大学休学一个学期,后来复读并以优秀成绩毕业。学习上的荣誉对她来说已经不那么重要,她已经为自己的工作找到了更深刻的意义。在这过程中,她学会了移情和自我同情。"高中时,我不善于处理失败,因为我的唯一目标就是高分。如果得不到,我就十分责怪自己,"她说,"我太在乎第一名,完全没有意识到,最大的满足其实来源于提问以及进行批判性思考。"

在哥伦比亚大学,她的学习态度开始转变了,对失败的想法也同时发生了变化。"之前,我太专注于当第一名。现在,学习对我来说已经不再是成功与失败的问题。它其实是一种过程,关键在于继续学习和成长,而不是通过不断的测验看自己是成功还是失败。"有了这种观念上的转变,她继续到加利福尼亚大学伯克利分校深造,在那里获得了种族研究的博士学位。之后她一直倡导亚裔美国人流行社会病的研究,正是这种"流行病"夺走了她姐姐的生命。

(四)在困境中学会自我救赎

> 他碰到的许多教育体制都不是帮助学生成长,而是对他们进行评判。在很多学校里,学生都会经常参加考试,似乎教育存在的目的就是为了淘汰而不是培养学生的才能。他从破碎的童年和从未真正喜欢的正规教育中蜕变出来,过上了具有高度生产力、富有同情心和创造力的生活。

邓肯·坎贝尔(Duncan Campbell)的父母酷爱饮酒。三岁时,他就曾蹒跚着走出家门去找父母,后来警察才在当地一个沙龙里找到他们。他回忆说:"早些年我们还有自己的房子住,后来父母病魔缠身,爸爸又进了监狱,家里的条件急转直下,沦落到了低收入和高犯罪率的俄勒冈州波特兰地区(Portland)一所破旧不堪的房子里。"

醉醺醺的父母常常弃邓肯于不顾,于是在童年的孤独时光里,他学会了自我安慰,包括清醒地思考自己的窘境,而不是

六　如何进行自我激励

一味压抑它。他说："八九岁的时候，我做了一个清醒的决定，决不做像我父母那样的人。之后的二十年中，我所做的一切都是来自这个决定。"但是这种选择取决于他直面生活的力量和寻求平衡的能力。他没有被生活的重担压倒，不去压抑它，也没有花太多时间苦思冥想。

这位未来的百万富翁及慈善家，当时不过是个小孩子，"我是学校高中足球队里最小的一个"，却有着巨大的好奇心。在童年的孤独时光里，正是这种对世界的好奇使他能自我安慰、不断求知。"我是个聪明的街头小混混，但还是保持着不可思议的天真，"他承认道，"因为我的世界太小了，没法搞清楚自己不知道的东西。"十岁时，他发现了一个公共图书馆，在那里了解到了关于体育的方方面面。后来，他又发现在街角的杂货店可以买到一些漫画书和体育书籍。"没人告诉我要这么做，但独自一个人也有它的好处。"他回忆道。邓肯开始对智力游戏着迷了，孤独的夜晚，他有时会打开电视机看一部老电影，在电视前面的地板上玩智力拼图，就像他后来处理问题的各个环节一样，摆弄着那些小木头块。他也喜欢玩纵横填字游戏，摆弄字和词。

贫困使得邓肯在成长的过程中遭遇过许多歧视，这种经历让他感受到彻骨的痛苦。孩子们在遭遇偏见时，常常会去找那些不如他们的人，再用自己的偏见来进行反击。那种不公正的小冲突通常也不会引起对社会公平的担忧，但是邓肯却相反，或许是因为之前从未有人告诉他什么是丑恶，他对种族主义一无所知，又或许是因为他从自我安慰中得到了满足。从孩童时候起，他就开始帮助那些饱受歧视的儿童，并对此事乐此不疲，永不知足。"我对所有受到歧视的人有着极大的同情心，"

Encouragement

199

他曾经解释道,"因为我自己就来自于一个贫困家庭,见过的歧视太多了。"

邓肯的人生目标就是不要像他父母那样。他学会了一种跳出个人的问题,把它放在大背景下审视的能力。"如果你读过一些关于酗酒的成年儿童(adult children)的文献,你就会知道,大多数良好的品质都是以创造力和随机应变为基础的。从街头上可以学到很多技能。"艰难的生活让他锻炼出创造过程的一些基本品质,多年之后在俄勒冈大学法学院读书的时候,他进一步提炼了这些素质。他总结说,"对于我来说,创新就是将已有的事物重新进行整理。"这种能力最初形成于儿童时期的街头成长经历,始于他对于自己人生选择的思考和对多种可能性的探索,之后又在从这些可能性中作出选择,并且付诸行动。他学会了从自己的经历当中汲取养分,专注于自己擅长的而不是一窍不通的东西。"许多人想走捷径,"他说,"却因为行动力不足半途而废。"

社会通过公共图书馆、学校、街道、人行道、良好的经济环境等形式给予了他一些知识碎片,但他要自己想办法运用这些资源。他挨家挨户出售小东西来赚取外快,从种子到杂志什么都卖,攒够了钱就去买运动和智力测验的书。他说:"我没有小孩的零花钱,所以得自己赚钱。"

在学校时,邓肯学习非常努力。"我知道自己只是个无名小卒,但我想通过考高分让自己有立足之地。"他让自己不落后于人,因为落后对他来说意味着灾难。"我从来没有把学校和热爱学习或者理解的欲望、创造力联系在一起,"他承认道,"我只是想表现得好一些。"他用死记硬背的方法,在德语课上的每次测验中都表现优异。但大型考试中考查的是语言应用,

六　如何进行自我激励

那种短时记忆的模式使他德语应用能力很差。期末时，他只得了 D。

他大多数分数都很高，但很少有哪一门课程能够训练他的思维。然而渐渐地，原先的策略型学习方法还是土崩瓦解了，有时候纯属偶然。高中时有堂英语课要求大家读一本小说，他便找了自己所能找到的最薄的一本。他从书架上抽出了约翰·斯坦贝克（John Steinbeck）的一本小书《人与鼠》（Mice and Men），从而认识了这位伟大的美国作家。"这是我读过的第一本好书，"邓肯回忆说，"从此以后我开始读斯坦贝克写的所有书籍。"

邓肯先是在波特兰州立大学（Portland State University）读的大学，后来又转到俄勒冈大学。"我的专业是书籍装帧。"他笑着说。他继续在杂货铺买书，读些自己感兴趣的书，只有极少数课程让他觉得有挑战性，能够激发思考。在新生写作课上，他学会了评价证据、仔细推理，然后得出结论支持观点。虽然他在街头上学到了一些东西，但这是第一次有老师教他通过写作来表达自己。

大学时，他有机会设计一门课程。"你可以设计一门选修课。学校里有个教商法的老师，我问他可不可以围绕着一个主题来广泛阅读、开展讨论，"邓肯回忆道，"他建议我大量阅读，然后我们一起讨论一个小时。这是我本科期间上过的最好的课。"直到读法学院，他才系统地学习如何进行批判性思考，考虑选择和证据，作出结论并写出推理过程。

邓肯·坎贝尔最终成为一名律师和会计师，为一所"主要从事税务工作"的会计公司工作，之后他还进入木材行业，成立了一个投资公司（"之前没人做过这种事情"），名为坎贝尔

> 如何成为卓越的大学生

集团（Campbell Group），后来卖给纽约股票交易公司赚了数百万美元。这笔钱使他能够去做自己一直以来想做的事情：帮孩子们做点事。"之前读法学院，是因为我原以为法学院是关乎正义的，"他解释说，"后来才发现是关于输赢的。"有了大笔经济来源后，他创立并资助了后来国内最成功的民间组织，帮助穷苦儿童去战胜来自贫穷的压力。他发起了包括"青年资源"（Youth Resource）、"儿童课程"（the Children's Course）以及"儿童协会"（the Children's Institute）在内的四项行动/活动，呼吁关注贫穷儿童面临的困难。他最早的项目是"儿童之友"，该项目雇用了全职顾问来帮助五六岁的儿童，一直到他们高中毕业。每个顾问照看八名儿童，每周必须在每个孩子身上花至少四个小时。其他的咨询项目往往帮助范围很广，而和它们不同的是，"儿童之友"主要把目标锁定在最困难的一个群体：那些来自赤贫家庭，有严重的情绪和行为障碍的儿童。这一项目所取得的成就也十分显著。大多数来自类似家庭背景的孩子都会辍学，年纪轻轻就违法乱纪，十多岁时就已经当上了爸爸妈妈，但绝大多数参加这一项目的孩子都完成了学业，遵纪守法，没有一例过早为人父母，还有不少孩子去读了大学。鉴于邓肯·坎贝尔在这些创建项目中作出的种种成绩，他获得了罗伯特·伍德·约翰基金会（Robert Wood Johnson Foundation）颁发的"意志奖"（Purpose Award）。该奖项每年颁给那些"致力于解决棘手问题的人"。[①]

[①] 罗伯特·伍德·约翰基金会网站：http://www.rwjf.org/vulnerablepopulations/product.jsp?id=51208。儿童之友网站：http://www.friendsofthechildren.org。

六　如何进行自我激励

邓肯从破碎的童年和从未真正喜欢的正规教育中蜕变出来，走上了高效的、富有同情心和创造力的人生道路。在这一过程中，三种个人因素对其产生影响并且决定了结果。第一，他具有非凡的好奇心（"我一直是好奇的猴子乔治①"，他说），先是从街头小店的平装书中汲取营养。他阅读，享受音乐，体验人生。大学毕业后，他开始旅行，先从俄勒冈到洛杉矶，东到亚拉巴马（Alabama）、乔治亚（Georgia），北到纽约，最后还到了欧洲，有时他还会在沿途打些零工。第二，他学会了自我安慰、减轻痛苦，在最困难的时候舔伤自疗。第三，他遵循了保罗·贝克教育学生的话：从自己的人生中汲取养分，认识到你自己是多么的独特，把那些不同寻常的碎片创造成别人无法想象的东西。"我从来没有将自己的童年寄希望在别人身上，"他说，"但是我很感激我的童年，因为它给了我机会让我能够做自己喜欢的事情。"

法学院以及邓肯所接受的其他教育增强了他的批判性思维能力，但他为什么还是不怎么喜欢正规教育呢？"也许，"他近来说，"我不能完全摆脱那种策略型学习方法。"他碰到的许多教育体制都不是帮助学生成长，而是对他们进行评判。很多学校的学生都会经常参加考试，似乎教育存在的目的就是为了淘汰而不是培养学生的才能。邓肯和我们其他的受访者之所以成功，是因为他们找到了创造性的成长方式。后来，邓肯在哈佛大学修了一门课程，这门课既没有学分也没有分数，只是提供学习的机会。"我真的很享受这段经历，"他的脸上绽开了笑容，"不再像一片浮萍，漂泊不定。"

---

① 《好奇的乔治》（*Curious George*）是一部美国电影。——译者注

（五）把思想变成实际行动

> 她不认为自己天生聪明，但是她很专注。更重要的是她学习任何东西都采用了深层次学习法，想方设法把刚冒出来的想法变成实际行动。

新加坡坐落在东南亚马来半岛南端，是一个拥有63座岛屿的国家。这个富裕的城市国家是亚洲和世界文化的大熔炉。生长在这一多语言环境中，梅西·尼格（Meixi Ng）学会了英语以及包括普通话在内的两种汉语方言，她还会说泰语，之后还打算学西班牙语和法语。在梅西年龄还小时，父母先后住在埃文斯顿、伊利诺伊，后来她的父亲在西北大学攻读了三年交际研究博士学位，回到新加坡之后开始做家庭咨询和领导力拓展。

十岁时梅西选修了体操课，为了参加比赛，每天要训练三四个小时。但在高中时她摔伤了后背，只得停止体操训练。她微笑着回忆说："这是个机会，让我可以去接触其他的方面。"她在岛国新加坡长大，父亲有很多自称为"老鹰"（the Eagles）的朋友，他们的孩子是梅西经常的玩伴。这个名字古怪的组织秉承基督信仰，强调谦卑，致力于相互帮助的共同愿景。

"我成长在一个大家庭里，我们做什么事情都在一起，"她回忆说，"所有事情都是集体的。"他们学会互相关心，寻找集体内外的公平，而大人也会经常强调这些。"我们对他人具有很强的责任感。"

等她到了 11 岁时，母亲就把她和弟弟送到印度的贫民窟去帮助那些不幸的人。第二年，他们到缅甸居住，也做着同样的事情。她说："我一直生活在优越的环境中，但是我发现，对一些人来说生活是如此的不幸。"这两次远足给梅西带来了深远的影响，但她所接触的非正义事件还不止于此。高中时，她和老鹰社的人一起去了泰国，在那里登记上学，还跟班里一个泰国女孩子成了好朋友。"她是我最好的朋友，"梅西·尼格说，"她喜欢学校，热爱学习，可是有一天，她的父母因为缺钱用，就把她卖给别人当新娘了。她那时候才 16 岁。我努力筹钱想把她赎回来，但是没有成功。"

这种可怕的事情原本可能激发从愤怒到沮丧的种种反应，但对梅西来说，这件事点燃了她要围绕教育去解决大量社会问题的改革愿望。她说："那是一段非常痛苦的经历，不公正和不平等就在我的身边。""我一直记着发生在妲（Da）身上的事情。"她最近告诉记者。受到朋友命运的影响，她决定去西北大学读书，专修教育和国际研究。尽管高中时她成绩中等，但由于现在有了更高的学习目标，她开始经常出现在优秀学生名单里。"我不认为自己天生聪明，"她告诉我，"但是我很专注。"

更重要的是她学习任何东西都采用了深层次学习法，想方设法把刚冒出来的想法变成实际行动。她学着去组织，采取行动。早在高中时，她就组织了一个大型会议帮助年轻人关注个人问题，后来还联合成立了一个东南亚国际组织安伯行动（the Amber Initiate），倡议通过全球年轻人行动来重塑和保护人类尊严。这一组织为那些"弱势的新加坡少年"创建了咨询项目，

如何成为卓越的大学生

并且在印度的加尔各答举办了"红灯区儿童艺术竞赛"①,致力于通过拓展全球教育机会结束人口贩卖现象。

她就与其他人共同创办了国际研究协会,并且在组织内部建立了西北大学版本的世界杯。这一活动最后成为伊利诺伊大学"学生创立的最大型体育锦标赛",全心致力于用运动来"搭建文化桥梁",帮助学生们意识到校园文化的丰富多彩。她每周都会辅导学生,还教特殊奥运会的参赛选手们游泳。

她还致力于把集体感和奉献精神融入大学课程。"我们真正需要的是民众的参与,来形成西北价值观,构建一些我们共同的价值。"她告诉一个学生记者。梅西与其他学生一起参与建立了西北大学行动联盟,负责组织协调各单位在市民参与方面的工作。联盟一成立就立即发起了一项写信活动,说服大学推选一名新校长,推动市民全面参与课内外活动。

在所有这些活动当中,有一个目标始终处于首要地位并推动她不断学习。她想要促进全世界的教育水平。大三那年,她获得了环游世界俱乐部基金会(Circumnavigators Club Foundation)的一项全球旅行研究基金,有机会走访那些边缘化的社区。"我想找出行之有效的做法,"她说,"只有这样,我们才能知道需要去做哪些事情。"她的自我教育从来不仅仅局限在课堂或某一门课上,她所专注的是更高的目标。

---

① *Northwestern News*, "Undergraduate Humanitarian Honored," Trib Local Evanston, May 18, 2010. 见于网站 http://triblocal.com/evanston/community/stories/2010/05/undergraduate-humanitarian-honored/。

（六）学会自我疗伤

她历经了所有的磨难，有着很强的自愈能力。如此艰深的人生磨砺课原本可以轻易使她滑入抑郁或者绝望的深渊，然而，她在移情、自我安慰、自我审视、成长型思维的共同作用下发现了大脑的活力，塑造了富有创造力的人生。

蕾娜·格兰德（Reyna Grande）两岁时，父亲就离开家乡去美国找工作了。跟其他许多年龄相仿的墨西哥人一样，他觉得家乡穷得令人无法忍受，因此长途跋涉到北方去寻找更好的生活。蕾娜回忆道："村子经常遭洪水，我们不得不逃到小茅屋的顶上躲水，动物的尸体就从身旁冲过。"

蕾娜的父亲打算赚够了钱就回家，但一直事与愿违。美国经济发展依赖墨西哥的廉价劳动力，他就成了这台发展机器上的一颗螺丝钉，一方面不顾一切想找份工作，另一方面又经常害怕被政府遣送回国。他"心灵手巧"，"会修管道，做电工活"，所以后来找到了工作，在一家康复疗养医院做维修工人，每年可以赚一万五千美金。

四年之后，他把妻子接到了美国，蕾娜几兄妹跟奶奶一起留在了墨西哥。他们没有移民材料，父母大概是担心孩子们会在边境被抓。"他一去就是八年。"蕾娜说。

等到十岁时，父亲终于来接他们了。蕾娜和兄弟姐妹一起越过边境投奔父亲，但那时父母已经离婚，各自有了新的家庭。蕾娜回忆道:"这太让人难过了,我们在墨西哥的家已经没有了。"蕾娜兄妹跟父亲和继母住,一个月才能见生母一次。

进校时蕾娜不会说英语,老师安排她坐在教室的角落里,由助手把所有内容翻译给她听。"我感到很难过,"蕾娜在很多年后向我们敞开了心扉,"因为我没法和其他同学打成一片。"英语是中学时的第二外语,而她学习的主要方式是"广泛阅读"。

她和兄妹们承受着来自父亲的巨大压力,必须好好学习。蕾娜回忆说:"他常常威胁我们,如果成绩不好就要把我们送回墨西哥。我父亲从来没有满意的时候,只要行动稍微慢点,他就非常生气。"他告诉孩子们:"没有受过教育的人在这个国家走不远。"蕾娜很喜欢艺术和音乐等一切可以让她创作的东西。中学时她加入过一个乐队,尝试过学校里的每一种乐器。她回忆说:"我把长号、单簧管、小号,几乎每一件乐器都带回家过。"她上艺术课,希望以后成为迪斯尼的动画师。她每周都会到公共图书馆看一本新书,在青少年阅读区流连忘返。她回忆说:"好多关于金发蓝眼双胞胎姐妹的书,但实质性的内容却不是很多,因为没有人指点,所以大学之前我从未接触过任何严肃文学。"

父亲继续用疗养医院的微薄薪水抚养着一家人,但随着孩子越来越大,家里的经济情况也每况愈下。老大老二到了读大学的年龄时,父亲贷款送他俩去读书,但一年之内两个孩子都先后辍学了。轮到蕾娜时,父亲已经无能为力,也失去了耐心。他告诉蕾娜,让她自谋生计。尽管蕾娜被加利福尼亚大学艺术专业录取了,但他却不准她去读。

六　如何进行自我激励

失学了一个秋天之后，到了一月份，蕾娜进入了帕萨迪纳学院（Pasadena College）。家里的日子越来越难熬，父亲酗酒，时不时就要打孩子。蕾娜最小，常常遭受暴打。她说："他从来没有动过继母一个指头。后来有一天他终于动手了，把她打得进了医院。"警察来抓走了他。

蕾娜后来谈到这段生活时，还清晰地记得那种紧紧吞噬她的绝望。"我必须和人交流，"她解释道，"我感到害怕、孤独。"她来到学校，找到了她的英语老师黛安娜·萨瓦斯（Diana Savas）。黛安娜之前先是在奥伯林学院（Oberlin College）学习法国文学，后来拿到了加利福尼亚大学洛杉矶分校的应用语言学博士学位。但她所学过的所有课程并没有告诉她此刻应当怎样做。蕾娜讲述了她所经历的一切，而黛安娜的反应很简单："不如你过来和我一起住吧？"

黛安娜的邀请改变了蕾娜的生活。"她把我带出困境，给了我一个新的家。"在新的环境当中，这个年轻的学生开始茁壮成长。黛安娜之前就十分认可蕾娜在英文课上的写作，不断鼓励蕾娜当作家，离开这里去学校读书。"你要和自己的家庭之间拉开距离。"她建议蕾娜。

蕾娜历经了所有的磨难，有着很强的自愈能力。她说："我有双重性格。一个蕾娜很害怕，总是很犹豫，低自尊，但还有一个坚强的蕾娜，她告诉我一切都会好起来。"她的第二自我与她后来获奖作品中塑造的人物十分相像，是她的创作动力，并坚信自己将成就一番事业。"我放眼未来，这样就不会去过多地思考现在，"她说，"我一直告诉自己，生活不会一直这样，要坚持走下去。"蕾娜越来越坚信自己成长的能力，这一信念伴随着避免失败和想要创造的内在饥渴促使她努力工作。"哥哥和姐姐失学了,我不想重蹈他们的覆辙。"

在这中间,黛安娜扮演了极其重要的角色。她帮助蕾娜树立理想,告诉她可以描述自己的经历,成为一名小说家。她说,"之前我以为只有白人才可以写书",但她的英语老师转变了这一印象。在课堂上,蕾娜学习《重新阅读美国:批判性思维和写作的文化语境》(Rereading America: Cultural Contexts for Critical Thinking and Writing)。她从这部作品以及自己的读后感中发现了一个完全不同的文化景观,这些观点挑战了她少女时期在图书馆读到的以及社会大文化所给予她的那些印象。在家里,黛安娜给她看一些拉丁语作家写的小说,像桑德拉·西斯内罗斯(Sandra Cisneros)的《芒果街上的小屋》(The House on Mango Street)。这位作家将自己住在芝加哥和墨西哥的独特经历转变成了文学财富,蕾娜开始想象自己也去做同样的事情。

跟着黛安娜上英语课时,蕾娜同样还学会了写一些非小说类文学作品,养成了批判性思考和不断自我提问的习惯。"我的论据是什么?我会得出什么结论?要得出这一结论我会面临什么样的问题?我如何呈现推理过程?"这些习惯之后令她受益无穷。"我会因为一篇文章苦思冥想好几天,思索自己想要得到的论点以及能用上的论据,然后当我坐下来开始写的时候,一切都那么自然流畅。"

黛安娜帮她担保贷款,她还获得了加利福尼亚大学圣克鲁斯分校的奖学金,距离她的家人只有六个小时的路程。"我在洛杉矶住的地方龌龊不堪,流氓群聚,而在圣克鲁斯的美丽校园,无论在精神还是情感上我都有了自己的空间,出入

六　如何进行自我激励

自由，没人会对我大吼大叫，拳脚相加。我再也不用害怕了。"在这种环境当中，蕾娜不断成长，主修了电影研究和创意写作，选修了人类学，她热衷舞蹈，同时还在乐队里演奏萨克斯风。即便是在帕萨迪纳，好奇心也驱使她参与到各种各样的领域中去。她顺利通过了物理学和生物学课程，还选修了莎士比亚，只是为了弄清楚这个怪人是做什么的，结果发现这位伊丽莎白时代的英国诗人比班上大多数同学都强多了。在圣克鲁斯，她继续着自己的学习之旅，因为喜欢园艺，想弄清楚堆肥是怎么回事，所以选修了植物学；为了了解异国文化，她学习了汉语；想作为一名说本族语的人重新认识本国语言，所以她还学了西班牙语。蕾娜数学学得比较吃力，另外虽然她囫囵吞枣看了许多历史书，从文学课上也学到了许多历史知识，但她还是觉得历史课很无聊，尤其是当她关注时间线和事件发生的日期时。"我有许多兴趣，但我要管好自己，不要被牵扯太多精力。"实际上，她的胃口越来越大，直到大三那一年，她才在西班牙语老师的建议下开始专注于写作。

蕾娜写作是为了愉悦，同时也为了疗伤。大四时她写了一部回忆录，但过程痛苦无比。她发现如果写成小说的话，可以借故事来释放自己的情绪和想象。当这位未来的小说家在揭秘那个墨西哥留守小女孩的人生时，她将故事揉搓扭曲，和小说里创造的人物一起游戏。"创造一个像我的人物要容易一些，当写作艰难的时候，我总是说，这不是我，是她。"

小说创作教会了蕾娜与故事中的人物产生共鸣，她将这种能力又迁移到自己的生活当中。她说："作为一名作家，我必须要了解人物的动机。我将生活中的其他人都看做故事中的人物。有人犯了错，我关注的是促使他们那样做的原因。"写作甚至也赋予了她自我认知的能力，教会她去运用这种能力而不是去排斥自己的人生。如此艰深的人生磨砺课原本可以轻易使她滑入抑郁或者绝望的深渊，很快屈服于困难所带来的令人压抑的成见之中，或者甚至憎恨那些对她的人生悲剧负有责任的人物乃至权力。这些另外的人生道路也原本会让她停滞不前。然而，她在移情、自我安慰、自我审视、成长型思维以及试着理解他人的动机的共同作用下发现了大脑的活力，塑造了富有创造力的人生。

然而，我并不是想说，蕾娜或者其他人的成功完全归功于他们自己，或者说，她的故事或多或少表明了任何一个人都能够克服降临在自己头上的极端的不公正；当然我也肯定不想为社会所树立的那些不必要的障碍寻找借口，或者弱化那些造成学生们成功或者失败的体制力量。我试图要去理解的，是那些态度、观点以及所作所为使得她和其他人能够处理令人极度沮丧的极其受限的经历。我们必须承认，蕾娜和另外那些人有一点运气。她在恰当的时候，遇到了一位关爱她的老师而且享受了公共高等教育系统所提供的机会和支持。即便是她的父亲——除了后来令人不齿的暴力行为之外——也曾竭尽全力把孩子带到了一个可以接受更好教育的国家，并且不断地鞭策他们去努力学习。

蕾娜活在一个正确的时代，也活在一个错误的时代。她出生在边境线上，而在她出生前一百年，那里就一直战火不断。那条边境线成了一个小女孩想要和家人团聚的最初障碍。在父亲罔顾法律将她带到洛杉矶的前一年，美国民主党的国会以及一位共和党的总统给予了三百万人获得合法移民身份的机会，

六　如何进行自我激励

蕾娜和她的家人拿到了绿卡。从那时候起,他们就留在了美国,不再有被驱逐出境之虞。假设她早出生十多年,人生也许会大不同。

听到蕾娜的故事之后,我回想起大约15年前目击过的一件事。一天早晨,我刚到办公室,就看到办公大楼隔壁巷子里,警车把一辆破旧的小卡车团团围住。一个皮肤黝黑,长着一张轮廓分明的英俊脸庞的男人木然地坐在那辆已经报废了的货车的驾驶座上,他的衣服和肤色说明他已经在烈日下工作了很久。他十岁左右(我猜测的)的儿子坐在小卡车的黑色座椅上号啕大哭,不时用拳头捶打着椅背。一位上了年纪的妇女,大约是他母亲,搂着男孩想要安抚他。其中一名警察问我:"你会说西班牙语吗?他不愿意说一句英语。"我问警察他做了什么。警官告诉我:"抓住他的时候他正在沿街收垃圾,不过我们认为他可能是非法移民。"他会有什么下场?我问。"在监狱里蹲一段时间,然后被遣送回墨西哥,也许是全家一块儿。这就是他儿子那么难受的原因。"

毕业后,蕾娜获得了安提俄克大学创意写作的硕士学位。三年之后,她出版了一本自传体小说《翻越一百座山》(*Across a Hundred Mountains*),因其"非同寻常而又无比沉痛,充满失落和探索的移民故事"受到评论界的热烈追捧。这本书为蕾娜赢得了无数荣誉,其中包括最佳改编拉丁语图书和阿兹特兰文学奖。又过了三年,她出版了广受评论界好评的第二本小说——《与蝴蝶共舞》(*Dancing with Butterflies*),这本书源自她以前学习民族舞蹈的经历。

七

为什么要接受自由教育

Curiosity and Endless Education

> 诺贝尔化学奖得主达德利并没有鞭策自己一定要在不擅长的领域做到最好，而是去追求那些最吸引自己的领域。他不把自己局限于一个狭窄的视角，不会因为害怕可能的失败，就在新领域前止步，而是想方设法从新的角度看待问题。自由教育帮助他做出正确的选择。

七　为什么要接受自由教育

（一）什么是自由教育

　　当卓越大学生发现自由教育和自己专业之间的联系后，他们看到了自由教育的巨大价值，这种广博的教育有助于他们进行艰难的抉择。

　　九月里一个炎热的下午，四百名学生拼命挤进一个小演播厅，在马蹄般弯曲状的长排坐席中寻找座位。演播厅里一片嘈杂，大家的嗓门一个比一个大，都想压过四周的喧闹。

　　几分钟后，一位身材瘦高的年轻人走进来，站在教室前面的讲台后。他身穿蓝衬衫、棕色长裤，脚上是一双白色运动鞋。大部分学生在座位上都能俯看到他的头顶。他把麦克风夹在衣服上，清了清嗓子。

　　"我知道教室里很热，"他几乎是吼着压过教室里的说笑声，"但我们有事要做。"等学生们停止说话后，他继续说道："这门课是 112 历史课。我想，大部分人来到这里的原因是认为必须选这门课，其实并非如此。"他从讲台后面走出来，看着教室最后一排说。

　　学生们交头接耳、难以置信，教室里如潺潺流水，响起了一片低语声。"但是等等，"他一边用力挥动双手，仿佛要挡住迎面驰来的火车，一边很快地补充道，"按规定，这门课是学

如何成为卓越的大学生

校自由教育（liberal education）① 的一部分，但世界上没有人会要求你们进行如此广泛的学习。如果你们自己不愿意，没有人会在广场上鞭打你们，没有人可以囚禁你们或者罚你们的钱。你们自己对教育负责。"

当学生们倾听的时候，他继续说道："我希望你们思考一下自己是否真的需要这种教育。我想要你们去理解它的美以及实用性，然后决定这门课是否适合你自己。"这时候教室里变得鸦雀无声，直到空调最后启动才吹来一阵徐徐凉风。

他用几分钟简单介绍了自由教育的历史，告诉学生 liberal 一词来自拉丁文 liber，是"自由"的意思，指的是古代自由的儿童（相对奴隶而言）所接受的学校教育。现代意义的自由教育指的是学生广泛学习从科学到人文在内的大量课程，采用深层次学习法解决各学科提出的许多重要问题。

讲完后，教授让学生们去做一件非常奇怪的事情。"今晚你们回去后，不管是回家还是回宿舍，我希望你们自己决定是

---

① liberal education 起源于古希腊的 eleutherios paideia（自由人的教育、绅士的教育）和古罗马的 Liberaliter educatione（字面意义为"自由人的教育"，一般翻译为"绅士般的教育"）。16、17 世纪，在英国与绅士理念相合流，遂演变为近代博雅教育理念，并在 18、19 世纪成为体系化、理论化的教育学说。在 18、19 世纪的英国，liberal education 中的 liberal 一词具有两个最为基本的语义：1. 博学的、通识的、非专业性的、丰富的；2. 符合绅士身份的、高雅的（genteel）。而 liberal education 则意指以培养绅士为宗旨、以古典文学、逻辑和数学为基础的非专业性教育，当译解为"博雅教育"。19 世纪初，通识教育（general education）一词逐渐在英国流行开来，并成为 liberal education 的同义词。至 20 世纪，liberal education 和传统的绅士阶层脱离了联系，但继续意指非专业性的教育，等同于通识教育。与此同时，由于心智训练学说和自由主义在教育领域占据主导地位，liberal 的语义发生了很大变化，它不再意指"符合绅士身份的、高雅的"，而越来越等同于"解放的"（liberating）、"自由的"（free）。因此，在 20 世纪美国，liberal education 一般可译解为"自由教育"，意指以解放心智为目的、以培养自由公民为宗旨的非专业性教育。本书将 liberal educatio 翻译为"自由教育"。关于自由教育，具体可以看北大出版社出版的三种经典文献：纽曼《大学的理念》、金博尔《什么是博雅教育》和哈佛委员会《哈佛通识教育红皮书》。——译者注

七　为什么要接受自由教育

否真的需要接受这样的教育。请你们把其他人都赶出房间，在黑暗中至少静坐30分钟，然后问自己：'我真的想接受自由教育吗？'如果你们确实愿意，那么星期三回教室，准备开启这段人生旅程。如果不愿意，你们也知道自己该怎么做。如果你们并非真的想读这所大学，就应该有其他追求。"结果没有一个人逃课。

现在的许多学生可能不会赞同这一说法，他们认为想要在这个日益专业化的世界里出类拔萃就必须放弃其他学科，专注于某个领域，成为该领域的专家。学生们通过学习，成为医生、水管工、商人、律师、会计师、计算机工程师或其他专业人士。他们不明白大多数传统高校为什么对"通识教育"（general education）有诸多要求。对他们而言，博雅课程听上去就像是没有真正专业的人所追求的。谈到这些课程时，他们认为学生们必须尽量"逃避"，导师们也会帮助他们"核对"要求。这种想法最极端的情况是，学生们认为学校存在的价值不是把学生培养成为富有创造力、批判思维能力、有同情心的人，而仅仅是帮助学生取得正确的证书或学位。

事情的真相是许多教授和系主任其实自己也不理解为什么要学生学习博雅课程[1]，他们只是模糊地知道自由教育"有助于学生全面成长"[2]，并不明白其整个传统所蕴含的意义。不过这句老话已经不那么有吸引力了，当今世界需要的是像瑞士军刀一样，具有多种专业技能、能解决日益复杂问题的人，谁希望成为一个没有专业技能的人呢？

---

[1]　教授和系主任有时会支持自由教育的要求，因为他们希望将自己系开出的课程列为必修课，从而保护自己系里人员的地位。

[2]　各院系主任有时不愿提供教授名额来帮忙发展跨领域学科，因为这些课程不能满足各院系自己的需求。

最近，我在华盛顿遇到一群很有影响力的决策者。他们同样很难理解教育的价值不是为就业准备，如果不以训练学生完成任务去赚钱为中心，他们认为高等教育就毫无意义。

相反，我们调查的那些最具创造力和生产力的学生们却逆流而为。他们发现了通识教育和自由教育的巨大价值，不过并没有在不同科目间频繁变换、无一而精。他们并没有不断地蜻蜓点水，却不选择一两个科目多花些时间来专心打磨。常青藤名校的一位教授留意到，"你看，很多来哈佛的孩子参加的活动都太多了"。相反，那些具有高度创造力和生产力的调查对象们学会了艰难选择。问题的关键在于，当他们学着发现自由教育和自己专业之间的联系后，这种广博的教育有助于他们进行上述抉择。我们曾经在蕾娜·格兰德（Reyna Grande）和其他学生身上发现这种能力，这里将再次看到。想要理解并借鉴调查对象们的行为，实现富有高度生产力和创造力的人生，我们就必须首先弄清楚他们在专攻一两个领域之前，如此重视广博教育的原因。

（二）自由教育与创造力

卓越大学生们在形成他们关注的事物时，好奇心和学习中体会到的乐趣发挥着巨大的作用。他们在实现个人能力及进行原创的双重愿望驱动下，在丰富多彩的自由教育中广泛探索，挖掘人文、艺术、社会科学和自然科学领域中的理念和信息来滋养自己的心灵。自由教育能为他们提供机会去享受更加丰富多彩的人生。

七 为什么要接受自由教育

创造过程中最重要的一个环节是当遇到好想法时具有识别能力，该理念含义深远。要在他人的想法和创造的基础之上发展，我们必须首先接触到它们，而要实现这一点，我们必须对艺术、科学、数学、哲学和历史领域的一切伟大作品进行探索，必须为探寻广泛的主题和学科感到兴奋不已。全世界的卓越想法和优秀人才都可以供我们随心所欲地借鉴，至少整个人类历史上的一切努力和成就是如此，机遇无限。

我原本认为创造力的价值在于它有益社会，但从我调查的那些卓有成就的人展现的广泛兴趣来看，这并非唯一原因。他们非常重视创造力是因为它有助于实现个人基本需要，能让生活更加丰富多彩、生气勃勃。美国哲学家理查德·泰勒（Richard Taylor）在他的经典作品《美德伦理》（*Virtue Ethics*）中有类似的观点。他认为，人类具有特殊智慧，唯有变得富有创造力时才能过上幸福生活。泰勒写道，"创造力是我们与其他生物的区别所在"[①]。他还认为任何领域都存在原创。"当我们想到创造力时，"这位哲学家写道，"很容易从狭义去建构，把它理解为创造某种物体，有时甚至是局限于艺术范围的某种物体。"但这种理解太狭隘了。他得出结论说，"创造性智慧可以通过舞蹈演员、运动员、棋手，实际上一切智力指导下的活动体现出来"，可以体现在园艺或务农中，也可以体现在"营造幸福家庭当中"。泰勒自己正是在追求具有创造力的美好人生中，成了著名的养蜂人和哲学家。[②]

---

① 感谢我的同事、哲学家泰格·罗福特（Tiger Roholt）介绍我了解泰勒的学说以及这里引用的话。Tiger Roholt to author, April 23, 2011.
② R. Holmes, B. Gan, and T. Madigan, "Richard Taylor Remembered," *Philosophy Now* 44 (Jan./Feb. 2004).

如何成为卓越的大学生

关于创造力的价值，我们的调查对象并非坐而论道。他们总能发掘让自己着迷的事物；他们对自己要解决的问题、要做的工作深感兴趣；他们迷失其中、物我两忘，因而迸发出巨大的创造力。他们认识到创造性的成长需要养分，所以能够在对他人创造的日益欣赏中去寻找养分，也能在自己为一切事情、问题或项目所带来的独特视角当中寻找养分。他们必须理解自己的大脑如何才能达到最佳状态，大脑中的想法如何产生，自己如何思考，想法从何而来。最根本的一点是他们必须从特定历史和社会产物的角度去理解自己，这需要对历史和自己所处的世界有深刻认识和广泛研究。他们在实现个人能力及进行原创的双重愿望驱动下，在丰富多彩的自由教育中广泛探索，挖掘人文、艺术、社会科学和自然科学领域中的理念和信息来滋养自己的心灵。

卓越大学生们在形成他们关注的事物时，好奇心和学习中体会到的乐趣发挥着巨大的作用。自由教育能为他们提供机会去享受更加丰富多彩的人生，因为他们每时每刻、在每次经历中都能有更多收获。究竟什么是生活呢？归根到底，生活就是不断地体验现实。如果能抓紧每一分钟充分利用，审视历史脉络，探析社会环境，仔细分析、倾听不同声音并将其融入个人经历当中，你就能时时刻刻得到更多收获。数年前，芝加哥大学社会学家安德鲁·阿博特（Andrew Abbott）告诉学生："在机会面前，如果不能充分利用各种资源去拓展个人体验，那么你就是个傻瓜。素质教育正是实现这点的核心手段。"[1]

---

[1] A. Abbott, "Welcome to the University of Chicago," Aims of Education Address(for the class of 2006), September 26, 2002, Digital Text International. Available at http://www.ditext.com/abbott/abbott-aims.html.

七　为什么要接受自由教育

举例来说，所有学科中历史涵盖的内容最为广泛，它包括了人类一切事物，从艺术到科学以及二者之间的所有事情。设想你试图区分不同色调，只有当你把两种颜色放在一起时，你才能清楚地发现区别。同样，要想理解自己及自己所处的时代，除非有其他历史线索参照，否则无论是对自己所处的社会，还是对自己都知之甚少。你可能会认为某种观念十分正常，如种族主义，但只有在了解这种感受和观念的历史或者知道它并非始终存在之后，才会改变成见。也可能你会认为某些人或某种宗教有暴力倾向，直到研究了其漫长的历史并与其他社会进行比较之后，才会转变观念。你还可能认为社会中的某些人一定有特殊基因，所以他们才会具有修建室内厕所的特殊能力或者拥有其他技术，直到你研究了影响他们成功的漫长历史之后，才认识到早期的祖先们其实并无吹嘘炫耀之处。

（三）在自由教育中培养历史眼光和正义感

> 在广泛地涉足各个学科后，卓越大学生总能从中汲取智慧，思考自己相信什么、为什么相信，并不断整合和质疑。

经济学家迪安·贝克（Dean Baker）曾经成功地预测2008年经济崩溃，同时还是倡导经济正义的领军人物，早在这之前他和哥哥两人一起搞过暑期研讨会。两兄弟就像搭建树屋一样，共同捣鼓着自己的学习路线。那时候，迪安刚刚结束位于

如何成为卓越的大学生

费城（Philadelphia）外斯沃斯莫尔学院（Swarthmore College）新生阶段的学习，哥哥已经在波特兰（Portland）的里德学院（Reed College）读完了大二。贝克兄弟俩在芝加哥北部长大，从小和母亲及外祖父母住在一起，那年夏天他俩回到古老的湖边小区时，满脑子都是各种各样的想法和问题。哥哥在里德学院学历史时已经遇到了一群美国历史学家，他们对当前流行的历史假设提出了许多质疑。

迪安回忆说："一年级时我表现不那么好，特别在语言方面。我觉得是因为自己不够努力的缘故。"不过他对政治一直很有兴趣，部分原因是他亲眼目睹了芝加哥冲突的关系，所以当哥哥带着新的研究和观点回家后，两兄弟发现了一个主题，正是这个主题改变了迪安全部的学习方法。"那个暑假我大部分时间都和哥哥待在一起，"这位经济学家回忆道，"这改变了我在学校的学习动机。"

夏日的温度不断上升，两个男孩也在日益热烈地展开讨论和辩论，他们分享书籍和观点，同时也相互质疑、审视证据。那时候，哥哥已经在阅读包括加布里埃尔·科尔科（Gabriel Kolko）和威廉·阿普尔曼·威廉斯（William Appleman Williams）在内的许多质疑传统观念的历史学家们的书了。他将这些书与迪安分享，书中发现的观点对传统诠释进行了质疑，点燃了兄弟俩的思想火花，把他们带入从未涉足的殿堂。两人认真研读，相互争辩，交换信息，讨论意义并寻求着更多的信息。

那年夏天，芝加哥密歇根湖边一带的气温跟往年一样，上

七　为什么要接受自由教育

升到 70 到 90 华氏度之间①。最热的时候，密歇根湖边沿岸的沙滩上全是来游泳的人；最凉爽的时候，习习凉风拂过湖面，让人心旷神怡。每到凉爽的日子以及独立日的下午，芝加哥小熊队（Chicago Cubs）就会在里格利球场（Wrigley Field），距两个男孩热烈讨论不远的地方打棒球。即便最热的时候，到了晚上天气也会转凉，睡觉时根本不用开空调。

在那年夏天及之后多年，有个历史事件一直引起迪安的特别兴趣。多年后，当他坐在陪审团席，等待着全体陪审团成员讨论决定某个重要人物的命运时，他还回忆起那些故事。"那次事件事关伊朗总理摩萨台（Mosaddegh）。"他说道。1951年摩萨台当选为伊朗总理时，兄弟俩都还没出生。

穆罕默德·摩萨台是现代伊朗第 60 和 62 届议会领袖，他出身贵族家庭，但大力推行有利于工人和农民的经济改革。他为生病或受伤的工人和农民提供失业福利和救济，把农民从被迫劳动中解放出来；还向地主征税，修建公共设施造福普通大众。那时候，后来的英国石油公司（British Petroleum）通过石油所有权控制了伊朗的主要经济命脉。当摩萨台总理声称油田应当属于伊朗人民时，他激怒了英美两国政府。1953 年 8 月 19 日，美国中情局策划政变，推翻了他的政权。

政变发生时贝克兄弟还没有出生，但是读到这一历史事件时，他们仍然对暴力推翻他国民主选举政府的行径深感震惊并大为困惑。他们童年时期建立起来的美国外交政策模型受到质疑，最珍视的信念被动摇，而他们对国际社会的真正体制的好奇心也从此产生。"我们被告知，推翻摩萨台政权是冷战反对

---

① 约为 21 到 32 摄氏度之间。——译者注

暴力斗争的一部分，"他回忆说，"但是根据历史纪录这根本是无稽之谈。摩萨台不是苏联间谍，他是为人民争取正义的激进改革家，根本不是暴君。反对他的政变其实保护的是大石油公司的经济利益。"在好奇心和正义感的驱动下，整个夏天贝克兄弟两人的研讨会都在探讨此事。他们大量阅读感兴趣的书籍，理解并记忆那些重要的东西。从炎热的七月到温暖的八月，兄弟俩一直都通过哥哥带回来的那些书籍不停辩论、讨论，选择自己的方法，后来这些书被弟弟据为己有。

迪安和哥哥一起度过了那个不可思议的夏天后，九月时没有返校而是休学去了欧洲旅游。一年后返校时，他申请了斯沃斯莫尔学院荣誉项目（the honors program）并被录取，该项目培养了许多富有创造力和批判精神的思想家。在每周小型研讨会提供的环境中，学生们参与对话，引导其他同学共同讨论自己的研究。迪安学会了质疑一切，他会探究同学们提出的观点和概念背后的假设，深入思考其含义和应用，努力寻找证据，并大胆质疑支撑资料的来源和本质。他会分析同学们的推理过程和材料来源，他还特别注意到有时候语言会被用来扭曲观点、激化热情。

还在上荣誉课程前，迪安就选修过关于行为主义的跨学科课程。这门课研究的核心问题是：人类行为受什么控制？"质疑之前首先得自己理解，"迪安解释说，"上课的教授们可不会忍受一堆愚蠢的质疑。"第二年，他还选修了美国经济历史课，二年级课上的一些问题在这门课里再度出现。

斯沃斯莫尔荣誉项目中，教授们主要是扮演教练和导师的角色，他们会帮助学生准备课程，但并不担任最后评价学生学业的裁判。迪安和同学们花了两年时间准备大四时最后两天的

七　为什么要接受自由教育

结业考试。结业考试时,来自本领域的专家担任外部评审人,到学校来评价学生的学业,他们和学生进行对话,交流思想,质疑学生的观点,最终决定是否授予荣誉。

迪安开始了解自己的学习风格,他知道自己只有在享有充分自由、能够参与规划自己教育的时候,学习效果最好。"这正是为什么我去斯沃斯莫尔学习的原因,"他解释说,"我选择斯沃斯莫尔的另一个原因是,他们很重视本科生教育和教学。"教学质量很重要,但更关键的还是他对世界日益增长的兴趣和关注。"我的大部分老师都很棒,"他指出,"即便他们不怎么样,我通常也会自己找些跟项目有关的、有趣的东西来读。"

迪安对经济力量如何改变人们的生活以及经济如何运行越来越着迷。在广泛地涉足各个学科后,他总能从中汲取智慧,思考自己相信什么、为什么相信,并不断整合和质疑。"我总是先从阅读材料当中寻找论点,"他解释说,"然后准确找到论据,看它如何支撑论点。"对他人的深切同情、具有自嘲及看淡身边荒谬事情的能力支撑他上下求索。在欢笑与严肃中,他学会了解决问题并提出他人从未提出的问题。通过从证据中自己推理出来各种观点及学习他人观点,他能从诸多观点中严格筛选出那些符合自己的推理和证据最高标准的观点。从密歇根大学取得经济学博士学位若干年后,他运用批判思考的习惯,识破了有些经济学家想减少社会保障金的错误观点,后来又率先预见了经济崩溃即将到来。不过,分数从来也没有在他的学习中扮演过重要角色。"我根本不在意分数,"他解释说,"分数看上去过得去就可以了。我更在乎的是那些让我着迷的事情。"

当哲学家安德鲁·夸克(Andrew Chrucky)在写自由教育

如何成为卓越的大学生

有助于人们找到合理的办法解决冲突时,他所描述的应该就是迪安接受的这种教育。"自由教育,"他写道,"应该让人们就什么在经济及政治上对所有人都有利,试着去达成共识。"他指出,这种结果来自对话,来自"历史学、人类学、经济学和政治学"中各种道德问题的斗争。[①] 在这种自由教育中,学生们逐渐"通过学习修辞和逻辑"理解讨论的本质,发现如何通过写作和口头语言来表达自己的观点,从而学会参与到上述交流当中。通过相互质疑,依据证据或推理指出任何问题,他们参与到讨论当中。无论反对还是接受某个观点,他们都不是出于个人奇想,而是运用了最高的理性判断。正是自由教育帮助他们培养了反思性思考的能力。

通常来说,卓越的大学生都会为自己的教育量体裁衣,他们参与对话表达个人观点,并通过对照他人价值和观点、推理原则和证据标准来检验个人观点。他们告诉我们,他们曾经和朋友们在宿舍和图书馆里长时间讨论,有时候还会爆发激烈的辩论;他们在面对道德、正义及其他问题时进行过个人深思和挣扎,有时候还会与原书作者进行思想上的彻夜辩论。此外,他们还准确指出了同意(或不同意)某人指出的事实,与同意(或不同意)他们的观点之间的区别。

喜剧巨匠斯蒂芬·科尔伯特在阅读罗伯特·博尔特(Robert Bolt)关于价值的文章时曾进行激烈的思想斗争;电脑先锋杰夫·霍金斯仔细思考哲学家著作,运用约翰·瑟尔(John Searle)的观点区别人脑和电脑;新闻记者戴维·普罗泰斯广

---

① A. Chrucky, "The Aim of Liberal Education," Sept. 1, 2003, Digital Text International. Available at http://www.ditext.com/chrucky/aim.htm.

泛参与到教授和其他学生们的研讨会当中；邓肯·坎贝尔一生寻求正义，他最初进入法学院希望能寻找到正义，最终在自己发起的帮助残疾儿童的项目里找到了答案；玛丽·安·霍普金斯（Mary Ann Hopkins）在表演艺术、人文和科学中探索，希望为饱受战争蹂躏和贫穷不堪的世界寻找正义之路，最终在自己的行动中找到答案。我们不断听到这些跨学科探险、深夜畅谈以及终身广泛阅读的故事，听到他们探寻那些能滋养大脑的观点、想法和事实。在这一切当中，我们都听到了对知识的渴求、对创造力的渴求以及对正义的普遍关注。

（四）自由教育为自由选择提供了广阔天地

在我们研究的人群中，我们不断看到这种渴望追求更多的模式。他们要的不是仅带来简单挑战和容易成名的职业，他们追求的是不忘沉思或保持好奇心的教育，哪怕必须披荆斩棘、开疆辟地。

艾玛·墨菲（Emma Murphy）主修政治和经济思想，还学过俄罗斯文学，但从来没有修过标准医学预科课程，也没参加过通常决定谁能进入医学院的医学院入学考试（MCAT）。不过她还在弗吉尼亚大学（University of Virginia）读大三时，就已经获得了西奈山医学院（Mount Sinai School of Medicine）的录取通知书。只要她接受，就会加入那些同样具有人文和社会科学背景、已经进入医学院的学生行列当中。

西奈山医学院启动了一项旨在吸引具有广博的自由教育背

景的学生进入医学职业的计划，但通常情形下，医学这个职业并不鼓励深层次的自由教育。相比接受传统教育、更专注于科学训练的那些学生而言，这些学生的表现如何呢？

该医学院研究人员近来对两组学生进行了比较并发现，各种评估方式显示文科生和那些没有接受本科广博教育（broad undergraduate education）的学生相比，表现同样优秀甚至更好。① 他们在临床期、实习期及课堂上的表现都非常出色，从事科研的几率也更大，"毕业时在研究方面表现突出"。此外，他们更倾向于选择初级保健专业。艾玛认为她的经历使自己更富有同情心，更懂得理解他人，也更善于理解病人的困难。医学院主任丹尼斯·查尼（Dennis Charney）指出，"这些学生有助于促进我校医学生的多样性"，"创造出一个生气勃勃的教育群体和更加具有激励性的学习经历"。

艾玛在学校和家庭生活中的许多经历都为她采用深层次学习法并关注重大人生问题提供了养分。她从小在马里兰的农村长大，父母都是医生，他们常常鼓励她的好奇心。"无论什么事情父亲都会坐下来和我讨论。"她回忆说。艾玛从小长大的家庭有宗教传统，价值、目的及信念渗透在她做的所有事情中。"宗教是我们日常生活的一部分，"她说，"还在高中时个人信念就成为我人生的重要组成之一。"从小学一年级到十二年级，她一直就读"一个很棒的私立学校"，学校提供小班教学，重视人文教育。"班里人数至多不过十到十二人。"她回忆

---

① Mount Sinai School of Medicine, "Mount Sinai Study Shows that Humanities Students Performs as Well as Pre-Med Students in Medical School", press release, July 30, 2010. Available at http://www.mssm.edu/about-us/news-and-events/mount-sinai-study-shows-that-humanites-students-perform-as-as-pre-med-students-in-medical-school.

七　为什么要接受自由教育

说。在这种氛围下，她积极地探索着各种重要问题，学会了批判性阅读，还培养了良好的写作能力。老师们会和学生分享他们的工作热情，他们那种奉献精神也对小姑娘产生了深远影响。她强调说："老师总是鼓励我大胆提问。"

不过艾玛成长的环境也十分强调策略，各种强烈的外在动机不断地冲击着她。她的父母希望三个女儿都成绩优秀，周围社会也以学生被名牌的私立大学录取而感到骄傲。艾玛的姐姐就读于普林斯顿大学，她自己也上了一所常青藤名校。在班上，她感受到了考高分的潜在压力。"还在高中时，我接受的教育就是通过老师的话来衡量自己的学习，自己好像被量化在一些表格当中。"艾玛跟社会班里的许多年轻女孩一样也学了芭蕾，表现也很出色，但无论是芭蕾课还是在校学习都让她倍感墨守成规的压力。"在这种职前教育（pre-professional）的环境影响下，我患了神经性厌食症，必须入院治疗一个月。"她解释说。困在医院的艾玛感到与世隔绝，仿佛被世界抛弃了一样，不过她从来没有感到过绝望。这件事对她的思考方式和价值观影响深远，也激发了她日后对其他面临监禁的人的深切同情。也许这就是她在弗吉尼亚大学转型的开始。

读大学后，艾玛仿佛置身两个世界之间，一个世界强化外在压力，推动她关注策略型学习，另外一个世界则呼吁她追求生活的目的、价值和个人发展。尽管前者可能会保证快速的学习荣誉、光环和高薪，但只有后者才会提出关于生活意义的问题。其实艾玛到弗吉尼亚大学纯属偶然，她到最后一刻才递交了杰弗逊奖学金的申请。入校前她参观过校园，发现那里的学生都"充满热情、具有创造力"。她认为"这是一个很容易做出的轻松决定"。

如何成为卓越的大学生

艾玛选的课程允许这位马里兰小姑娘围绕政治和社会"自己规划学习",这种自由激发了她深层次的动机和广泛的兴趣。早期她去听了宗教系比尔·威尔逊(Bill Wilson)的几节课,这影响了她日后的方向。她解释说:"当你努力学一篇文章时,威尔逊从不以专家自居,他不会认为如果我们的解释和他的不一致,我们就错了。"艾玛记得老师总是很重视她提出的问题及她在写作和思考中如何解决这些问题。"分数和讨论没有关系。"她说。

大三时,艾玛选了一门很不寻常的课,这门课强化了她投身广博深厚的自由教育的决心。在这门俄国文学课上,学生们要定期为青少年教化中心的孩子们举行讲座。"我们阅读的目的不是为了写一些只会放到教授办公桌上的论文,"艾玛解释说,"而是为了寻找关键的意义及与个人的联系。我们得从这些已经被司法体制边缘化的孩子们的角度去探索俄国经典作品。"尽管艾玛的生活和她在中心遇到的那些男孩的生活几乎完全不同,但是当她努力试着从他们的角度去理解时,还是能找到一些自己的经历。她解释说:"我会回忆起自己在医院时渴望回到正常生活的情形。"正是这段经历激发了她对正义、对文学中提到的目的和价值问题的广泛关注。在这门课中,她清醒地认识到人类共同的人性,也培养了自己为自己教育做主的强烈意识。

艾玛还不确定自己是否会接受邀请去医学院就读,她首先想要追求的是一个能促进与他人接触的职业、一个允许自己保持创造力的职业。在我们研究的人群中,我们不断看到这种渴望追求更多的模式。他们要的不是仅带来简单挑战和容易成名的职业,他们追求的是能让他们不忘沉思或保持好奇心的教育，哪怕必须披荆斩棘、开疆辟地。

（五）自由教育：塑造整全的世界公民

卓越大学生们培养了丰富的兴趣以及对自己各个领域的才能和观点进行整合的能力，最终选择了其中一个舞台演绎自己的生活和职业。他们不会根据自己所从事的职业、所发明的装置及所唱的歌去束缚自己，而是力图成为一个富有创造力、好奇心、同情心并关心他人的世界公民。

北加利福尼亚一个明媚的春日，年轻的达德利·赫施巴克（Dudley Herschbach）一边四处张望，一边沿着一条小溪的河床走着。他经常这样漫步，惊叹于四周的树叶、岩石、从小水塘的中心向四周蔓延开去的点点涟漪以及住在这个微观世界中的各种小生物。他还注意到四周的小鸟，时而栖息在枝头，时而为了觅食猛地飞下枝头。后来，他在斯坦福大学踢过足球，曾拒绝职业足球队公羊队（Rams）的邀请，后来获得诺贝尔化学奖，还为电视剧《辛普森一家》（Simpsons）担任过解说，这么多年后他仍然记得那些小鸟和曾经的漫步，它们就像优秀的老师一样，对他提出问题，激发他的想象，引起他对周围世界的敬畏。"我有大把时间做白日梦。"他回忆说。

家里有三个男孩和三个女孩，达德利是老大。经济艰难萧条时期，父母勉强度日。父亲靠修房子维生，他对自己工作的细节不胜骄傲。这位科学家回忆说："父亲会给我们讲他手艺的故事，告诉我们把一件事做好多么重要。他常常说，等到将来有一天有人把房子拆开的时候，就会发现它建得究竟有多好。要把事情做好需要更长的时间。"

故事是达德利童年生活的一个很大的部分。四五岁的时候，他的家里经常挤满了各位叔叔和伯母们，大多是父亲的兄弟和家人，他们聚在一起讲自己在世界各地历险的奇闻轶事。祖父也会打着哈欠，吹嘘自己曾经遇到过一头比车库还大的熊的故事，围坐在一旁的小孩们既害怕不已又着迷万分。很快，达德利开始自己看故事。"我三四岁大的时候，"他说，"就一直很好奇那些印着各种卡通人物的有趣的纸上的字母组合在一起究竟是什么意思。"达德利就像解码玛雅文化密码的人类学家一样，费力地解读着漫画书里那些字母的秘密。"我记得，"他说，"我曾经拿着红笔仔细读报，把所有认识的字都一个个画出来。"母亲有时候会帮他认一些字，但是更多的时候他是自己根据上下文来猜测词义。

达德利开始阅读之后，家里给他买了一套共三本、专门写给孩子的世界历史书，他还没上一年级就飞快地看完了。"我家不是知识分子家庭，"他说，"买这套百科全书之前，家里只有几本圣经、埃勒里·奎因（Ellery Queen）的侦探小说还有《读者文摘》。"记不得是在九岁还是十岁时，他的家在一个清晨被烧为平地，这些书也随之灰飞烟灭。火灾过后，达德利只能靠一个图书馆还有一位经常给他推荐书籍的图书馆员看书了。他回忆说："她在我的教育中发挥了很大的作用。"

达德利读的书包括历史、科学和一些文学书，父母常常送他书作为圣诞节或生日礼物。他时而在《金银岛》（*Treasure Islands*）探索，时而跟着鲁滨孙一同旅行。自从十一岁时拿起

七　为什么要接受自由教育

一本专门讨论星球的《国家地理》后,他便爱上了神秘的自然界。他搜寻了许多和天空有关的书,还自己画过星座图,这是他人生中第一次重大科学探索。不过,尽管科学和数学日益成为他关注的焦点,他仍然探索着文学、历史和生物学。他解释说:"我认识到一个人只能是特定阶段的特定个体,而阅读能帮助你延伸自己,体验不同时代不同人物的生活。通过阅读,你还能学会写作。"高中时,他发现了莎士比亚的戏剧如同织锦一般绚烂的色彩,最后又爱上了数学和概率的优美旋律。

这种探索产生了非同寻常的想象力。他学会了轻松地从一个角度跳跃到另一个角度,建立少有人能想到的联系并提出他人从未提出过的问题。"作为小孩,没有大人告诉我该怎么做,所以我有大把时间做白日梦,"达德利说,"因此我学会了像猎犬一般用鼻子嗅猎物的思考习惯。我的思维可以四处发散,而不是遵循线性的路径。"

达德利爱上了生活——它的神秘、复杂、美、问题、挑战甚至悲剧。与本书诸多调查对象一样,他追求广博的教育,广泛涉猎不同学科,最后才一头扎进化学的世界。他享受征服的震撼和未知问题的挑战,既喜欢自己作为右路边锋驰骋在足球场上的愉悦,同时也把这种享受带入课堂学习。基于个人成长的历史以及学习之后的认识,达德利对自身的独特之处有强烈的自觉认识。在他脑子里,智力和个性绝非孤立不变,而是不断演绎,永远都会受到他所学一切的影响。他说:"每当你掌握了一些新的东西之后,就会对自己产生不同的认识。你会认识到自己是独立的、与众不同的。通过一种特殊的方式,你能获得力量。"

达德利和许多其他受访对象一样,很早就发现了教育的力量。高中时，他就开始辅导足球队里那些为历史、数学、化学和许多其他诸多科目痛苦挣扎的小伙伴。通过交谈，达德利和队友们加深了理解，讨论了很多冒出来的想法。这给了这位萌芽中的科学家机会去理解复杂的概念，然后以一种自己认为有意义的方式讲给其他人听。高中时，他曾经上过一门数学课，那位圆滚滚的数学老师刚从战争中退役下来，自己对上课内容缺乏深刻了解，倒希望每个学生"解释自己为什么要按这种方式解题"。还有其他课上的老师们也坚持学生主导、同学之间相互讲解。"我想这大概就是今天所谓的同伴指导（peer instruction）吧。"多年后达德利猜测说。

达德利热爱运动，一直坚持体育锻炼。他参与的两项运动，足球和篮球，都来自21世纪的合作文化，强调时间、空间和线条上的相互来往。不同于在19世纪的棒球运动中，每个人都站在各自的位置独自击球，这两项竞技性运动重视合作和协作，在此意义上和他最终选择的科研世界具有相似之处。当他进入斯坦福大学的时候，他同时获得了学习和足球两项奖学金。达德利选择只接受前者，因为前者给予了他自由，去作出影响他一生的选择。他放弃了足球，因为足球教练告诉他不准再进实验室，这会影响他的足球训练。即使后来洛杉矶拉姆斯队怂恿他去为自己队试球，他也没有受到诱惑。他已经作出了人生中的一个艰难选择，正是这种抉择能力使本书的许多采访对象能够独树一帜、表现突出。

尽管达德利追求广博的教育，但他意识到自己不可能在所有领域都出类拔萃。"我得不断地用马友友（YoYo Ma）的话来提醒自己，'我不会唱歌，但我会弹钢琴'。你可以去探索整个世界，但不必做到样样精通。"他记得自己有位同事是知名科

七　为什么要接受自由教育

学家,不擅长解决二次方程式,但是在有机化学领域做出了世界一流的工作。达德利和很多研究对象一样,他并没有鞭策自己一定要在不擅长的领域做到最好,而是去追求那些最吸引自己的领域。他不把自己局限于一个狭窄的视角,经常寻找新的联系来拓宽视野。他从来不会因为害怕自己可能会表现不够出众,就害怕尝试新的领域,相反总是想方设法建立各种联系,尝试从新的角度看待问题。多年后,当他因为碰撞分子的研究获得诺贝尔化学奖后,还自嘲自己的兴趣或许正是来自足球场上的碰撞。

在斯坦福,达德利感受到做自己喜欢的事情的自由,同时也感受到了做事有条理的责任。他在图书馆里找了个角落完成大部分的学习,在这个没有任何干扰、安静的地方,他每天从上午九点一直到十二点,学习历史、科学、数学和其他学科。他会迷失在各种想法和故事、问题及答案当中。由于他采用了深层次学习法,对各个学科都变得十分专注,他会写出学习内容的大纲,把一个领域的内容和另一个领域联系起来,还常常忘了时间。"有些朋友以为我从不学习,其实我只是善于规划,而且注意力很集中。"

无论达德利涉足哪个学科,他都会学着提出一些其他领域不一定探索的新问题,既获得了各种解决问题的能力,又反过来帮助他在一切领域进行深层次学习。"有些权威反对学生随意尝试各种课程",多年后他写道,但对达德利来说这种教育的伟大价值在于学会用不同方式提出问题。"在尝试学习各种课程中,我们会遇到各种不同的问题以及评价答案的不同方式。"他解释说。通过自由教育的经历,"我们学会质疑各种证据,并且耐心解出自己的答案"。这位科学家还指出,"自由教育采取多元化的标准提出问题和评价答案",这"对学术工作来说是必要的","对参与民主社会中也是有意义的"。

没有人能够诠释这些研究对象何以培养出如此广泛的兴趣,生机勃勃地追求一个自由人的自由教育。仅仅用能力和成功无法解释他们作出的选择。尽管好奇心发挥着核心作用,但是个人目的、对更大事业的贡献以及对公平社会的关注同样发挥着重要作用。他们热爱各种形式的美,通常还在孩提时代就懂得了故事的作用和解决谜题的魅力。他们利用大学的经历广泛参与各种活动、刺激大脑的发展。他们把教育视为自己致力的大脑发展的成长过程,也懂得教育会影响自己的学习。

相对其他人而言,一些对象追求这种广博的整合教育的时间更早、更为积极,在我们的研究对象中,那些最持之以恒、追求最广泛的人取得的成就也最为突出。此外,尽管卓越大学生们培养了丰富的兴趣以及对自己在各个领域的才能和观点进行整合的能力,但最终他们都选择了其中一个舞台演绎自己的生活和职业。这个舞台对一些人来说不断在变化,对更多人而言,则是以种种不寻常的方式把各种活动结合在一起,不过他们懂得何时聚焦,何时完善自己的才能。选择专业研究并不意味着他们要放弃其他的兴趣,相反,它意味着他们会运用一切所学在一两个主要领域里进行创造。最重要的是,他们不会根据自己所从事的职业、所发明的装置及所唱的歌去束缚自己,而是力图成为一个富有创造力、好奇心、同情心并关心他人的世界公民。

八

学会选择，人生从此不同

Making the Hard Choices

> 仅仅决定做一个成功的人，不会让你变得成功。你所关注的焦点应该是自己渴望学什么、看什么、做什么以及改变什么；有什么样的问题；驱动自己的是对什么事物的热情。如果你关注的完全是短期成功或通过创造力使自己名声大作，那么你就不可能取得成功、获得荣誉，也不可能成为有创造力的人。

八 学会选择，人生从此不同

（一）卓越大学生如何做出选择

专业选择对大学生将来的学习成绩、个人的发展以及毕业后能否成为具有创造力和生产力的个体具有重要影响，是大学生必须作出的一系列重大选择之一。但通常情况下绝大多数大学生对此重要选择缺乏深思熟虑。

《哈利·波特》的创作者 J. K. 罗琳（J. K. Rowling）女士，近来在哈佛大学一个毕业班上跟即将毕业的大学生分享了自己的人生故事。她说，当她出发去大学读书时，"家境贫寒、都没念过大学的父母两人"都希望她能学个"实用"的专业，学个将来能赚钱、摆脱贫穷的专业，他们希望她读"职业学位"。她解释说："但我想学的是英国文学。"

也许是在家争吵的结果，她向父母妥协去学校学"现代语言"。不过这个决定没有坚持下来。"父母的车一拐过路的尽头，我就把德语丢在一旁，直奔经典文学的长廊。"她告诉毕业生们。

"我记得我没有告诉父母自己在学经典文学，"罗琳坦白道，"他们可能是在我毕业那天才第一次发现这个事实。如果说要确保将来能成为一名高级行政人员，拥有专用经理盥洗室，那么在全世界所有的科目当中，我想他们很难说出一门比希腊文学更不实用的学科了。"尽管罗琳的作品后来让她成为全球最富有的人之一，但那个时候她不过是遵从了内心的热

如何成为卓越的大学生

情。设想当初如果她拒绝了经典文学的长廊,那么无论是对她自己,还是对成百上千万的读者和影迷们,都会产生重大的影响。①

显然,没人能够规划人生成为下一个罗琳,写出与哈利·波特系列匹敌的畅销书来,不过大学时的专业选择对所有大学生都具有巨大作用。我不能说自己在本书的调查对象们身上发现了很多独特模式,但玛丽·安娜·霍普金斯就有点类似罗琳,她在去医学院的路上改为选择了拉丁语,就是因为发现拉丁语很美;黛博拉·戈德森选择了社会心理学,因为她觉得社会心理学很有趣并且有助于自己成为更好的内科医生。无论是在前述两个案例当中,或者是从总体上讲,我们的调查对象在选择专业时都具有追求纯粹的美、个人兴趣、实用性诸如此类明确的目的。

专业选择对大学生将来的学习成绩、个人的发展以及毕业后能否成为具有创造力和生产力的个体具有重要影响,是大学生必须作出的一系列重大选择之一。麻烦就在于,通常情况下绝大多数大学生对此重要选择缺乏深思熟虑。

那么什么决定会产生最重要的影响呢?如果我们要想理解卓越大学生们如何做,帮助他们成为未来生活中具有高度创造力和生产力的人,就必须首先识别这些关键选择——不是看他们选择了哪条道路,尽管这也很有用,而是看什么样的问题最有影响。

到目前为止我很少提到分数,实际上根本没讲如何在考试中得高分,但在第一章里我就说过,尽管本书的基本想法显然

---

① J. K. Rowling, "The Fringe Benefits of Failure, and the Importance of Imagination," speech delivered at Harvard University, June 5, 2008. Http://news.harvard.edu/gazette/story/2008/06/text0of-j-k-rowling-speech/.

八　学会选择，人生从此不同

不是帮助学生们登上光荣榜，不过最后我还是会应此要求提供一些建议。我认为当你采取深层次学习策略的时候，就能得高分，但我仍然主张如果进入系主任名单就是一名学生的首要目标，那么他或她不大可能采取深层次学习策略，也不太可能实现创造性的生活。本章最接近那些考高分和"学习成功"的传统指南。为了完成本章，我既采用了调查到的那些牛人的实践，也采用了从学习习惯到时间管理等在内的大量研究文献的成果。

不过本章并非一本提供答案的魔法书，你可以像看食谱一样一步步地遵循——仿佛不是在改变你的人生，而是在烤一个蛋糕。它需要你对各种混乱的问题进行深度思考并作出关键判断，同时也为你提供精神食粮以及可供立即运用的实用步骤。

我们即将探索的每个问题背后都包括了三个关键点。第一，探索这些领域需要学生不时变换路径，必要时甚至原路返回、另辟蹊径。第二，要求人们接受，甚至拥抱失败，意识到自己可以从失败中收获良多。罗琳最近曾说："失败让我更加了解自己，这是无法通过其他方式学到的。"第三，也是最重要的，学生们必须找到自己接受教育的目的，主动掌控受教育的全过程，并且坚信自己可以不断拓展能力、有所作为。

（二）打破拖延症的魔咒：锁定目标，心无旁骛

卓越大学生通常都会思考自己的追求能够带来什么样更大的回报，以此来保持学习和工作的动力。他们会让自己的热情以及更高的道德信念这些乐趣推动自己，去穿越哪怕是最让人分心的环境。

如何成为卓越的大学生

多年前，斯坦福大学时任心理学教授沃尔特·米歇尔（Walter Mischel）做了一个实验，这个实验直到今天都享有盛誉。沃尔特许诺给一群四岁大的孩子们棉花糖，如果他们马上要，只能得到一颗，如果等他做完事回来，就能得到两颗这种松松软软的糖果。如果孩子们想立刻吃掉一颗糖，他们需要做的就是摇铃，但是只能得到一颗；如果能等下去，他们就能得到两颗。然后沃尔特离开了房间，给孩子们留下一满盘让人垂涎三尺的糖果，包括棉花糖、曲奇和一种脆饼干。其中一些孩子抵挡不住诱惑，一旦所有工作人员离开就开始狼吞虎咽或立马摇铃；但是也有一些孩子抵制住了诱惑，坚持等待更大的奖励。

该实验后的多年里，沃尔特和同事们对孩子们及其一生的成长进行了持续跟踪，从他们收集的数据中得出了惊人的结论。总体而言，那些能够等待更长时间的孩子成长为了具有创造力的、成功的人，而那些倾向于即刻满足而不是延迟满足（delayed gratification）的学生通常在学校有行为问题，成绩更差，交友困难，大学入校考试（SAT）累计平均分也比那些能等待的学生要低210分。

那些能够延迟满足的孩子有什么不同之处吗？还是他们学会了一些秘诀，能防止他们陷入诱惑？过去25年里，心理学家们已经发现那些最能够抵挡诱惑的孩子们已经找到办法来分散注意力，不想棉花糖。他们和其他孩子一样，都渴望糖果，但是他们学会把注意力放在某些事物上，而不是一心只想着美味糖果。此外，社会科学家们还发现如果他们能教孩子们一些心理技巧，把诱惑转化成脑子里别的东西，比如假装只是一张诱人糖果的照片而不是真正的糖果，就能大大增加年轻人的等待

八 学会选择，人生从此不同

时间。"一旦你意识到意志力不过是学习如何控制自己的注意力和想法，"沃尔特近来观察到，"你就真的可以增强自己的意志力。"①

对本书调查的那些卓越大学生而言，学会丢开诱人的诱惑已成为让自己一直努力这个计划的一部分。他们的方法和沃尔特教授实验中那些最能延迟满足的孩子们相似，主要部分是他们认定了自己的学习目标，自己对学习负责。正是怀揣着坚定不移的学习目标和个人控制的意识，他们学会了把注意力从可能参加的聚会、访问的网站、拨通的电话，可能玩儿的电脑游戏或者一切诱惑转移到学习上。他们如此沉浸于学习和工作当中，根本没时间去思考还能做些别的什么。这种决心通常还来自于其他多种混合原因：为更高的目的服务的道德理念、同情心以及在工作中所扮演的角色等。这通常意味着首先要发现总体目标的重要性，然后聚焦到要着手进行的身边任务的各种细节上。

有些调查对象告诉我说，他们必须思考完成一件事情的每个步骤，以写论文为例，包括从选题到走到图书馆。许多调查对象会自己设定截止期限，自我约束，通过这些自己设定的限制把注意力从生活中那些诱人的棉花糖上转移出来。他们还坚信自己能够有所作为。无论是在两年内完成原本该三年结业的戏剧课程的斯蒂芬·科尔伯特，还是深入理解天体学的尼尔·格拉斯泰森，他们通常都会思考自己的追求能够带来什么样更大的回报，以此来保持学习和工作的动力。他们会让自己的热情以及更高的道德信念这些乐趣推动自己，去穿越哪怕是最让

---

① J. Lehrer,"Don't! The Secret of Self-Control," *New Yorker*, May 18, 2009.

如何成为卓越的大学生

人分心的环境。

然而我不能说任何一种技巧能够适用所有人，不过他们的方法中的确有很重要的一点值得我们给予最大程度的关注。他们的秘密就在于不依赖任何人的济世良方，自己不断开发大脑潜力，运用大脑去创造更美好的世界，然后探索什么在发挥作用。他们海纳百川，对从其他人身上发现的一切好方法都保持着开放的态度。蒂娅·富勒、尼尔·格拉斯泰森和达德利·赫斯巴克等人的确制订了日程安排并严格遵守①，另外一些人则没有。不过他们都会时不时地向别人学习借鉴，从不认为自我控制和延迟满足只能以一种模式出现。他们都会按照对自己有效的方式行事。

在雪莉·卡夫卡和其他同学做过的保尔·贝克的一项实验中，学生们会回忆自己曾经完成的某些创造性任务，无论是烤馅饼、写故事、设计小设备、解决数学问题还是其他事情，然后思考自己需要什么才能完成任务。比如：他们当时秉承何种态度？有没有控制自己的行为？又是如何回应他人的控制？需要什么样的仪式，比如制订时间安排或吃冰淇淋？对自己说过什么？想象过什么？是在哪里完成任务的？花了多长时间？是在一天中的什么时候？他们注重的是什么？有没有把这项任务和更大的目的相联系？有没有不断在脑子里想象任务完成后的感受？有没有专注于完成过程的每个步骤？还是两者都始终在大脑里盘旋？他们喜欢这项任务，还是只看重结果？他们得和自己不断交流，理解自己的大脑以及大脑如何思考。正是这种自我审视而非

---

① 一种有用的时间安排方式是做一个有二十四小时安排的周计划，共七列、二十四行，每周的每个小时都有一个空格进行安排。你可以把计划做的事情写入相应小格，还可以看到自己是否真的有时间完成包括吃饭、睡觉、坐车等在内的所有活动。

八 学会选择，人生从此不同

其他行动和步骤的特殊良方，导致了推动他们行动的特别实践。

近年来，一些研究人员开始审视问题的另一方面，他们已经在着手思考人们明知并相信完成任务后自己会更好，却仍然拖延完成任务的原因。总体上，人人都是拖延者，大学生尤其如此。尽管研究已经发现了人们拖延某些事情的若干原因以及如何解决该问题，一个主要问题却出现了。正如卡尔顿大学（Carleton University）拖延症研究组组长狄默思（Timothy Pychyl）所说，拖延症的存在其实是因为生活当中真正反映你目标的计划还没有出现。[①] 本书的调查对象们之所以能找到办法避免拖延症，正是因为他们具有强烈的内在动机以及能完全反映他们目标的计划。

普遍理论认为，要打破拖延症的魔咒就必须从内心深处谴责拖延症，像严厉的监工一样对此恶习严加谴责，然而，狄默思（Timothy）及其他一些人的研究却呼应并补充了本书已经探索过的一个主题：宽容自己。他发现，当那些心理学系的本科生原谅了自己在第一次考试中的拖延行为后，他们在第二次考试中拖延的可能性要低于那些严厉谴责自己早期错误行为的学生。不过，这种宽恕并不是认同。正如克里斯汀·内夫（Kristin Neff）在她的概念"自我安慰"（self-comfort）中指出，宽恕意味着坦然面对自己不好的行为，理解人类都有拖延症的倾向，并有意识地去寻找办法克服拖延症，不要把自己作为一个坏人加以谴责。我们发现本书中的那些卓越大学生遵循了类似的思维模式。他们并不判断自己早前的表现，而是关注自己如

[①] T. Gura, "Procrastinating Again? How to Kick the Habit," *Scientific American*, Dec. 2008.

何才能改善提高。①

（三）如何选择优质课程和优秀教师

哈佛大学理查德·莱特教授指出，那些最让人愉快的课程制订了很高而且富有意义的标准，即使在课程结束很久之后，教学目标仍然对学生具有重要意义，它们给学生"提供了足够的机会，在他人对自己的努力给出最终分数之前，去不断尝试、暴露不足，并继续尝试"。

有的网站能告诉你一位教授有多"严厉"或"好说话"，但对于了解他能否促进深层次学习、提高学习效果却无甚帮助。在之前出版的书中，我专门研究了在此方面取得巨大成功的教授，毫不奇怪的是，这些大师级的教授对他们的学生了如指掌，并对他们有深入思考。那么学生们又该如何去衡量老师的知识和思维能力呢？无论我们如何乐观地估计，要做到这点都很困难。一个好办法是审视老师如何评价学生的作业，如果老师采取的考试方式只是要求你记住信息，然后背出来，那么很清楚，这可能意味着老师自己的知识和理解还不够深入。去寻找那些期待学生深入理解，然后运用所学去分析并解决重要问题的老师吧！基于我的研究，假定一位老师的确很了解她的

---

① M. J. A. Wohl, T. A. Pychyl, and S. H. Bennett, "I Forgive Myself, Now I Can Study: How Self-Forgiveness for Procrastinating Can Reduce Future Procrastination," *Personality and Individual Differences* 48, no. 7 (2010): 803–808.

八　学会选择，人生从此不同

学生，那么在决定一门课程是否能够给学生带来愉快的学习体验方面，下列因素最为重要。

1. 这门课程是否围绕着清晰可辨的问题或学生应该掌握的能力而展开？是否有助于学生理解这些问题或能力的重要性、美感和迷人之处？本书的调查对象反复地告诉我们改变人生的课程都有自己的核心问题，比如：什么是正义？什么导致了战争？什么是更有效的写作及我如何才能学会有效写作？谁拥有权力、权力如何运用？进化理论能否解释物种的多样性？如何计算曲线覆盖下的面积？

2. 这门课程是否给学生提供了各种机会，在探寻上述问题或实现上述能力的过程中参与更高级的活动、获得反馈，然后在被别人"评分"之前不断尝试？还是一切都取决于一两次重要的考试或一两篇论文，根本没有机会去修改、完善自己过去的表现？在教授们自己的学术工作中，比如向某个杂志投稿之前，他们总会不断地从同事那里寻求反馈、修改自己的论文及希望得到更多的回应。他们这么做的时候，没有哪个同事会说："迄今为止，你得的是C。"相反，在其他人作出最终评价之前，同事们会提供大量的实质性意见，从论文如何修改到思路如何改进。不过同样是这些人，有时候他们构建的课程却没有给学生们提供同样的机会。他们上课然后考试，每次考试的分数从此冻结在分数册里，成为一次学习经历的永恒记录。一门优秀课程的分数应该能反映出学生们在一个学期学习里成长的各个方面，而不是他们在学期末最后取得的成绩。其实最终的分数可能反映出的学生在课程结束时取得的能力已经毫无意义。

当哈佛大学时任校长德里克·博克（Derek Bok）让理查

如何成为卓越的大学生

德·莱特（Richard Light）教授去了解学生们对自己的成绩最满意的学习经历时，莱特和同事一起对应届和往届学生进行了调查。莱特教授在发表最初的调查结果时指出，那些最让人愉快的课程制订了很高而且富有意义的标准，即使在课程结束很久之后，教学目标仍然对学生具有重要意义，正如莱特曾经告诉我说，它们还给学生"提供了足够的机会，在他人对自己的努力给出最终分数之前，去不断尝试、暴露不足，并继续尝试"。

3. 这门课的学生是否有机会和其他面临相同问题、具有相似能力的学生进行合作？教学是否促进这种合作？

4. 这门课是否在学生们甚至还不熟悉课程的时候，就鼓励他们去思考，给他们提供实践新技能的机会？人们在"做中学"（learn by doing），有些课程却强调学生们必须在参与任何实质性的智力、体力或情感任务之前，先单纯地记忆大量事实。另外一些课程会让学生还不甚了解时就尽量参与，当学生们在没有危险、只有挑战的氛围中练习时帮助他们。① 后面的课程就像大多数人学习弹钢琴的方式，他们把十指放在象牙般的琴键上感受，几个月后才开始记忆键盘。亚里士多德早就说过："对于那些我们必须在会做之前学习的事物，我们在做中学习。"

5. 这门课是否挑战了学生现有的思考方式和看待世界的方

---

① 这方面的案例十分丰富。得克萨斯大学泛美分校（the University of Texas Pan American）社会学教授查德·理查森（Chad Richardson）迅速教会学生如何进行口头采访，然后让他们去附近社区及自己家中进行人学研究。当学生们收集到资料后，理查森教授帮助他们通过更广泛的社会学原则去理解这些数据。罗德岛设计学院（Rhode Island School of Design）的查理·坎农（Charlie Cannon）邀请学生参加了一个真实的项目，去解决一些具有重要社会和经济意义的设计，比如：纽约港（New York Harbor）和废物处理工厂有何关系？

八　学会选择，人生从此不同

式？自从人们建构了看待世界的思维模式之后，他们就倾向于通过这些模式去理解自己遇到的一切事物。人文教育的传统之一就是让学生相信他们可能遇到的一切，将其置身于现存模式不起作用的处境之下，从而在一种理想状态当中帮助学生认识所面临的问题。而有些课永远不会提出挑战，还有一些课只是希望学生们接受不同的教条，从来也不提出疑问及进行推理。

6. 课程是否希望学生能够解决重要问题，提出观点，交流想法，接受挑战，并通过证据和推理来为自己的观点进行辩解？

7. 当学生们努力解决那些重要、有趣以及美妙的问题时，这门课和授课老师是否为他们提供了所需的支持？这种支持可能体现为多种形式：智力、物质支持，有时甚至是情感上的支持。

8. 学生们是否逐渐开始关心课程展开的探究、课程预期的目的，关心自己已有的观念是否受到挑战、是否不起作用？

9. 总体而言，班上的学生是否感到自己对学习拥有主动权，还是被各种任务所控制？

10. 学生们是否认为自己的表现能得到公平、诚实的对待，并且和课堂之外的重要标准保持一致？

11. 课程是否鼓励、帮助学生把各种问题、概念和信息与其他课程及自己对世界的理解进行整合？

12. 课程是否给学生们提供了学习归纳的机会，学习从具体案例到抽象原则？还是只提供一般原则去记忆、机械重复？

13. 授课的老师是否真的关心学生在智力、情感和道德方面的全面成长，帮助并鼓励他们认真思考自己希望建设、居住的世界以及希望形成的富有意义的人生哲学？这种关心是否融入到了课程结构当中？老师们是否关心塑造学生品德，提出重要的道德问题，关注价值观，鼓励反思，并帮助学生去思考人生的意义、目的以及自己渴望成为什么样的人？老师自己是否在不断地内省，加强自身的正义感、同情心和社会责任？是否在帮助学生成为具有批判精神、好奇心、创造力的个体上表现出明确的兴趣？他的课堂理念和课堂活动是否反映了这种关注？老师自己是否在不断努力，实现上述目标？他们是否跟学生分享了这些努力？

14. 学生们是否认为他们在课堂上学到的东西有用，能影响世界？

15. 老师是否清楚地相信学生具有成长、发展智力的能力？或者老师已经假定学生的能力已经固定，没有机会或甚少有机会提高？他们对课堂上所需要的才智和天分持固定还是灵活的观点？

（四）面对乏味的课堂该怎么办

不管老师如何，卓越大学生始终是主动的学习者。即使教授们没有提出大问题，他们也会自己提出来。面对乏味的课堂，卓越的大学生总能找到"有趣之处"。

有些调查对象告诉我说，他们从来都没有遇到过很善于激励人的老师，但他们仍然设法做到了深层次学习，成长为具有转化力和创造力的人。不管老师如何，他们始终是主动的学习者。即使教授们没有提出大问题，他们也会自己提出来。主动

八　学会选择，人生从此不同

学习者会在枯燥乏味的讲座中，自己去思考各种可能性、如何应用以及可能的结果。"总能找到有趣之处"，这一点成为本书调查对象的共同之处。最重要的是，他们会在课堂之外积极探索，广泛阅读，积极思考，不断搜寻并反复考量。"有了互联网，就有了无限可能。"一个调查对象这样说道。他们主动掌控自己接受的学习，始终对自己学习的内容和质量负责。

（五）必须牢记的十一条深度阅读经验

不同的阅读方式会产生天壤之别的效果。那些展现出高度的创造力和批判思维的学生在阅读中通常会采用多种方法。

当你拿起一本书或一篇文章迅速浏览上面的文字时，你的大脑在想些什么呢？当你继续读下去时，大脑又在想些什么？马斯特学校（Masters School）老师戴维·邓巴（David Dunbar）曾经说："让人读一本书就像把一堆足球丢到地上，让一个不懂任何规则或策略的人去踢球。"阅读可以采取多种方式，不同的阅读方法会产生天壤之别的效果。我们发现，那些展现出高度创造力和批判思维的学生在阅读中通常会采用多种方法。

1. 他们具有深刻的阅读动机。在翻开一本书之前，他们已经满脑子都是问题：这本书讲的是什么？关键性的内容是什么？和其他学科有什么联系？它会如何挑战自己现有的知识？他们试图通过书中的文字去寻找意义、解决问题。他们就像是谋杀案中那些搜寻蛛丝马迹的侦探，带着一个个问题在书中四处寻找，这些问题又引导他们进行更多的探寻。他们认识到，我们称为字母和单词的那些细小线条不过是一些符号，是书本之外的事实，包括各种想法、事情和概念等诸如此类的象征。他们会把这些印刷符号当做一扇窗户，通过窗户可以看到外面的风景，从而去寻找书本之外的意义。

2. 他们会在阅读前仔细思考自己有何期待，并在阅读中对这些期待加以证实或抛弃。优秀的读者会把他们认为即将阅读到的这本书的内容先虚构出来。他们会在大脑中设想出各种问题和可能的答案，然后用最终在书上看到的内容来衡量自己的猜测。这种练习不仅有助于他们理解阅读的内容，还有其他重要作用。越来越多的证据有力证实，在发现"正确答案"之前先进行思考和预测，有助于读者成为适应性专家，在解决非常规性问题的时候更加得心应手。[1] 他们很乐于去解决那些未知的、常规方案无法解决的问题。如果他们在"学习"之前，已经有了一些自己独立思考的体验，就可能领会到和专家提出的方案相比，那些轻易得来的简单方案显得多么幼稚，下次阅读前进行思考时，他们会更加明智，懂得如何在自己的思维中寻找漏洞。正如学习科学家约翰·布兰斯福德（John Bransford）所指出："要适应新的形势，通常需要人们'遗忘'掉先前的成见和行为。"[2] 他及其他人还发现只有当人们在阅读权威论断

---

[1] X. Lin, D. L. Schwartz, and J. Bransford, "Intercultural Adaptive Expertise: Explicit and Implicit Lessons from Dr. Hatano," *Human Development* 50, no. 1 (2007): 65 - 72

[2] T. Martin, K. Rayne, N. Kemp, J. Hart, and K. Diller, "Teaching for Adaptive Expertise in Biomedical Engineering Ethics," "Teaching for Adaptive Expertise in Biomedical Engineering Ethics," *Science and Engineering Ethics* II, no. 2 (June 1, 2005): 257 - 276.

J. Bransford, "Some Thoughts on Adaptive Expertise," Vanderbilt-Northwestern-Texas-Harvard/MIT Engineering Research Center (VaNTH-ERC), July 9, 2001. Available at www.vanth.org/docs/AdaptiveExpertise.pdf.

八 学会选择，人生从此不同

前已经思考过可能的办法，才最可能实现这点。

3. 他们会在阅读前对书籍作些调查（尤其是非小说类书籍），包括浏览目录寻找书籍目的和结构的线索，先读摘要，略读标题，留意各种证据和主要结论。这本书是演绎式还是归纳式结构？何时出版？我对作者背景知道些什么？她的写作原因是什么？他试图回答什么问题？某个学生告诉我说："我阅读前通常会花 30 到 60 分钟时间来提出问题。"这本书有图表吗？它们能告诉你什么？这本书是一套丛书其中的一本吗？如果是，那么这套丛书的目的是什么？这本书服务于什么更大的目的？我想从这本书中获得什么？我想通过这本书回答什么问题？本书是直接回答我的问题，还是聚焦在我主要关注的一些重要方面上？在看这篇学术文章的主要部分之前，我看懂摘要了吗？在辛苦地阅读实验部分之前，我是不是应该直接看讨论部分呢？

4. 最好的学生会一边阅读一边建立各种连接，把阅读内容和更大的问题相连，不时停下来思考并整合。他们会在空白处做笔记，或者在笔记本上速记下自己的各种想法和感悟。有时候，他们也会努力思考自己心中的问题，这些努力都会成为他们阅读过程的一个部分。

尤其是在科学、数学、工程学领域，建立联系通常意味着要设想（visualizing）概念、抓住想法、思考涵义及应用，询问某观点或实验的证据，并审视程序和步骤，与此同时还要不断思考这一切背后的想法，把刚刚浮现的理解应用到更大的问题上。

5. 阅读文学作品时，他们有多种建立连接的方式。这篇小说或短篇小说提出的是什么重大哲学问题，如果有的话？它如何帮助我去面对我的人生及生活的世界，或者说如何帮助我去实现自己渴望的世界？他们会因为诗歌的美和韵律去阅读诗歌，也会去探寻其他一切文学作品，因为它们是特定文化或时空的折射。他们会思考文学作品对价值及观念的挑战，或者分析其符号和象征意义以及作品本身如何引发思考、触动情感。这是有诉求的小说吗？它是广袤世界的微观映射吗？它像一场旅行，还是更像一个动物园或博物馆？为什么我会掩卷落泪或会心一笑？又或者含泪而笑？这本书是否让我更有同情心，更善于理解他人？它是否有助于我加入一个新的群体，理解作者的价值观和看法？它如何处理时间和空间、节奏和运动、轮廓和声音？和针对同样问题的其他学科相比，比如物理学，这种处理有何不同？和我的文化取向又有何不同？是否有助于我从不同角度去理解正义和道德问题？又是如何做到的？假设是我，处理这个剧本或小说的方法会有何独特之处？根据我的背景、出身、成长环境、接触人群和家庭，为什么我会对这部作品所采用的习俗文化作出这样的反应？当我读《百年孤独》开篇的第一句话时，"许多年以后，面对行刑队的时候，奥雷良诺·布恩迪亚上校一定会想起父亲带他去看冰块的那个遥远的下午"，为什么这些词语会魔法般地唤起我如此强烈的意境、神秘感以及兴趣？

6. 阅读非文学作品时，建立连接通常意味着首先要在文中找出观点，要认识到不是每个陈述都会包含一个观点，但每个观点都包含着某个结论及支撑该结论的前提。建立连接时还要清楚有些结论是隐含的，没有明示，有些前提也同样如此。

当学生们积极地分解某个观点时，他们就会开始对各部分提出问题。前提能否支撑结论？（或者就像我们经常所说："这

八 学会选择，人生从此不同

有道理吗？"）我能通过相同的信息得出其他结论吗？什么被遗漏了？如果我接受这个前提是否就必须接受结论？或者这个证据是否让结论具有高度可能性？该论据采用了什么主要概念？作出了什么假设？这和我其他课程上学到的内容以及我的生活有什么联系？

7. 他们会评估证据的质量和本质。如果是通过推理得出证据，追问推理的来龙去脉有意义吗？有没有其他可能的办法去分析同样的证据？如果是通过观察得出证据，找出观察者和观察的角度对理解证据有帮助吗？

8. 作为主动阅读者，他们能够认识到自己阅读的文本及其他材料与自己的观念之间存在共识或分歧，并将其分类。两个信念相同的人可能秉持不同态度，而具有不同思想的两个人有时会持有相同态度。以历史研究为例，两位学者对美国卷入"二战"的原因意见一致，但在美国原本应该采取何种行动的问题上存在分歧。如果这种分歧完全出于双方不同的价值观，那么就无法通过证据来达成共识；如果分歧跟观点有关，那么证据可能就会变得十分重要。有时候，不同观点可能会导致不同的态度，但也并非总是如此。当学生们开始思考上述可能性时，他们的头脑就会变得更敏捷、更有系统性。

9. 很多研究对象会边阅读边写大纲，然后压缩最初的总结，在原先笔记的基础上反复再作笔记。通过每次的压缩提炼，他们开始对证据和结论进行判断，搜寻具体证据和一般概括，关注概念的使用、假设的提出，并思考其含义和应用。许多人都随身准备了字典，用来查找不熟悉的单词或更好地理解可能的词义，然后通过上下文猜测定义；有机会时对照参考书印证这些假设。

10. 最优秀的学生会同时参与所有认知活动。他们会在阅读的同时记忆、理解、应用、分析、综合并评价，然而许多大学教授在组织课堂教学的时候，却好像学生们必须依次进行上述活动，而不是采取整合的方式。他们坚持认为，学生们要先记住大量信息，然后才能对数据进行思考，但其实人类大脑的运转方式并非如此。比如说，如果让你"学"（也就是把它记住）数字 149162536496481，或许你会认为无法做到，但如果你意识到这不过是 1 到 9 的平方（1x1 = 1，2x2 = 4，3x3 = 9 等），这些数字就会变得非常好记。记忆之前首先要理解，如果把这种理解应用到序列问题中，就会更有深度、更有意义。如果能区分主观想法和客观信息，分析其中的要素和相互关系，就能提高自己的应用能力。如果能试着采用新的方式去还原事物，也能提高自己的分析能力。如果能对相关想法和信息进行评估，那么一切将变得更有意义。（回忆一下玛丽·安·霍普金斯和她的父亲在车库里拆轿车的故事吧，其实无论是拆卸一辆车还是解析一个观点，过程都一样。）本杰明·布卢姆（Benjamin Bloom）及其同事在提出著名的人类大脑所能够参与的活动列表（回忆、理解、应用、分析、综合及评价）时，该分类学中并没有指出要分开掌握这些目标，不过许多老师仍然在这样组织课堂。

11. 最好的学生会像打算给别人上课一样去阅读。约翰·巴奇（John Bargh）和他的同事们早就发现，只要学生们学习的时候就像他们打算教这门课，那么他们就会记住并理解更多内容。在一个经典实验中，约翰要求一组学生自学一些单词，让对照组学生准备给别人讲这些单词，他进行指导。尽管最后

八 学会选择，人生从此不同

对照组的学生根本没有教他人，但他们记住的东西却更多。[①]卓越大学生们还不止于此，他们不仅会牢记单词表，还会进一步理解单词的含义和用法。

明尼苏达州（Minnesota）圣奥拉夫学院（Saint Olaf College）"心理学导论"的大班课上的学生们发现，在准备给小学生讲自己大学课上的主题时，他们收获良多。"挑战自己去教小学生一些复杂的科学概念，"某个圣奥拉夫学院的本科生说，"会强迫你去彻底理解概念的内涵和外延，还要创造性地去设计教学方法。"[②] 这种方式产生了学习连接和整合的详细方法。

在弗吉尼亚大学安德鲁·考夫曼教授的俄国文学课上，学生们不仅要阅读并讨论《战争与和平》，还要研究法庭背后的托尔斯泰并且为青少年管教中心的少年犯准备研讨会。这些本科生来到校园以东一小时距离的博蒙特青少年惩教中心，帮助那些因各种罪行入狱的年轻男孩。在阅读俄罗斯文学时，他们牢牢地抓住了三个根本性问题：我是谁？我为什么在这里？我该如何生活？一个学生总结说："这门课是一门应用文学课，我们在把课上的东西应用到生活当中。"想要选这门课的学生必须首先向授课老师提出申请，自己对课程负责，并加入帕克·帕尔默（Parker Palmer）和安德鲁·考夫曼（Andrew Kaufman）所称的"真理共同体"（community of truth）当中。在这个共同体里，学生们不仅要接受事实，还要探索各种问题和想法。当他们带着这三个关乎存在的根本性问题挣扎思考，并准备激发

[①] J. A. Bargh and Y. Schul, "On the Cognitive Benefits of Teaching," *Journal of Educational Psychology* 72, no. 5 (1980): 593–604.

[②] G. M. Muir and G. J. van der Linden, "Students Teaching Students: An Experiential Learning Opportunity for Large Introductory Psychology Classes in Collaboration with Local Elementary Schools," *Teaching of Psychology*, 36, no. 3 (2009): 169–173, 171.

如何成为卓越的大学生

那些少年犯们同样的思考时，这种学习方法对他们日后思考、行为和感觉的方式都产生了深远影响。运用这种学习方法的结果是，他们不仅和阅读材料本身建立起深层次关系，而且与同学之间以及和他们在博蒙特遇到的那些青少年们都建立了深层次的关系。一个学生说："这里的每个人看起来都在认真倾听。这就回到了一个共同点，我们都想待在这里。"另外一个志愿者承认："这是第一次我学习文学把它运用到实际生活中。我几乎都忘了这是可以的。"有个学生注意到："在这里很少看到有人发表意见的目的就是为了自言自语。"还有一个学生说："我上其他课的主要目的就是为了结业，但上这门课的目的是不让那些年轻人失望。我来这里就是要努力确保他们能够理解。"

这些俄罗斯文学课的学生忘记了分数，他们开始把注意点放在深层次理解上，这对很多人来说都是第一次。当这些本科生准备课程的目的不仅是为了解释给别人听，还要去激发他人对一些重要想法的深层次关注时，他们自己深层次的理解和欣赏能力也得到了加强和发展。很少有学生真的有机会去教别人，即使有机会，他们也常常是以准备在课堂上做陈述（presentation）为中心，而不是以促进对话交流为中心。不过我们的确听说过这样的人，他们显然理解了专心于自身学习的意义，准备学习的时候就好像是准备要去帮助他人学习，在探索可能遭遇的大量任务时勇于探索各种不同的方式。

许多类似的大型调查和详细阐述都是在"阅读"讲座时发生的。听讲座时，卓越大学生会主动联想、整合及调查。他们用到的一个技巧是做两套笔记，一套用于记录一些重要信息和想法，另一套用来简单记录各种问题、提示、思考、含义、应

八　学会选择，人生从此不同

用及可能性。有些学生会在笔记本中间画一条线，画线左边用来记录各种问题，右边记录所有信息、程序、概念或想法。他们会学着对听到的内容进行加工和处理，而不是简单地做"完整记录"的速记员。有些学生会先在课堂上记笔记，下课后立即在课堂笔记的基础上再做笔记。"我会买一些'二手纸'，就是很便宜的黄页，用来在课堂上记笔记，课后在线圈笔记本上做更正式的笔记。"一个学生这样告诉我。

尽管我们没有调查过诺贝尔物理学奖获得者伊西多·瑞比（Isidor Rabi），但据说他曾把自己善于思考的学习习惯归功于他的母亲。"母亲无意中把我塑造成为了一个科学家。"他说。瑞比在布鲁克林（Brooklyn）长大，当地的其他父母都在问自己的孩子每天在学校学到了什么，他的母亲每天问的问题却与众不同。"'伊奇，'她会说，'今天你问什么好问题了吗？'正是这个区别——问个好问题——让我成了一名科学家！"①

只有在这样的背景下才能理解我采访过的几位卓越大学生曾经告诉我的话。"尽管我会大量阅读，"他们说，"但其实并没有那么刻苦学习。"当然，这并不意味着他们没有认真研读，事实上他们花了大量时间在图书馆阅读或者在实验室做实验，这意味着他们不依赖考试前最后一分钟填鸭式的学习或死记硬背，而是不断思考、提问及探索。他们会在阅读的时候对观点和证据加以区分。这种观点或信息对我有何意义？它和线条、节奏、声音、空间还是形状有关？它如何影响我的价值观？对我来说有意义吗？为什么有意义呢？这和我们在其他课上讨论

---

① Donald Sheff, "Izzy, Did You Ask a Good Question Today?" *New York Times*, Letter to the Editor, Jan. 12, 1988.

的东西或之后的问题有关系吗？当卓越大学生们进行阅读和提问、探索和思考以及推论和评价的时候，他们也就逐渐学会理解和应用，在此过程当中，他们也就自然记住了。

（六）提高学习效率的九条建议

是否存在这样的关键性技巧，既能发掘大脑潜力，又有助于学习成功呢？我认为答案是肯定的，在本书受访的卓越大学生所采取的学习方法中就能大量发现这样的技巧。

学生们总会有必须复习的时候，这时他们采取的不同方法也会产生巨大区别。明尼苏达大学（the University of Minnesota）冬季的寒冷时节里，校园里常常一片白雪皑皑。当春天开始融化白茫茫的冰雪地毯时，一朵朵番红花开始在逐渐融化的冰雪大地上绽放，为大地妆点出一点点色彩。早在乔木和灌木发出绿芽之前，随着第一丝不那么冻人的空气，学生们已经迫不及待地穿上了夏装，也许他们是希望这样能早日加速夏天的到来吧。20世纪70年代末，在此环境下詹姆斯·詹金斯（James Jenkins）和托马斯·海德（Thomas Hyde）开始了一项伟大的实验，从此开启了何为最佳学习方法的一场革命。

两位心理学家将学生分成两组，给了他们一个单词表进行学习。他们要求一组学生只注意一个小细节，即是否每个单词都包括字母E，指导另外一组的学生根据"愉悦度"（pleasantness），对单词进行排序。可以推测，进行单词排序的学生得去

八　学会选择，人生从此不同

思考单词的意义，其他学生只需简单地留意字母。那么，测试时进行排序的学生能回忆起更多的单词，这就不足为奇了。①

后来吸引心理学家的是一个简单的理念，即当学生主动、有意义地去处理信息时的记忆效果比机械重复或者只注意细枝末节时的效果要好。在随后四十年的时间里，研究人员继续进行着最佳学习方法的调查。在詹姆斯和托马斯研究基础上发表高分指南的作家不计其数，亚利桑那州立大学（Arizona State University）经济学教授克劳德·奥尔尼（Claude Olney）还发了一笔小财，他出版了录像和 DVD，书名赤裸裸的就叫《有志者必得 A》。不过，这些出版物多数都存在着几个主要的瑕疵。一方面，这些结果都出于追求最佳记忆和最高分的目的，没有对如何进行深层次学习和创造性学习进行调查；另一方面，这些书籍都太注重策略型方法，而如果学生过多关注如何得 A，那么他们就不可能成为深层次学习者、转化型专家或者是创新性人才。②

那么是否存在这样的关键性技巧，既能发掘大脑潜力，又有助于学习成功呢？我认为答案是肯定的，在本书中，受访的卓越大学生所采用的学习方法里就能大量发现这样的技巧。毫无疑问，这些学习方法有来自人类学习相关研究的有力支撑，不过，我们仍然应该根据受访者的故事和大量关于深层次学习的研究对这些文献进行重新解读。那么这些研究对于最好的学习方法的观点是什么呢？

---

① T. S. Hyde and J. J. Jenkins, "Differential Effects of Incidental Tasks on the Organization of Recall of a list of Highltly Associated Words," *Journal of Experimental Psychology* 82, no. 3(1969):472-481.

② 见第二章对深层次、浅层次和策略型学习方法的讨论。

如何成为卓越的大学生

1. **阐述、阐述、阐述**。联系、联系、联系。建立连接。提问。评价。在大脑中反复玩味文字。寻找乐趣。就如詹金斯和海德证实，即使是根据"愉悦度"排列单词这种看上去很傻的办法也会有用。当我在本节介绍詹金斯和海德的想法时，我刻意将他们置于明尼苏达大学冰天雪地的环境中，因为这有助于读者回忆起他们进行原始研究的地点，甚至是他们最后得出的结论。你会想起单词呈现的节奏、其含义的线条和色彩。如果你进行的联系越多，将来回忆起来的可能性就越大。

2. **试图记忆前先加深理解**。还记得早前我提到的关于数字的那个例子吗（比如14916）？实际上，这个原则可以适用于你可能想要放进大脑记忆池中的一切东西。要理解就需要建立深层次的联系网，正是这些复杂的网状连接使记忆成为可能。最近我正在努力学习汉语，刚开始时这就像一项不可能完成的任务，我看的每本指南书都建议我采取机械记忆方法、不断重复，直到我开始拆开每个汉字。我观察到每个汉字通常都由几个字组成，每个字都有自己的含义，这时我才开始有所进步。我开始用这些汉字自己编故事，还学了一些中国人世代相传的民间故事。比如汉字"哭"就像一个有着一双大眼睛的人，直直地站着，右眼角流下一滴泪。汉字"森"则是由三颗小树组成。"好"字由一个女人和一个小孩组成。

3. **重复、重复、重复**。无论我如何试图建立联系，还是只有在反复地接触之后才能记住一些汉字。究竟应该间隔多久重复一次呢？在大考的前一夜一遍遍地重复复习有价值吗？还是把相同的重复次数延长分散到几天或几周当中，所用的总时间更少、更有价值呢？尽管那些勤奋的学生通常会花若干小时试图记住日期、名字、细胞的组成及其他细节，近来的研究却发

八 学会选择，人生从此不同

现一些传统复习过程可能是浪费时间。

让我们想想大脑如何工作。当你遇到新的事物时，比如说是一个新的单词，你几乎会迅速开始遗忘，一天后可能就根本想不起这个单词了，但只要再接触一次，就会延长你的记忆时间。复习第三遍、第四遍同样如此，以此类推下去。每次听到这个单词之后，下一次接触这个单词的时间可以稍微长一点，这样你就不会遗忘。如果下一次复习正好赶在它即将被你的大脑遗忘之前，那么你就能让记忆保鲜。不过，对于考试需要的即时记忆（immediate recall），或者想要对日后的思考、行为和感觉方式产生积极影响，理想的复习间隔应该是多长时间呢？

尽管研究人员尚未对此提供确定答案，但是实证研究显然加强了我在本书调查对象身上发现的模式。总体上，他们会把重复次数分隔开，更重要的是他们会在与其他事物建立联系的基础之上进行复习。很多人试图准确算出在下一次复习前多久你可以暂时走开，他们的理念是每次复习间隔的时间会越来越长。一些流行语言学习项目，比如皮姆斯勒（Pimsleur），部分程度上就是建立在此原则上。每当你听到一个新词后，会在几秒钟后听到第二次，但第三次则可能在一分钟之后，第四次在几分钟之后，到了第九次则可能是第二天了。计算机辅助的单词卡，如"超强记忆"（SuperMemo）和"安琪"（Anki）甚至还试图研究出最佳间隔的精确算法。还有一些人认为多余的频繁复习是浪费时间。尽管一些实证研究者对该项证据表示质疑，但成百上千万的语言学习者们通过详细的复习间隔技巧获得了巨大成功，这些项目在欧洲翻译学校和中国第二外语学习者当中日渐盛行。①

所有研究都显示，把复习分散在几个星期而不是在大考前堆积时间会让你的收获最大化，尽管在学习几个星期之后，最后一分钟的温习有助于提高考试时的准确度。此外，这也正是我在本书调查对象身上发现的模式。他们不断阅读和复习，在原来笔记的基础之上再做笔记，沉浸在学习当中。达德利和其他人都会在大纲基础之上再写大纲；蒂娅开始准备论文的时候会反复写出自己的想法，不断运用新的语言和想法，直至这些想法和语言成为自己的一部分。

你是不是会在复习上花的时间太多了呢？也许是，尤其是如果你把所有时间都堆积在考试之前。如果把它们分散在几周当中，可能花费的总时间会更少，取得的效果也会更好。计算机程序能够帮你把注意力放在一些难记的内容上，在那些容易记的内容上给少一些但足够的时间就行了。

不过只有当你在有意义的、复杂的工作当中进行重复时，收获才会最大。因此，比起翻单词卡而言，我从语言录像中自己参与的对话中学到的更多，尽管前者有时可以帮我提高技巧，但后者更为真实。比起看单词卡而言，通过经常阅读一些有趣的文章，我也能记住一些单词。

4. **测试的效果胜过排练**。越来越多的证据有力显示，如果测试自己一个词语，即便错了，那也比自己简单地一遍遍重复这个词语学到的东西要多。当我们强迫自己去挖掘大脑最深的地方时，我们的大脑中就会发生一些事情。这种搜寻、试图回

---

① N. Gyorbiro, H. Larkin, and M. Cohen, "Spaced Repetition Tool for Improving Long-term Memory Retention and Recall of Collected Personal Experiences," *Proceedings of the 7th International Conference on Advances in Computer Entertainment Technology*(2010):124 – 125.

八　学会选择，人生从此不同

忆、拼凑的行为会构建一种牢固、稳定的联系，而这种联系无法通过一遍遍的重复产生。这或许有助于解释，向他人解释某个概念为什么会有助于自己去记忆那些自己已经理解的东西。在这种环境下，你会不断检验自己的记忆力。当我在听录音的时候，如果把录音机暂停下来，尝试自己去回忆一个短语而不是等磁带主动念出来，这时候我的收获才会最大。每当人们想起一件事时，他们就会重构自己的记忆，而每次自我测试时所建立的重构会让下一次重构更加容易。有些学生说，他们会在一起学习，相互提问，每个人轮流给当其他人当老师。

假设你复习前先进行猜测，不过全部猜错了，这和回忆出正确的答案相比，对你的帮助一样大吗？你是否应该在尝试回忆之前先学习片刻呢？如果在别人告诉你正确答案之前，自己先去大胆猜测一番，无疑你可能得出错误答案，那么这种错误的信息是不是会削弱你的学习效果呢？近来的研究显示了完全相反的结论。在加利福尼亚大学的某个实验中，心理学家让学生们通过两种不同方法去学习某种材料。一半学生看到正确答案之前需要自己先快速猜测，另外一半学生则在看到答案之前自己先复习。哪组学生在随后的考试中表现更好呢？那些在看到正确答案前自己先进行猜测的学生哪怕全都猜错了，也明显比另外那些一开始就复习的学生分数高。在另外一个实验中，研究人员给了学生们一篇关于视力的科学文章。一半学生直接阅读文章然后参加考试，看他们记住了多少内容；另外一半学生阅读之前就进行了测试，然后再参加考试测试他们的记忆力。尽管第一组学生已经阅读过材料，上面已经把可能出现的考试内容加亮或者用斜体突出标示出来，第二组学生的没有，但是在最后的考试中第二组学生的成绩明显更好。①

5. 你总是待在同一个地方学习吗？不要这样做。在不同的地方学习有助于增进多样性，这种丰富的经历能提高你的学习效果。当蒂娅和其他人告诉我们，她们会在不同的地方完成学校功课，而不是总待在自己最喜欢的角落，这些习惯正好与学习研究的相关结论吻合。无数实验已经发现，只要学习者待在两个以上不同地方学习，他们回忆起来的可能性更大。在最初的某个类似实验中，研究人员让两组研究对象学习同一组单词。其中一组学生两次回到相同房间，另外一组学生的记忆时间相同，但是他们可以待在两个不同地点。当让受试学生尽量回忆单词表上的单词的时候，后一组四处走动的学生的记忆效果明显要好。多样性能够产生丰富的联系，这种在不同背景下产生的联系甚至胜过我们有意识思考时产生的联系。②

6. 不要同时完成几个任务，但要同时学习几个科目。这听上去似乎自相矛盾，事实并非如此。一边看历史书一边看电视

---

① N. Kornell, M. J. Hays, and R. A. Bjork, "Unsuccessful Retrieval Attempts Enhance Subsequent Learning," *Journal of Experimental Psychology: Learning, Memory, and Cognition* 35, no. 4 (2009): 989 – 998; L. E. Richland, N. Kornell, and L. S. Kao, "The Pretesting Effect: Do Unsuccessful Retrieval Attempts Enhance Learning?" *Journal of Experimental Psychology: Applied* 15, no. 3 (2009) 243 – 257; N. Kornell, R. A. Bjork, and M. A. Garcia, "Why Tests Appear to Prevent Forgetting: A Distribution-based Bifurcation Model," *Journal of Memory and Language* (2011): 85 – 97; N. Kornell and R. A. Bjork. "Optimising Self-regulated Study: The Benefits-and Costs-of Dropping Flashcards," *Memory* 16, no. 2 (2008): 125 – 136; H. L. Roediger and B. Flin, "Getting It Wrong: Surprising Tips on How to Learn," *Scientific American*, Oct. 20, 2009.

② 相反，达德利·赫斯巴克告诉我们，他总是在图书馆的同一个角落里学习，所以你需要自己去找适合你的方法，相关文献可参阅: S. M. Smith and E. Vela, "Environmental Context-Dependent Memory: A Review and Meta-analysis," *Psychonomic Bulletin and Review* 8, no. 2 (2001): 203 – 220; S. M. Smith, A. Glenberg, and r. jA. Bjork, "Environmental Context and Human Memory," *Memory and Cognition* 6, no. 4 (1978): 342 – 353。不同观点可参考: A. Fernandez and A. M. Glenberg, "Changing Environmental Context Does Not Reliably Affect Memory," *Memory and Cognition* 13, no. 4 (1985): 333 – 345。

八　学会选择，人生从此不同

或者一边写论文一边玩电脑游戏，这会让你无法专心致志。大量研究发现，除了多年来我们一直在做的极少数日常工作，人类的大脑根本无法同时完成两种不同的任务。因此，尽管我们可以边走边说，但是却无法真正边看电视边读书。相反，我们至少要不断在两者间交替，而且事倍功半。①

试一下这个实验。首先，从字母 A 写到 Z，然后从数字 1 写到 26；接下来，交替写字母和数字：1，A，2，B，以此类推。如果计算一下两个实验的时间，你就会发现交替完成两项任务比先写完数字、再写字母花费的时间更长。同时完成多个任务的效果并不好。

不过同样有证据显示，当学生们把不同科目不断整合到一起学习时，即使是像化学和历史这样不同的科目，他们的记忆效果也会更好、理解程度更深。因此，同时学习两门或更多的科目能够促进整合的产生。这或许意味着通过不断寻找科目间联系的方式进行学科间的转化，意味着在一种学科背景下去思考另外一个学科的问题。达德利就是这样发现了聚合物研究与第二次世界大战结果之间的联系，当日本试图征服东南亚所有橡胶树生长区域时，正是达德利的化学研究让美国能够自己生产人工橡胶。

7. 找一个尽可能没有干扰的安静的地方。 或者两三个这样的地方。有的学生认为他们一边听音乐一边学习效果最好，但若干研究已经发现，无论是性格内向的人还是外向的人，边听

---

① J. S. Rubinstein, D. E. Meyer, and J. E. Evans, "Executive Control of Cognitive Processes in Task Switching," *Journal of Experimental Psychology：Human Perception and Performance* 27, no.4(2001)：763-797.

音乐边学习都会让他们学到的东西减少，性格内向的人尤其明显。① 还有一些研究发现，器乐要比声乐效果好，但两者都会对学习产生干扰。听音乐的学习效果很大程度上取决于你自己。同样，审视自己的经历有助于你作出决定。不过你需要诚实面对自己，区分你想做的和真正发挥作用的之间的区别。

8. **运动**。近年来大量证据显示，规律持续的运动、充分规律的睡眠、健康平衡的饮食有助于大脑和学习。举例来说，研究发现规律的有氧运动有助于增加大脑中海马体的尺寸，海马体是大脑中跟记忆有关的某个部位。② 纽约大学神经科学教授温迪·铃木（Wendy Suzuki）发现，在听讲座前先进行一小时有氧运动的学生的听课效果显著好过其他学生。③ 其实早在大量医学证据出现之前，保尔·贝克就已经明白了这个道理，在每次整合课前，他都会让学生们先做一会儿发声练习和运动。

9. **有时候在知道答案前，去大胆推测可能的答案并建立连接**。在遇到数学问题或历史谜题时，先去猜测一番，假想各种可能、发展各种假设，不过要记住所有假设都需要接受考验。不要总是等着别人给你答案。

---

① A. Furnham, S. Trew, and I. Sneade, "The Distracting Effects of Vocal and Instrumental Music on the Cognitive Test Performance of Introverts and Extraverts," *Personality and Individual Differences* 27, no. 2 (1999): 381–392; A. Furnham and A. Bradley, "Music While Your Work: The Differential Distraction of Background Music on the cognitive Test Performance of Introverts and Extraverts," *Applied Cognitive Psychology II*, no. 5 (1997): 445–455.

② K. I. Erickson et al., "Exercise Training Increases Size of Hippocampus and Improves Memory," *Proceedings of the National Academy of Sciences* 108, no. 7 (Feb. 15, 2011): 3017–3022.

③ E. Mo, "Studying the Link between Exercise and Leaning," CNN Health, Apr. 12, 2010. Available at http://thechart.blogs.cnn.com/2010/04/12/studying-the-link-between-exercise-and-learning/.

八　学会选择，人生从此不同

（七）学会写作：清晰地表达和交流

> 最有效的写作者都能够意识到写作究竟和什么相关；好的阅读会孕育好的写作，反之亦然；写作需要花费大量时间和精力去满足读者期待的阅读方式，需要作者学会清晰地表达和交流。

大量研究显示，把文字写到纸上（或输入电脑显示在屏幕）有无限好处，尤其是当你想通过写作练习来审视自我，审视自己的人生及价值观，甚至是审视自己最痛苦的经历的时候。这样的案例在文献中比比皆是，比如我在本书第三章里曾经提到过，科罗拉多大学的物理系学生曾经坚持在整整一学期里，每天两次，每次花15分钟写出自己最重视的事情，而这些学生比班上其他学生的考试分数都高。在日本，调查人员发现如果让本科生明确地写出他们过去人生中的痛苦经历，其工作记忆将得到改善。[1] 在北卡罗来纳州立大学，社会科学家们也发现了相似结果，相比写琐事随笔的学生，那些写下他们入校时的"想法和感觉"的新生的工作记忆会得到显著提高。[2] 心理学家詹姆斯·彭尼贝克（James Pennebaker）通过对显性表达影响力长达数十年的研究，还发现了更大的收获。"当人们把

---

[1] M. Yogo and S. Fujihara, "Working Memory Capacity Can Be Improved by Expressive Writing: A Randomized Experiment in a Japanese Sample," *British Journal of Health Psychology* 13, no.1 (2008): 77–80.

[2] K. Klein and A. Boals, "Expressive Writing Can Increase Working Memory Capacity," *Journal of Experimental Psychology: General* 130, no.3 (2001): 520–522.

那些烦心的个人经历的感觉和想法诉诸笔端、变成语言后，"他最近写道，"他们的身心健康都会得到改善。"①

保罗·贝克早前曾对班上学生说："把你生活中发生的那些故事写出来，也可以写对我们做的所有事情的反应。"用什么写，甚至写什么都不重要，也没有什么正确或错误的写作方式。他让大家用铅笔写，"或者圆珠笔，只要是适合你的笔都行"。最重要的是以此审视自己以及自己工作的方式。在第二次练习中，贝克给了学生们一个单词，让他们把看到单词时脑子里的一切想法写下来，运用潜意识，把一切写作形式或规则统统丢在脑后，只要写出脑子里出现的词就行。

无论是在贝克教授的课上还是在心理学实验中，写作的形式和语法规则都不重要，表达本身胜于一切。这种脑子里没有任何标准的写作有巨大好处，不过每个学生的一生总会有一些特定时期，在这个时期的写作必须遵循特定的要求。既然写作技巧的磨砺是一件需要不断练习并倾听反馈的事情，那么本书调查对象的人生和思维模式有什么可供我们借鉴吗？

第一，最有效的写作者都能够意识到写作究竟和什么相关，这也是最重要的。 某个学生曾对我们说："学习写作就意味着加入一个新的群体，必须去接受它的标准。"那么究竟是什么导致一种写作方式被视为正确，而另一种视为错误呢？要知道，一定范围的读者和作者都会期待某种特定的写作形式。尽管最理想的写作形式有着千差万别，但它们绝非随意出现，都是经历了若干世纪沉淀而成，并且都服务于一个目的，让文章

---

① J. W. Pennebaker and C. K. Chung, "Expressive Writing, Emotional Upheavals, and Health," in *Oxford Handbook of Health Psychology*, ed. H. S. Friedman (New York: Oxford University Press, 2011).

八　学会选择，人生从此不同

更吸引人、更清晰、更有逻辑性和说服力。没有生来错误的语言或标点，只不过不符合特定群体的预期罢了。

第二，好的阅读会孕育好的写作，反之亦然。就像所有明智的初学者，卓越大学生会关注语言大师们哪怕是最细小的策略。他们善于识别好文章，然后慢慢开始模仿。他们十分关注那些历经世代传承下来的语言规则，尊重好的想法，不过最后他们不会因循守旧、墨守成规。他们会反复玩味一个个句子，推敲琢磨，将之拆成各个部分，然后按照不同方式组装，去发现语言究竟如何发挥作用。他们会研究并满足读者的期待，同时还懂得如何增加恰当的惊喜以及在何处增加。

最后，写作需要花费大量时间和精力去满足读者期待的阅读方式。人们通常是通过写作及得到写作反馈来学习写作，最好的学生常常自己去寻找那种能给他们反馈的课程，但并不局限于学校。他们对自己清晰思考和交流的能力有浓厚的兴趣，并不断磨炼。尽管天体物理学家尼尔·格拉斯泰森已经出版了9本科学畅销书，还发表了大量文章，他仍然在写作中挣扎，还很羡慕在《纽约客》(New Yorker) 中读到的那些清晰而又深入的文章。"我十分留意语言的作用以及文字组合的趣味，并且渴望能拥有那样的文采，"他解释说，"我花了10年时间，才能写出和《纽约客》媲美的文章。"

（八）学术规范：游戏怎么玩

大学就像一个俱乐部，当你跨进大学门槛，就等于加入了这个俱乐部。就意味着要学习所有文献引用

如何成为卓越的大学生

和注释规则、剽窃的定义以及其他事情。卓越的大学生认为,他们能够做到这一点的同时,对自身学习仍然保持着牢固的掌控意识。

当所有大学生进入大学时,他们就来到了一个陌生的新世界,这个世界其实已经有几百年发展历史。这个大学生的"俱乐部"已经形成了自己关于各种事宜的一整套规则体系,不幸的是没有人费心收集出版,甚至只是把所有条例记录在案。有些事情尽管人们已经心领神会,却不曾向学生解释。学生上大学就如同来到一座神秘之城的大门外,被告知必须自己去猜测所有的通关密码才能穿越大街小巷。"我很早就懂得,"雪莉·卡夫卡明智地注意到,"所有的学校都是一种文化,我的任务就是去学校弄清楚这种文化如何运行。"①

物理课和数学课对待阅读和写作的方式与英语课截然不同,在一门课上成功提交的论文可能在另一门课上得分很低。这并不是说大学的标准毫无规律和理由可循,尽管所有学科都存在共同之处,但是科学家的写作方式为什么和新闻记者不同,也通常都有合理的理由(尽管总体而言,大多数的科学家和学者都能从优秀新闻记者运用语言的方式上收获良多)。不过,区分类别对大学生而言的确是一种挑战。

当大学生们来到大学门外的时候,他们有着各自不同的背景,对等待他们的大学文化也有着不同层次的理解,但所有人都有机会决定自己是加入这个俱乐部、按规则行事还是永远成

---

① 这些文化的确渗透到相邻城镇,即中学和小学,学生甚至从小学一年级就开始领会个中滋味,但直至他们到首都(即大学)后,才开始完全面对这种文化的复杂性——有些秘密直到研究院还仍然保持神秘。

八　学会选择，人生从此不同

为一个局外人。加入俱乐部就意味着要学习所有文献引用和注释规则、剽窃的定义以及其他事情。最成功的大学生认为，他们能够在做到这一点的同时对自身学习仍然保持着牢固的掌控意识。下面让我来解释一下这种文化中最重要同时也是最具争议的一个问题：对"晚交作业"的要求。

大学通常对什么时候必须交作业有规定，我个人认为这些标准很难遵守，但大多数同事持不同意见。尽管伟大的创新作品并总不能遵守时间规定，但在今天这个快速社会里，有时候必须遵守相应的截止时间。我们远古时代的祖先们没有那么高级的时间计算工具，他们通常以季节和年为时间单位进行思考，我们却要按照秒来思考。我经常对学生们说，除非你想把这件事作为毕生之作，否则就必须立即完成，然后转到其他工作中去。我没法给你们更多时间，我对他们说，只有死亡天使能做到这一点。如果你们在这件事上花更多时间，就必须认识到这是在夺走你余生的时间。

有时候为了维持你所在的学习体的完整性，按时完成作业十分重要。纽约大学德里克·贝尔法学院（Derrick Bell's Law School）的情形正是如此，该法学院学生的教育经历取决于学生间相互阅读作业并作出反馈。在大多数情况下，截止时间是强制性的，但是无论该时间是否合理或是教授们的突发奇想，聪明的学生得自己决定何时遵守、何时继续新的任务、何时挑战——至少是质疑这个时间。本书的某些调查对象在面对严格规定的时候倍感恼火，不得不找灵活性更强的老师。伊丽莎·诺在姐姐自杀后还要完成她的荣誉论文，就找了位这样的老师。

如何成为卓越的大学生

几年前,我①在西北大学(Northwestern University)教冷战历史时,曾让学生们去阅读马克·丹纳(Mark Danner)的作品《厄尔蒙左提大屠杀》(*The Massacre at El Mozote*),这部作品让人痛彻心扉。丹纳是一位新闻记者,故事讲述的是1981年12月萨尔瓦多(El Salvador)内战期间,一支美国训练的军队如何进入萨尔瓦多的一个小村庄屠杀了所有人,无论是男人、女人还是儿童,只有几个爬进灌木丛中的人幸免于难。丹纳把该事件称为冷战象征,他暗示国际冲突不仅是美苏之间的冲突。我让学生们去阅读丹纳的作品,然后问自己,丹纳的描述是否捕捉住了该事件的全部含义。

就在讨论丹纳此书的几天后,班上一个叫乔尔(Joel)的学生来找我,他提出了一个特别的请求。他对故事中的厄尔蒙左提惨案产生了深厚的兴趣,希望做一个关于惨案详情及原因的学期报告。在这之前,我曾让所有学生自己找一个历史问题,搜集证据、得出结论,然后相互分享成果。"你们可以写一篇论文进一步阐释自己的历史观点,"我告诉学生们,还半开玩笑地补充说,"还可以拍部电影或者写个剧本。不管选取哪种方式,我最感兴趣的还是你们的研究和推理能力。"大多数学生都写了一篇传统的论文,只有乔尔除外。

乔尔想写一部剧本,详细讲述在厄尔蒙左提发生的一切、厄尔蒙左提对冷战来说代表着什么、里根政府为什么试图封锁所有消息、美国媒体为什么基本上都忽略或否定此次大屠杀。不过要实现该目标,他还需要进行更多的研究。

他告诉我说除非他有更多时间,否则没法完成这项任务,

---

① 此处指的是本书作者肯·贝恩本人,他曾在西北大学任教。——译者注

八　学会选择，人生从此不同

"我需要延期结课。"西北大学及类似的大学都十分看重学生在四年内取得学位，所以系主任办公室通常不同意学生延期结课，但我同意了乔尔的请求。于是，乔尔在那个夏天开展了更多研究，还写出了剧本。秋天的时候，他召集了一群学生演员、灯光师、布景和服装设计师，让所有人都参加了20世纪80年代中美洲冷战讨论会，还进行了排练，最后在校园里上演了这部戏剧。上映期长达两个星期，门票被一抢而空。

故事并未到此结束，厄尔蒙左提事件仍然在乔尔心中徘徊。一年后，他从学校毕业，为了寻找到更多发现，他来到厄尔蒙左提旅行。尽管会说西班牙语，他还是雇了个翻译，开始寻找所有能告诉他萨尔瓦多内战期间究竟发生了些什么的人。他详细阅读了阿根廷学者在挖出300多具支离破碎的尸体后汇编的法庭报告，还找到了躲在灌木后才得以幸存的鲁费娜·阿马娅（Rufina Amaya），当时她正听到九岁大的儿子哭喊着："妈妈，他们要杀我。"

"这次萨尔瓦多之旅对我的一生影响深远。"后来乔尔说。他在难民营里待了一段时间，战争期间好多当地农民都逃到这里。在难民营里，他听到了许多难以言说的恐怖故事，包括一个为了逃过山下暴力、在山顶生活了多年的妇女的故事。当年她遭遇两军交火，为了躲过劫难，抱着襁褓中的男婴狂奔了好几英里，最后停下来时却发现，孩子早被子弹打穿头部。她把婴儿埋了，自己也"疯了"。她在高山上住了多年，几乎一丝不挂，四处流浪，就像野兽般地活着。最后，马蒂民族解放阵线（FMLN）的部队找到了她，把她带回到文明世界。乔尔在她住过的一个难民营里遇到了她。

经历了这些事情之后，乔尔说："我决定要做些事情来帮助人们，为世界带来哪怕是一点正义。"他就读于亚利桑那大学法学院（the University of Arizona Law School），并参加了一个拉丁美洲联合研究项目。四年后毕业时，同时获得了法律学位和拉丁美洲研究硕士学位。通过律师资格考试后，他就职于法律援助办公室①（Public Defenders Office），现在为穷人提供法律援助。在本书第二章我们曾提到过他。"我无法改变整个体制，"近来乔尔说，"但是我可以去帮助一些个人，为他们的生活多带来一些公平。正是读丹纳的那本书以及到萨尔瓦多寻找厄尔蒙左提的旅行开启了我的法学院之旅，并使我从事这份重要工作。"

当年在我的班上，他的作业晚交了六个月，可这有什么关系呢？

（九）让热情驱动你的人生

成功和创造力，有时还包括荣誉，其实都只是你在深入参与解决身边的问题或完成任务时的副产品而已。你真正需要做的是有所关注，让热情驱动你的人生。

让我们回到最初讨论的问题，回到本书调查对象所反映的有关成功和创造力的中心点。仅仅决定做一个有创造力的人，

---

① public defender 指的是专门为经济困难的人提供法律援助服务的律师，美国部分州有专门设置的法律援助办公室。我国有相关法律援助制度，由司法局组织实施，但没有专门的办公室。——译者注

八　学会选择，人生从此不同

这并不会让你变得富有创造力；仅仅决定做一个成功的人，也不会让你变得成功。你甚至不必关注自己，但是你的确必须和自己展开对话，从而了解自己如何行事。但你的焦点应该放在你想要学什么、看什么、做什么以及改变什么上面。你所关注的焦点应该是自己渴望学什么、看什么、做什么以及改变什么；有什么样的问题；驱动自身的是对什么事物的热情，而不是想具有创造力的动机或愿望。如果你关注的完全是短期成功或通过创造力使自己名声大作，那么你就不可能取得成功、获得荣誉，也不可能成为有创造力的人。本书的调查对象们总能够在世界上发现一些比自己更为有趣的事物。成功和创造力——有时还包括荣誉——其实都只是你在深入参与解决身边的问题或完成任务时的副产品而已。你真正需要做的是有所关注，让热情驱动你的人生。

结　　语

今天的大学生们面临着巨大的压力，这是我们的许多调查对象不曾遭遇的，或者说，至少程度不同。来自社会、经济、政治和文化的种种压力迫使他们采取浅层次学习或策略型学习方法。随着高等教育成本的上升和公共财政支出的减少，许多大学生都背负着巨额的教育债务。他们常常深感压力巨大，必须尽快完成学业开始赚钱还债，以减少债务。他们认为赚钱高于其他一切人生目标，对未来忧心忡忡。谁又能因此去责备他们呢？很多大学生都得边上学边打工，追随好奇心、采取深层次学习的机会大大减少。深层次学习需要大量时间，这对许多大学生来说是无法享受的奢侈品。在此情形下，常规性知识已经足够，适应性知识远远超出他们的掌握能力。

在过去的若干代里，大学生们接受的教育体制都将浅层次学习或策略型学习视为重点，这种体制在许多地方繁衍生长。为了了解大学生们是否真的在学习，教育是否有投资价值，社会群体把各种标准化试卷强加给教师和学生。这些标准化测试鼓励死记硬背而非真正理解，结果使得一切面目全非。

即便没有标准化考试的压力，基于错误的认识，有些教育工作者仍然奖励浅层次学习，认为这对某些人来说已经足矣。

结　语

最近就有位教授对我说："我们需要一些浅层次学习者，他们只要知道如何完成生活和工作中的日常工作就够了。"他根本不知道，理解会增强记忆，而且每个人会面临一些艰难的问题，需要思考和理解能力才能解决，他的那些学生们在大学里学到的常规知识很快就会过时、落伍。我真为这些学生感到遗憾，然而这样的学生还大有人在。所有大学生都会遇到类似的教育经历，鼓励他们把学习视为单纯的记忆，就连一流大学也经常劝学生们走捷径。有位学生解释说："我刚到大学，甚至还在高中时，所有辅导员就是这样教我去对付必修课的。"

要掌控自己的教育、达到书中提到的目标，需要巨大勇气和专注力，但这或许才是让你的大学经历充满意义的唯一方式，而且，这显然也是实现自我满足最可能的方式。不管如何理解"成功"，没有人能确保你获得长期成功，但是不管未来有什么样的惊奇意外等待着你，你会具备终生学习的能力和适应一切的能力。本书提供了大量真实的案例，其中一些调查对象来自艰苦的家庭，他们克服种种障碍，最终找到了自己的人生方向。大多数调查对象都把偶尔的失败或挫折视为促进理解自我、寻找机遇或修正目标的重要事件。需要谨记的是，即使你对所有失望挫折采取了正确的应对方法，有时还是会陷入困境，需要时日重新振作。只有当你学会去认识自己可能作出的独特贡献，并且培养出能够从他人创造当中获益的能力时，你才可能成长为一个充满好奇心、创造力以及批判精神的生气勃勃的独立个体。

＊ 全书网址的访问日期为 2011 年 12 月 1 日。

致　　谢

对卓越大学生进行研究以及出版本书的想法产生于2004年，即我的早期作品《如何成为卓越的大学教师》出版后。有两个人对本书来说非常重要，她们是玛莎·贝恩和伊丽莎白·诺尔（Elizabeth Knoll）。玛莎·贝恩从头至尾参与了本书的整个过程，包括确定研究对象、联系研究对象、做采访笔记、得出结论、写作以及帮我分析研究对象的学习简历所反映的理念，并把研究对象的经历与有关人类学习和创造性的研究及理论文献进行比较。2007年，与编辑伊丽莎白·诺尔共进午餐时的一次聊天使得我对这个项目有了更清晰的轮廓。哈佛大学出版社提出给予经费支持也对我有着巨大的鼓励作用，尽管后来我拒绝了哈佛大学出版社的好意。在书稿写作过程当中，伊丽莎白总是一如既往地为我提供各种很棒的建议。没有她的投入，本书无法完成。哈佛大学出版社的凯特·布里克（Kate Brick）也为书稿提供了非常好的建议。正是在她的帮助下，本书得以显著完善。

本书调查及最终成书得益于许多人的支持。我的儿女及其爱人——托妮娅·贝恩（Tonia Bain）和阿尔·马西诺（Al Masino）夫妇，马歇尔·贝恩（Marshall Bain）和艾丽斯·袁

致　谢

（Alice Yuan）夫妇——一直都在鼓励我，而且提出了许多富有挑战性的建议，极大推动了本书的进展。而我最大的灵感则是来自亚当·贝恩（Adam Bain）和内森·贝恩（Nathan Bain）这两名准大学生，还有我即将出生的孙子和孙女。我每写一行字，每形成一个想法，每整理一个章节，脑中都在不停地想象这些内容在未来的十五年中陪伴他们的场景。

我要特别感谢所有愿意接受采访的优秀人士。我还要感谢我的同事们，朱莉·达利（Julie Dalley）和斯德·塔尔加尔（Cigdem Talgar）阅读了本书的初稿并且提出了建议，乔伊·邓（Joy Deng）协助整理了尾注部分。还有和我并肩工作的特里·普雷斯科特（Terry Prescott）、丹尼丝·斯劳特（Denise Slaughter）、贝尼·因亚玛（Benyi Inyama）以及萨洛米·阿穆苏（Salome Amoussou），幸亏有他们的协助，才使得我这个忙碌的教务长能够忙中抽空着手去完成这样一项大工程。最后，谢谢艾伦·塞斯姆斯（Allen Sessoms）为我提供哥伦比亚特区大学教务长一职，并将任职时间延期至2012年1月份，直至我完成本书的初稿。

北京大学出版社教育出版中心

部分重点图书

一、北大高等教育文库·大学之道丛书

大学的理念	[英]亨利·纽曼
德国古典大学观及其对中国的影响（第三版）	陈洪捷
哈佛通识教育红皮书	[美]哈佛委员会
什么是博雅教育	[美]布鲁斯·金博尔
美国文理学院的兴衰——凯尼恩学院纪实	[美]P.E.克鲁格
营利性大学的崛起	[美]理查德·鲁克
学术部落及其领地	[英]托尼·比彻等
美国现代大学的崛起	[美]劳伦斯·维赛
大学的逻辑（第三版）	张维迎
教育的终结——大学何以放弃了对人生意义的追求	[美]安东尼·克龙曼
知识社会中的大学	[美]杰勒德·德兰迪
美国大学时代的学术自由	[美]罗杰·盖格
美国高等教育通史	[美]亚瑟·科恩
印度理工学院的精英们	[印度]桑迪潘·德布
后现代大学来临	[英]安东尼·史密斯 弗兰克·韦伯斯特
21世纪的大学	[美]詹姆斯·杜德斯达
理性捍卫大学	眭依凡
大学之用（第五版）	[美]克拉克·克尔
高等教育市场化的底线	[美]大卫·L.科伯
世界一流大学的管理之道——大学管理决策与高等教育研究	程星
大学与市场的悖论	[美]罗杰·盖格
美国如何培养研究生	[美]克利夫顿·康拉德等
公司文化中的大学：大学如何应对市场化压力	[美]埃里克·古尔德

二、21世纪高校教师职业发展读本

教授是怎样炼成的	[美]唐纳德·吴尔夫
给大学新教员的建议（第二版）	[美]罗伯特·博伊斯
学术界的生存智慧（第二版）	[美]约翰·达利等
如何成为卓越的大学教师（第二版）	[美]肯·贝恩
给研究生导师的建议	[英]萨拉·德兰蒙特等
如何提高学生学习质量	[英]迈克尔·普洛瑟等

三、学术规范与研究方法丛书

如何成为优秀的研究生（影印版）	[美]戴尔·F.布鲁姆等
如何撰写与发表社会科学论文：国际刊物指南（第二版）	蔡今中
给研究生的学术建议	[英]戈登·鲁格 玛丽安·彼得

社会科学研究的基本规则（第四版）	[英]朱迪思·贝尔
如何查找文献（第二版）	[英]莎莉·拉姆奇
如何写好科研项目申请书	[美]安德鲁·弗里德兰德 卡罗尔·弗尔特
高等教育研究：进展与方法	[美]马尔科姆·泰特
教育研究方法：实用指南（第二版）	[美]乔伊斯·P.高尔等
如何进行跨学科研究	[美]艾伦·瑞普克
社会科学研究方法100问	[美]尼尔·萨尔金德
如何利用互联网做研究	[爱尔兰]尼奥·欧·杜恰泰
如何成为学术论文写作高手 ——针对华人作者的18周技能强化训练	[美]史蒂夫·华莱士
参加国际学术会议必须要做的那些事 ——给华人作者的特别忠告	[美]史蒂夫·华莱士
做好社会研究的10个关键	[英]马丁·丹斯考姆
法律实证研究方法（第二版）	白建军
传播学定性研究方法（第二版）	李琨
生命科学论文写作指南	[加拿大]白青云
学位论文写作与学术规范（第二版）	李武，毛远逸，肖东发
如何为学术刊物撰稿（第三版）（影印版）	[英]罗薇娜·莫瑞
结构方程模型及其应用	易丹辉，李静萍

四、大学学科地图丛书

管理学学科地图	谭力文
战略管理学科地图	金占明
旅游管理学学科地图	李昕
行为金融学学科地图	崔巍
国际政治学学科地图	陈岳，田野
德育原理学科地图	檀传宝 等
中国哲学史学科地图	刘乐恒
文学理论学科地图	王先霈

五、北大开放教育文丛

西方的四种文化	[美]约翰·W.奥马利
人文主义教育经典文选	[美]G.W.凯林道夫
教育究竟是什么？——100位思想家论教育	[英]乔伊·帕尔默
教育：让人成为人——西方大思想家论人文和科学教育	杨自伍
我们教育制度的未来	[德]尼采
透视澳大利亚教育	[澳]耿华
道尔顿教育计划（修订本）	[美]海伦·帕克赫斯特

六、跟着名家读经典丛书

中国现当代小说名作欣赏	陈思和 等
中国现当代诗歌名作欣赏	谢冕 等
中国现当代散文戏剧名作欣赏	余光中 等
先秦文学名作欣赏	吴小如 等
两汉文学名作欣赏	王运熙 等

魏晋南北朝文学名作欣赏	施蛰存 等
隋唐五代文学名作欣赏	叶嘉莹 等
宋元文学名作欣赏	袁行霈 等
明清文学名作欣赏	梁归智 等
外国小说名作欣赏	萧乾 等
外国散文戏剧名作欣赏	方平 等
外国诗歌名作欣赏	飞白 等

七、科学元典丛书

天体运行论	[波兰] 哥白尼
关于托勒密和哥白尼两大世界体系的对话	[意] 伽利略
心血运动论	[英] 威廉·哈维
薛定谔讲演录	[奥地利] 薛定谔
自然哲学之数学原理	[英] 牛顿
牛顿光学	[英] 牛顿
惠更斯光论（附《惠更斯评传》）	[荷兰] 惠更斯
怀疑的化学家	[英] 波义耳
化学哲学新体系	[英] 道尔顿
控制论	[美] 维纳
海陆的起源	[德] 魏格纳
物种起源（增订版）	[英] 达尔文
热的解析理论	[法] 傅立叶
化学基础论	[法] 拉瓦锡
笛卡儿几何	[法] 笛卡儿
狭义与广义相对论浅说	[美] 爱因斯坦
人类在自然界的位置（全译本）	[英] 赫胥黎
基因论	[美] 摩尔根
进化论与伦理学（全译本）（附《天演论》）	[英] 赫胥黎
从存在到演化	[比利时] 普里戈金
地质学原理	[英] 莱伊尔
人类的由来及性选择	[英] 达尔文
希尔伯特几何基础	[俄] 希尔伯特
人类和动物的表情	[英] 达尔文
条件反射：动物高级神经活动	[俄] 巴甫洛夫
电磁通论	[英] 麦克斯韦
居里夫人文选	[法] 玛丽·居里
计算机与人脑	[美] 冯·诺伊曼
人有人的用处——控制论与社会	[美] 维纳
李比希文选	[德] 李比希
世界的和谐	[德] 开普勒
遗传学经典文选	[奥地利] 孟德尔等
德布罗意文选	[法] 德布罗意
行为主义	[美] 华生
人类与动物心理学讲义	[德] 冯特
心理学原理	[美] 詹姆斯

大脑两半球机能讲义	[俄]巴甫洛夫
相对论的意义	[美]爱因斯坦
关于两门新科学的对谈	[意大利]伽利略
玻尔讲演录	[丹麦]玻尔
动物和植物在家养下的变异	[英]达尔文
攀援植物的运动和习性	[英]达尔文
食虫植物	[英]达尔文
宇宙发展史概论	[德]康德
兰科植物的受精	[英]达尔文
星云世界	[美]哈勃
费米讲演录	[美]费米
宇宙体系	[英]牛顿
对称	[德]外尔
植物的运动本领	[英]达尔文
博弈论与经济行为（60周年纪念版）	[美]冯·诺伊曼　摩根斯坦
生命是什么（附《我的世界观》）	[奥地利]薛定谔
同种植物的不同花型	[英]达尔文
生命的奇迹	[德]海克尔

八、其他好书

苏格拉底之道：向史上最伟大的导师学习	[美]罗纳德·格罗斯
大学章程（精装本五卷七册）	张国有
未来的学校：变革的目标与路径	[英]路易斯·斯托尔等
教学的魅力：北大名师谈教学（第一辑）	郭九苓
科研道德：倡导负责行为	美国医学科学院、 美国科学三院国家科研委员会
国立西南联合大学校史（修订版）	西南联合大学北京校友会
我读天下无字书（增订版）	丁学良
大学与学术	韩水法
科学的旅程（珍藏版）	[美]雷·斯潘根贝格 [美]黛安娜·莫泽
科学与中国（套装）	白春礼等
如何成为卓越的大学生	[美]肯·贝恩
世界上最美最美的图书馆	[法]博塞等
中国社会科学离科学有多远	乔晓春
道德机器：如何让机器人明辨是非	[美]瓦拉赫等
彩绘唐诗画谱	（明）黄凤池
彩绘宋词画谱	（明）汪氏
如何临摹历代名家山水画	刘松岩
芥子园画谱临摹技法	刘松岩
南画十六家技法详解	刘松岩
明清文人山水画小品临习步骤详解	刘松岩
西方博物学文化	刘华杰
物理学之美（彩图珍藏版）	杨建邺
杜威思想在中国	张斌贤，刘云杉